KB066755

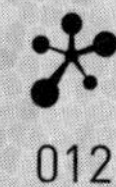

012

서구 정신의 원형

서구 정신의 원형

서구 보편주의를 넘어서

남경희 지음

아카넷

머리말

우리는 거의 한 세기에 걸쳐 서양의 문화, 학문 등의 정신문화를 수용하고 이 땅에 이식해왔다. 한국 사회는 이제 제반의 국면에서 근대화, 서구화되어 있고 정치, 경제, 사회 체제는 물론 삶의 방식, 학문의 세계 등 거의 모든 면에서 서구적인 것이 편재적이다.

백화百花와 같이 다양하고 풍부한 서구의 문명과 문화의 제 국면, 각 분야의 학문들은 어떤 기본적인 사유 틀이나 방법, 사유 범주를 토대로 꽃피우고 열매를 맺은 것이다. 사방으로 뻗어나간 거목의 가지들, 시원한 그늘을 드리우는 무성한 잎사귀들, 가지를 부러뜨릴 듯 매달린 풍성한 열매들은 하나의 뿌리에서 자라난 것이다. 서구의 문화, 학문, 이론을 올바르고 심층적으로 이해하기 위해서는 서구 정신의 토대나 원형을 규명하는 일이 필수적이다.

서구 정신의 기초나 원형을 이해함으로써, 한국의 정신문화는 한 단계 더 발전할 수 있음은 물론, 서구적 사고방식을 극복 · 변용하고, 한국적인 또는 동아시아적인 사고법을 모색할 수 있다. 이런 요청은 우리가 동아시아인이며, 우리 삶과 역사의 오랜 터전이 되어온 정신문화의 전통을 지니고 있었기에, 그리고 21세기는 동아시아가 세계의 중심에 서게 될 시기라는 것이 일반적인 예측이기에 더욱더 절실한 것이다.

서구의 사고법과 문화를 적극적으로 수용하는 과정에서 우리는 서구 정신의 특징을 이루는 다양한 틀, 이념, 범주 등을 보편적인 것으로 간주해왔다. 이 책에서 다루는 언어관이나 학문관, 영원한 진리, 최상급의 이념 등은 시공을 넘어선 인간 정신의 특징적 사유 범주로 간주돼왔다. 보편주의는 정신에 대한 서구적 믿음에서 핵심을 이룬다. 서양철학은 일찍이 인간의 정신을 발견하고, 이를 신적인 것, 초월적인 것, 선험적인 것 등으로 규정해왔다. 인간 정신은 초경험적인 것이기에, 정신의 어떤 특성이나 구조는 시공을 넘어서 보편적이라고 추론했다. 인간 역사의 진보는 이런 보편성의 영역을 확대하는 것이었다. 그러나 이 책의 주제인 원형론은 서구적 보편주의에 대한 문제의식에서 시작된 연구이다.

정신이란 인간의 표징으로 주어지는 신의 선물이라기보다는 역사적 과정을 거치며 형성되는 시간과 문화의 산물이다. 정신의 형성 과정에서는 기초를 이루는 시기나 문화가 있다. 동아시아의 정신 형성에서 기초는 유가철학이다. 중국의 주자학은 물론 한국의 퇴계와 율곡의 사상을 이해하기 위해서도 공자와 맹자에 대한 이해가 필수적이다. 후자가 동아시아 정신의 원형을 이루기 때문이다. 플라톤, 아리스토텔레스 등의 희랍철학이 서양철학, 나아가 서구 정신의 기초라는 것은 많은 학자들이 동의하는 바다. 야스퍼스는 인간 정신의 기초가 형성된, 기원전 5~6세기 전후를 세계 정신사의 주축 시대라 평가한 바 있다.

서구 정신의 고향은 고대 희랍이다. 서양의 다양한 학문들은 희랍철학에서 분가한 것들이며, 서양의 문학과 예술 역시 희랍의 문학과 신화, 예술 작품을 시원적 저수지로 한다. 화이트헤드는 서양 철학사란 플라톤 철학의 주석사라고 평함으로써, 사유 원형의 시간적 지속성을 지적한 바 있다. 고대 희랍인들은 만상에 대한 진리 추구를 필로소피아philos-sophia 또는 애지학愛知學이라 명명했으며, 이런 애지학은 서양 학문과 문화의 모태 역할을 해왔다. 희랍철학은 시원적인 것이기에 종합적이고 기초적이어서, 철학만이 아니라 종교, 사상, 문학, 과학 등 서구 정신의 전 분야에 걸쳐 영향력을 행사했다.

서구 정신의 원형이 있다면, 서구와는 다른 동아시아적 정신의 원형이나 사유법 또한 있을 법하다. 동아시아의 기본 경전을 일별해 보더라도 이런 가능성은 쉽사리 확인할 수 있다. 동아시아에는 서구에 일반적인 논리적 사고, 분석, 비판, 연역적 추론, 형이상학, 의미론, 보편자 등이 부재하며, 진리라는 개념도 거의 언급되지 않는다. 선악, 시비에 대한 논의가 있기는 하나, 서구에서와는 달리 그리 편재적이 아니며, 논의의 방식이나 해답 추구의 방식 역시 다르다.

인간 정신의 틀이나 사고방식은 역사적 과정을 거치면서, 상호 이해와 대화를 통해서 진화적으로 발전한다. 우리에게 전승된 사고방식은 항구적인 것이 아니라 새로운 사고와 정신의 틀을 형성하기 위한 발판이거나 터전이다. 이 책에서의 원형론이 서구적 사고의 기초 이해는 물론, 동아시아적 사유의 천착, 그리고 이 둘을 융합한 새로운 사고법의 모색으로 이어질 수 있다면 큰 보람일 것이다.

서구 정신의 원형을 논구한다는 것은 방대한 작업으로 상당한 기간을 필요로 하며, 더 다양한 주제가 검토되어야 할 것이다. 이 책에서 논의한 주제 외에도 서구 정신의 원형을 구성하는 특징들은 여럿 언급할 수 있다. 이성, 분석, 환원, 인과율, 토대주의, 비판주의 등이다. 아직 미진하지만, 서구 정신의 원형에 관한 의식이 제고되어야 한다는 생각에서 출간에 용기를 내었다. 그동안의 연구 결과를 중간 정리 한다는 생각이다. 앞으로 가능하면 원형에 대한 연구를 지속할 수 있기를 희망한다.

이 책의 출판을 지원한 대우재단, 편집과 교정 과정에서 여러모로 도움을 준 아카넷 편집진에 심심한 사의를 표한다. 유례없는 더위 중에 문장을 다듬어준 아내에게도 고마움을 전한다.

2016년 8월 이매촌에서

남경희

차례

1

언어
서구의 사유 틀과 고대 희랍어

1 정신 보편주의 비판

말과 생각

동양 문화와 서양 문화의 차이는 근본적으로 사고방식의 차이에서 연유할 것이다. 서로 다른 두 문명과 문화를 이룬 사고법의 차이는 다양하게 지적되어왔다. 대체적으로 서양의 사고법이 추상적, 논리적, 분석적, 귀납적, 비판적, 환원주의적, 원자론적, 계약론적, 자연 극복적이라고 한다면, 동아시아권은 구상적, 경험적, 종합적, 상관적, 유비적, 총체주의적, 문맥주의적, 연고주의적, 자연 친화적이라고 평가된다. 혹자는 서구적 사유가 지닌 특징들이 보편적이라는 믿음 아래, 동아시아적 사유가 논리성이나 분석적 태도 등을 결여한 것은 동양 정신의 전근대성, 후진성, 미숙성의 결과라 주장하기도 한다.

많은 이들이 인간 정신에 보편적 틀이나 사유법이 있다는 보편주의적 입장을 취하나, 이는 재고를 요한다. 인간의 사유 방식은 역사적이고 사회적인 요인들에 의해 기초적인 영향을 받아 형성되었다. 한 문화권의 사고법을 형성하거나 그것에 영향을 주는 것은 다양한 요소들이 있을 것이다. 자연환경, 사회구조, 문화 또는 삶의 방식 등 여러 요소들을 생각할 수 있을 것이나, 가장 중요한 것은 자연언어다.

이 장에서 우리는 서구적 사유 범주나 원형을 규명하려는 시도로서 고대 희랍어의 특징들에 주목하고자 한다. 희랍어의 특색, 그리고 언어 일반의 특색과 철학적 논리나 사유법과의 관계를 드러냄에서 동아시아 언어와의 비교 방법을 채용할 것이다. 여기에서 논하는 희랍어는 고전 희랍어이므로, 문자로서의 희랍어를 대상으로 하며, 동아시아적 사유에 대한 논의 역시 이 지역에서 지배적 문자언어인 고전 한문을 대상으로 한다.[1]

언어 비교의 방법 또는 언어철학적 방법은 언어와 사고 간의 밀접한 관계를 전제한다. 이곳의 주요 연구 가설은 자연언어가 인간의 사고에 가장 기초적이고 포괄적인 영향력을 행사한다는 것이다. 언어와 사유법 간의 관계에 관해서는 사유 선재론과 언어 선재론의 두 입장으로 갈린다. 전통적으로 사유 선재론이 주류였으나, 최근에는 언어 선재론이 설득력을 발휘하고 있으며, 필자 역시 이에 공감하는 편이다. 한 언어공동체의 자연언어는 인간의 사유를 위한 포괄적이면서 원초적인 틀이며, 그 언어 사용자의 근원적 인식Ur-knowledge이나 근원적 의미의 철학Ur-philosophy에 해당한다. 칸트 등은 우리의 경험을 구성하는 것으로서 언어 이전에 생득적이고 선험적인 범주의 존재를 주장했지만, 경험을 정리하여 재구성하는 '선험적' 틀이 있다면, 그것은 바로 자연언어의 기본 틀일 것이다. 자연언어는 언어적 진화의 소산이라는 점에서 경험적 존재이기는 하나, 선험적이라 할 수 있는 측면도 있다. 왜냐하면 우리에게 가장 원초적이고 직접적인 경험 대상이라 여겨지는 감각적 지각이나, 자연 또는 신체에 대한 경험까지도 우리의 자연언어에 의해 분절적이고 일의적으로 정리되기 때문이다.

고대 희랍어는 여러 다양한 특징을 지니고 있다.[2] 고전 한문과의 차이에 국한하더라도 그 차이점은 여럿일 것이다. 우리는 이들 중에서 가장 현저하게 드러나며, 상식 차원에서도 인지되고 수용할 수 있는 몇 가지 차이들에 주목하도록 하겠다. 그것은 술어적 구문, 희랍어 비be동사인 에이나이einai의 주축적 성격, 음성문자적 언어관, 정관사의 존재인데, 이 장에서는 이들이 지닌 희랍철학, 나아가 서구 정신의 사유 형식에 대한 함의를 중점적으로 논의하겠다.

2 기술주의적 언어관

술어 구문과 비be동사

서구어의 기본 문장 구조는 '주어+술어' 형태의 술어적 구문이다. 한문의 경우도 술어적 구문이 주축을 이루기는 하나, '주어+술어'라기보다는 '주부主部+술부述部'나 '주부+설명부'의 형태로,[3] 주부에 해당하는 것이 실체적이기보다는 명사화된 문장인 경우가 많고, 주부가 생략되는 경우도 매우 빈번하다. 이에 비해 서구어에서는 주어에 해당하는 것이 거의 실체적인 사람이나 사물이며, 주어가 생략되는 경우는 매우 드물다.

희랍어에서 모든 완전 문장은 주어와 술어로 구성되어 있다.[4] 주어가 독립적으로 표현되지 않고 동사의 어미 등으로 나타나는 경우가 있기는 하나, 어느 경우건 주어는 항상 명시되어 있다. 그리고 술어는 항상 동사이다.[5] 명사나 형용사를 술어로 할 수도 있으나, 이 경우도 비동사를 사용함으로써 오히려 술어적 구조를 더욱 명확하게 드러낸다.[6] 비동사는 술어와 주어를 명확히 구분해주는 동사로서, 서구어 문장의 전형이 술어적 구문임을 잘 드러내준다. 비동사가 이렇게 술어화의 기능을 수행할 때, 그것은 계사copula로 사용되었다고 한다. 계사적 기능은 곧 논의할 서구어의 언어관이나 서구적 사유에서 진리 개념의 기초성과 긴밀하게 연관되어 있다.

술어 구문에서 주어는 언급의 대상이 되는 것임에 비해, 술어는 그 대상에 관해 말해지는 것이다. 존재적 차원에서 파악할 때, 술어 구문이란 세계 내에 있는 구성원에 관한 언어적 활동, 즉 술어에 의해 기술되는 속성이나 행태 등을, 주어에 의해 지칭 또는 기술되는 것에 귀속시키는 언어적 활동이다. 이런 구조로 하여 술어적 문장은 다음을 전제한다. 1) 존재와 언어가 구분되어 있다; 2) 존재하는 것을 언어의 차원에서 주어로 명시하여 객관화하고 있다; 3) 주어와 술어는 중요한 차이를 지니는데, 주어가 지칭 · 기술하는 것은 존재계의 일부임에 비해, 술어적인 내용은 아직은 언어적이거나 또는 심적인 공간 속에 있다; 4) 술어문은 주어에 술어를 귀속시키는 문장, 더 정확히는 존재를 언어적으로 기술하는 것이다. 그래서 이렇게 귀속된 술어적인 것이 존재에 대해 진리여야 한다는 점에서 술어적 문장에는 진리 개념이 원초적으로 매개되어 있다.

비동사의 또 다른 의미나 역할은 무엇의 존재를 언명한다는 것이다. 이른바 존재사로서 비동사의 역할이다.[7] 비동사를 존재사로 사용하여 구성된 문장은 존재하는 것이 무엇인지를 밝히면서, 그것의 존재 여부를 확인하는 기능을 한다. 이런 문장의 경우도 역시 존재계와 언어적, 인지적 세계를 구분하고 있다. 어떤 것의 존재 여부를 판단 · 언명하는 것인데, 이때 판단이란 마음의 인지적 활동이다. 이 점에서 위의 술어적 구문과 유사한 성격을 지닌다.

희랍어를 비롯한 서구어에서 술어적 구문과 비동사의 중심성은 한문이나 한국어와 비교해보면 더욱 두드러진다. 한문에서도 술어적 구문이 주축을 이루기는 하나, 이미 지적한 바와 같이, 주어가 생략되는 경우가 매우 많고, 계사나 존재사[8]가 거의 사용되지 않거나 사용되는 경우에도 문장에서 주변적이거나 이차적인 역할만을 수행한다. 한국어의 경우도, 희랍어를 포함한 서구어에서 존재사나 계사에 해당하는 한국어의 '있다'와 '없다', '이다'와 '아니다'는 각각 형용사,[9] 서술격 조사[10]로서, 서구어와는 달리 논리적으로 판이하게 다른 역할을 수행할 뿐 아니라, 문장에서 중심적 위치를 차지하지도 않는다.

한문적 사유는 문장 구성에서 사태를 총체적으로 파악하며,

주어를 생략한 채 술어만을 표현하는 경향이 있다. 언급의 대상은 숙지되어 있다는 전제하에 명시적으로 표현하지 않으며, 구문적 또는 논리적 요소들 역시 독자나 청자로 하여금 문맥이나 발화의 상황 등을 단서로 하여 추정하게 한다. 나아가 감각적으로나 심적으로 모습을 지닐 수 있거나 실질적 내용이 있는 것만을 언표하여 발언이나 문장에 등장시키는 경향이 있다. 한문에서 낱말들을 구분하는 고대적인 구분법은 실자實字와 허자虛字, 즉 알찬 낱말과 속빈 낱말의 구분이다.[11] 실자는 의미, 모습, 물상 등을 기술하는 바, 고정적이고 실질적인 의미 내용을 지닌 어휘들로서 중국 문장의 기본 요소이다. 서구 언어적 구분으로 보면 어휘들의 어근root에 해당하는 것들이다. 허자는 고정적 의미가 없는 기능사로서 각종의 어법 관계를 나타내거나 추정케 하기 위한 보조사로 사용된다고 한다.[12] 상형문자 또는 표의문자의 원리는 문자를 물상의 모습이나 의미를 표현하는 것으로 보는 입장이므로, 이런 문자 형성의 원리가 실자와 허자의 구분과 구문의 경향을 강화했을 가능성도 있다.[13]

『논어』의 구절을 살펴보자. "學而時習之, 不亦悅乎."[14] 이 문장은 3개의 술어, 1개의 부정사, 그리고 한두 개의 어조사와 시간부사 등으로 구성되어 있다. 이 문장에는 주어도 논리적 접속사도 없다.[15] 화자 또는 필자는 학學, 습習, 열悅의 술어 셋과 부정사 불

不을 늘어놓았을 뿐, 이 문장의 세 글자學, 習, 悅에 의해 기술되는 사태들 사이의 연관성이나 논리적 관계는 명시적으로 표현하지 않았다. 독자나 청자는 어조사의 도움을 받아 논리적 관계를 분석 · 추정해야 한다. 논리나 구문은 어휘를 통해 문장 속에 명시적이고 객관적으로 표현되어 있는 것이 아니라, 말하자면 화자와 청자의 머릿속에 있다. 이런 점에서 한문은 서구어보다 사유의 활동을 더 촉발시키며, 나아가 논리적 사고를 발전시킬 가능성도 있다. 한센C. Hansen은 한문적 사고가 어휘들이나 의미들 간의 논리적 관계를 어순, 문맥, 어조사에 의존하고 있는 점을 지적하면서, 한문이 서구어 문장보다 논리적 기호법에 더 가깝다고 논한다. 문장을 논리기호로 표현하는 경우, 술어들 역시 동사 어미변화나 명사 격변화를 하지 않으며, 술어들 사이의 논리적 관계를 어순, 논리적 접속사 등에 의존하고 있다.[16]

문장 구문에서 이런 차이가 함의하는 바는 무엇인가? 희랍어는 사태를 화자 자신의 밖, 세계 내에 있는 화제의 대상과 그에 관해 말해진 것으로 분석하여 파악하고, 이를 모두 언어적으로 객관화한다. 외부 세계 자체는 미분화된 하나로 존재한다는 점을 감안하면,[17] 서구적 사유는 외계를 언표화하는 과정에서 이미 인위적이고 분석적인 태도를 취한다. 사유 자체는 무정형적임에 비해, 언어는 사회적 규정성을 지니고 있다는 점을 고려하면, 서구의 그런 분석적 사유 틀은 서구적 언어에 의해 정형화되었다고 말할 수 있다. 서구어는 심지어 세계 내의 대상 자체에는 내재해 있지 않는, 발화의 계기나 상황, 문장 요소들 간의 관계 등을 기반으로 추정할 수 있는 시제나 논리적 관계, 구문적 특성까지도 드러내어 언어적으로 표현한다. 모든 것이 객관화되고 명시적으로 드러나길 원하며, 이를 위해서 발화의 과정에서 발현되는 여러 요소들에 대해 분석적인 태도를 취한다. 이런 특색들은 서구 철학이나 서구 사유의 분석적 태도가 그들의 언어 구조에 이미 잠재되어 있었거나, 더 정확히는 언어를 통해 정형화된다는 추론을 가능하게 한다.

희랍어에 특징적인 술어 구문이나 비동사 사용은 서구적 사유가 발언이나 문장을 항상 외계에 대한 서술이나 기술로 이해하고 있음을 드러낸다. 언어에 의해 정형화된 이런 사유법은 언어의 일차적 기능이란 사실의 기술이라는 기술주의적 언어관을 형성하게 한다. 사태를 주어적인 것, 술어적인 것, 접속사적인 것 등으로 구분하고 이들을 관계짓는 문장 구성의 방식은 인위적인 조작이 전제되어야 한다. 발언이나 문장이 존재자에 대한 것이라 한다면, 발언이나 문장이 사실과 부합하느냐 하는 것이 핵심적 관심사가 될 것이고, 여기에서 진위의 개념이 형성된다. 이런 언어관에서는 언어의 세계와의 상응성, 그리고 그 관계의 성질이라 할 수 있는 진리나 허위의 개념이 거의 원초적인 개념으로 등장한다. 인식이나 언표는 항상 진리를 지향하고 있다. 인식의 활동은 진리나 실재를 탐구하여 반영하는 활동이며, 언어는 진리, 진상, 실재를 담는 것이어야 한다. 언어는 일종의 그림이다. 비트겐슈타인 전기 철학의 언어그림론은 그가 새로이 제안한 입장이라기보다는 서구의 전통적 언어관을 명료히 요약하는 것이라고 이해할 수 있다.

3 비동사 에이나이와 진리

고전학자 칸C. Kahn은 희랍어 비동사 에이나이einai에 대한 새로운 연구를 통해 희랍어 동사는 근현대의 서구어에서 이즈is나 이그지스트exist와는 사뭇 다른 의미를 지니거나 다른 역할을 수행했다고 논한 바 있다.[18] 그의 주장의 핵심은 희랍어에서는 계사copula적 의미와 존재사적 의미가 사실상 혼융되어 있었다는 것, 그리고 그 혼융된 의미의 기초나 중심은 진리성의 개념이라는 것이었다. 이런 논제는 서양철학에서 진리 개념의 원초성에 대한 믿음이 희랍어 또는 희랍어적 사유의 영향을 받은 것이라는 이 책의 논제를 지지하는 것으로 보인다. 그의 주장을 간략히 요약해보기로 하자.

칸의 해석에 따르면, 플라톤과 아리스토텔레스는 에이나이의 존재적 사용절대적 구문과 계사적 사용술어적 구문을 구분하지 않는다. 1) 아리스토텔레스는 『형이상학』 델타편에서[19] 에이나이에 관해 논의하는데, 여기서 그는 술어적 구문과 절대적 구문 간의 차이에 별 의의를 부여하지 않으며, 나아가 에이나이가 '진리이다'라는 의미를 지닌 것으로 간주된다고 칸은 지적한다.[20] 이어 『형이상학』 세타편의 논의에서는 '진리임'이라는 의미가 에이나이의 가장 엄격하고 중요한 의미로 전제된다고 주장한다.[21] 2) 플라톤은 『테아이테토스』에서 프로타고라스의 호모 멘수라homo mensura, 인간이 만물의 척도를 논의한다. 그는 여기에서 희랍어 에이나이를 절대적 구문으로 사용하고 있는데, 플라톤이 그 어휘에 부여하는 의미는 존재사적 의미라기보다는 사실 확언적 의미, 즉 '사태가 그러하다what is so, what is the case'는 의미를 띤다는 것이다.[22] 이런 사실은 플라톤이 두 구문에서 사용되는 에이나이들의 의미에 차이가 별로 없다고 여기고 있음을 시사한다. 절대적 구문에서 에이나이는 꼭 '존재한다'는 의미가 아니며, 이런 구문에서 에이나이는 '그러저러하다', '사실이 그러하다'는 의미, 진리나 사실 진술의 의미를 지닌다고 할 수 있다. 3) 숙어적 표현들에서도 에이나이는 '진리이다', '사실이다'의 의미를 지닌다. 희랍어 어구 토 온티to onti; in reality, in fact, 온토스ontos; really, verily, 에스티 타우타esti tauta 등이 진리적 용법의 사례이다.

이와 같이 진리성이 에이나이의 기초적이고 중심적인 의미라 할 때, 술어적 구문S einai P의 에이나이는 'P는 S에 대해 진리이다' 또는 'P가 S에 귀속됨은 진리이다'는 의미를 지니며, 절대 구문S einai의 에이나이는 'S는 진상이다', 'S는 실재이다', 'S는 실재계나 진상의 일원이다'라는 의미를 지닌 것으로 이해할 수 있다. 이미 지적한 바와 같이 에이나이가 계사적 기능을 지닌다고 이해하더라도, 에이나이의 계사적 또는 술어적 기능은 술어적 속성을 실체에 귀속시키는 것이자, 실체와 속성 간의 관계를 언명하는 것이다. 술어적 문장은 대부분 언명적 문장이며, 언명은 언술되는 바가 진리임을 주장하는 활동이다. 이렇게 이해하면, 에이나이의 술어적 역할과 에이나이의 진리적 의미 사이에는 긴밀한 관계가 있다.

이러한 연관성에도 불구하고, 에이나이의 계사적 또는 술어적 용법과 진리적 용법 간에는 중요한 차이가 있다. 전자는 주어와 술어라는 두 언어 요소를 관계지어 술어 구문을 만들거나 또는 세계 내의 실체와 속성이라는 요소들을 연결한다. 어느 경우건 에이나이는 동 차원의 두 요소, 즉 언어적 두 요소주어와 술어 또는 세계 내의 두 요소실체와 속성를 연결하여 술어 문장을 만든다. 그런데 에이나이가 진리적 용법으로 사용되는 경우, 이는 계사적 에이나이와 달리 술어와 존재자, 문장과 사실, 언어와 세계를 연결짓는다. 더 정확히는 발화되는 언어적 요소가 세계와 정확히 상응하고 있음을 언명하는 역할을 한다. 이런 해석이 타당하다면, 에이나이는 사실상 언어의 한 요소라기보다는 발화되는 언어와 세계를 매개하는 언어 밖의, 또는 메타언어적 요소이다. 에이나이를 언어 요소라 한다 하더라도, 그것은 세계에 대한 우리의 태도가 담긴 언어 요소라 볼 수 있다.[23]

에이나이의 의미나 기능을 구성하는 진리의 개념은 어떤 것인가? 이에 대한 답을 통해 우리는 서구적 진리 개념의 원형을 찾아볼 수 있을 것이다. 희랍어의 한 중요 특색은[24] 동사적 사태를 세 가지 상相, aspect으로 구분한다는 것이다. 1) 하나의 행위가 진행적임을 알리는 동사 상, 2) 그 행위가 일회적이거나 단순히 발생했음을 보이는 동사 상, 3) 그 행위가 완료되었음을 표현하는 동사 상의 셋이다.[25] 희랍어는 이들 각각의 상을 동사에서 세 가지 유형의 어미 변화, 즉 현재present 또는 반과거imperfect, 부정 과거aorist, 완료형perfect을 통해 표현하고 있다. 그런데 칸의 지적에 따르면, 에이나이는 부정 과거와 완료형 어미가 없이, 현재-반과거 상만이 있는 몇 안 되는 동사에 속하며, 이런 점에서 모든 에이나이의 시제들현재, 반과거, 미래은 현재-지속적 의미를 지닌 어간으로부터 형성된다는 것이다.[26]

이런 형태-의미론적 사실이 시사하는 바는 다음의 둘이다. 1)

시제가 어느 때이건 간에, 희랍어 비동사 에이나이는 항상 지속성의 의미를 지닌다. 호메로스Homeros에서 에이나이는 '살아 있다', '생존하고 있다'는 의미를 담고 있으며, 철학적 사유의 단계에 이르게 되면, 가령 파르메니데스Parmenides에서 에이나이는 '영원히 있는 것'을 의미한다. 진리성이 에이나이의 핵심 의미라 한다면, 희랍인들에게 진리는 지속하는 것 또는 영원한 것과 동의적이다. 2) 존재나 진리가 지속성을 지닌 것이라면, 이는 생성과 대조적인 것이다. 파르메니데스는 동사 에이나이를 다른 동사 기그네스타이gignesthai, 생겨나다와 대조적인 것으로 규정하고 있는데, 이를 우리는 이런 의미 연관에서 이해할 수 있다.

희랍적 존재 개념은 중세 이후의 존재 개념라틴어 existere, 영어 exist과 흥미로운 대조를 이룬다.[27] 희랍어 동사 에이나이와 라틴어 동사 엑시스테레existere 간에는 중요한 국면적 차이가 있다. 희랍어의 에이나이는 방금 지적한 바와 같이 지속적인 상태를 나타내는 동사로서 기그네스타이와 대조되는 동사이다. 이에 비해 라틴어나 영어의 존재 동사는 오히려 '생겨남'과 논리적으로 연결되어 있는 동사이다. 엑시스테레는 '앞으로 나옴', '걸어 나옴', '존재하게 됨', '어두운 배경으로부터 대낮의 밝은 빛 속으로 부상함'을 의미한다. 엑시스테레ek-sistere는 두 요소로 구성되어 있는데, 이 동사의 접두사인 에크ek는 과정의 완료를, 그리고 어간 시스테레sistere 역시 일종의 완료형으로서, 지속성을 함의하는 스타레stare와 달리, 부정 과거의 순간성을 함의한다. 그래서 이 동사는 생성의 반대가 아니라 기그네스타이의 완료, 즉 생성 과정의 완료라는 의미를 내포하고 있다. 즉 엑시스테레는 존재하게 됨, 생성 과정의 결과로 이르게 된 상태를 말한다. 존재자는 문자 그대로 '부상浮上하게 된 것들id quod exstitit'로 여겨졌다.

이렇게 부상하게 되어 대낮의 빛 속에 들어선 것은 우연적인 것이다. 그것은 부상하지 않고 어두운 배경에 머무를 수도 있으며, 곧 사라져버릴 수도 있다. 중세 신학에서 존재와 본질의 구분은 성서의 영향으로 이루어진 것인데, 이런 구분법 속에는 존재가 우연적이라는 의미가 담겨 있다. 이런 전통은 하이데거의 다자인Dasein 개념으로 계승된다.[28]

희랍어 에이나이는 우연적인 것, 일시적인 것이 아니라 지속적으로 있는 것을 의미한다는 점에서, 중세나 이후 실존철학의 존재 개념과는 정반대라 할 정도로 현격한 차이를 지닌다. 에이나이의 명사적 형태라 할 수 있는 희랍어 우시아ousia는 현존existence이 아니라 본질essence의 의미를 지니고 있다. 희랍어의 존재 개념이 같은 언어권과 전통에 속하는 중세 이후 서구의 존재 개념과 이렇게 상이하다면, 전혀 다른 언어권에 속하며 판이하게 차별적인 구조를 지닌 동아시아의 존재 개념과는 더욱 차이가

클 것이다.

이상을 정리하면, 희랍어의 전형적 구문은 '주어+술어'의 술어 구문인데, 이런 구문에서 주축적인 동사는 에이나이다. 에이나이의 중심적 의미나 역할은 이 동사를 사용한 문장이 존재나 사실에 관해 진리임을 확언하는 것이다. 진리성을 중핵 의미로 하는 에이나이의 전형적인 동사 시제가 지속성을 함의하는 현재-반과거라 함은 희랍인들이 진리를 지속적인 것, 영원한 것, 생성에 반대되는 것으로 여겼음을 함의한다.

희랍인들에게 언어적 기술과 인식 활동의 주된 역할은 진리를 발견하여 전달하는 일, 생성 · 변화계를 넘어서 영원히 지속하는 것을 탐구하고 서술하는 일이다. 한 문장이 진리임이 확언되어야 함은 그것이 허위일 수 있음도 전제한다. 여기서 언어와 실재가 확연히 분리되며, 현상과 실재, 생성계와 영원한 세계, 우연과 당위, 믿음과 인식 간의 이분법적 구분이 이루어진다. 일상 언어에 의해 그려진 것은 실재가 아니라 현상에 불과하다는 판단은 현상계의 물상들을 복합체, 이차적인 것, 가상이나 감각적인 것으로 격하시켜 규정하게 했고, 격하된 규정은 현상 저편의 것에 대한 다양한 관념들, 진상, 진리, 아르케archē, 근원적 단순자, 원소 개념을 낳는다. 이런 개념들은 서구 철학사나 정신사에서 환원주의의 확립에 기여한다. 나아가 저편의 진리를 찾고자 하는 이념으로서의 형이상학, 그리고 서구적 학문 일반의 이념이 형성된다. 희랍어의 에이나이에 기반을 둔 개념들과 구분들은 희랍철학, 나아가 서양 정신의 사유 틀을 형성하는 사유 범주들의 기초를 이룬다.[29]

진리 개념의 중심성, 언어와 존재의 구분, 기술記述적 언어관 등은 서구적 사고에만 고유한 것, 그것도 희랍어의 특색에서 연원하는 것이라고 할 수 있는가? 또는 보편적인 것이라 할 수 있지 않을까? 다시 비교적 관점을 취하여, 한문의 특색을 일견해보자. 한문의 주요 특색을 인지하기 위해서는 중국 언어학에 정통하거나 한문을 유창히 읽어낼 필요는 없다. 중국 유가철학의 고전을 약간만 주의 깊게 읽어보아도, 이들 문헌에서 진리라는 개념이 거의 논의되거나 언급되지 않으며, 언어와 존재 간의 관계를 논하거나 실재와 현상의 구분, 인식과 믿음의 구분이 거의 이루어지지 않는다는 사실을 쉽사리 발견할 수 있다. 환원주의적 태도나 논리적 분석이 전개되지 않음은 자주 지적되는 특징적 사항이다.

진리 개념을 차용하여 한문 문장의 진리치를 판정하려 해도 곤혹스러움을 느끼며, 논리적 분석을 통해 한문을 서구의 기호논리법으로 기호화하기도 상당히 어렵다. 동아시아의 철학이나 학문적 전통에서는 진리를 발견하거나, 실재계를 탐구하는 일이 주된 관심사가 아니었다. 진리 개념이 없으니 당연히 진리에 대한 철학적 관심이 생겨날 수도 없다. 우리가 사는 세계, 더 정확히는 문자로 기록된 세계 저 너머에 형이상形而上의 세계나 본질의 왕국이 있다는 믿음 자체는 동아시아의 철학자들에게 낯선 사고인 것으로 보인다.

한문적 언어관에 따르면, 언어의 일차적 기능은 사실기술적이거나 진리서술적이기보다는 행위 계도적이고, 특히 문자는 사회 통합적인 역할을 수행한다. 동아시아적 사고는 언어, 문자의 공유를 통해 사회, 나아가 세계에 질서를 부여할 수 있다고 보았다. 그들에게 문자의 공유는 사회 구성원들의 삶과 행위 방식에 동질성을 갖게 하기 위한 가장 기본적이고 원초적인 조건이다. 이런 조건을 충족시킴으로써 그들은 사회적 통합을 이루었다.[30] 진시황제가 천하를 통일한 후에 문자를 통일한 것은 이런 이유에서다. 문자를 통일함으로써 무력으로 정복한 광대한 지역을 동질적인 의사소통의 공간으로 만들 수 있었던 것이다. 중국을 2,000년 동안 통일된 국가로 통합 · 유지하고, 하나의 동질적인 문화권으로 발전시킨 것은 진정으로 한자였다.[31] 한자가 광대한 지역에 거처하는 수많은 인구를 오랫동안 통합할 수 있었던 것은 상형문자적 특색에서 비롯한다. 음성문자와는 달리 상형문자는 소리를 묘사하는 것이 아니라, 사태를 그리거나 의미를 표현하는 것이기에, 지역적 차이나 장구한 세월의 흐름에도 불구하고 변화하지 않는다. 실로 세계 최고最古, 최대最大, 최장最長의 문화를 가능하게 한 것도 한자의 상형성 또는 표의성 덕이라고 볼 수 있다.

4 음성문자적 언어관과 심적 의미세계

서구적 사고에서 존재와 언어의 구분은 그들의 문자 형성 원리에 의해 강화되고 정당화된다. 희랍어를 포함한 서구 언어는 대부분 음성문자다. 이들에게 문자글말란 말입말의 음성적 요소인 소리를 분석하여 음소들로 환원하여 알파벳화하고, 이들을 공간 속에 가시적으로 배열한 것이다. 글은 단지 매체를 달리한 말 또는 입말의 다른 형태로서, 말의 시각적 전사轉寫, transcriptions에 불과하다. 말입말은 청각적이고 시간적인 통신 매체임에 비해, 글글말은 시각적이고 공간적인 매체일 뿐이다.

이처럼 음성문자는 소리를 분석하여 시각화한 것에 불과하므로, 말이 전달하거나 그리려는 메시지, 의미, 사태 자체와는 무관하다. 글은 말과 매체를 달리하는 언어 유형이나, 유형을 달리함은 중요한 변화를 겪게 한다. 전사의 과정을 거치면서 문자는 말이 원래 지니고 있던 구체적이고 직접적인 힘마저 상실하게 되며[32], 힘의 결여로 하여 더욱더 의미나 존재와 괴리되어 있는 매체로 여겨지는 것이다. 문자는 이제 홀로는 기능할 수 없고, 그 배후에 있는 의미나 존재의 지원을 받아야 언어의 역할을 수행할 수 있다.

구술문화 시대에는 말 자체가 행동이고 힘을 발휘했으며, 이런 직접적 힘 때문에, 배후에서 지원하는 의미체나 존재자가 있어야 말이 소통의 매체로서 기능할 수 있다고 생각되지 않았을 것이다.[33] 문자문화 시대로 들어서면서 상황이 변화한다. 문자는 가시적이고 공간적이기에 말에 비해 여러모로 편리한 점이 있다. 시간의 흐름에도 변하지 않으며, 객관적이고 간접적일 수 있다. 학문적 활동은 문자가 사용된 이후에 등장했다고 할 수 있는데, 그 한 계기는 문자적 세계의 근거에 대한 성찰이었을 것이다. 구술 시대에서 말은 일종의 행동으로서 우리에게 직접적인 영향력을 끼치므로, 그것은 반성적 사유의 대상이 될 수 없다. 반성적 사유가 가능하게 된 것은 언어에 담긴 메시지가 대상화된 이후일 것이며, 그런 대상화를 가능하게 하는 것은 문자이다. 그래서 구술 시대에는 학문적 활동이 이루어질 수 없다.

여러 장점에도 불구하고, 문자는 나름의 문제점을 지닌다. 『파이드로스』나 『제7 서간문』에서 개진된 문자에 대한 플라톤의 비판은 이런 반성을 담고 있다.[34] 1) 글은 말에 비해 상대적으로 무력하다. 말이 영혼에 직접 호소하는 바와는 달리, 글은 영혼에 대해 간접적이다. 말은 영혼을 두드리지만, 글은 읽고 생각해야 정신의 일부가 된다. 2) 문자의 무기력성 또는 간접성 때문에, 문자는 입말과는 달리 화자인 우리가 존재나 세계와 괴리되어 있다는 의식을 심어준다. 특히 음성문자의 경우 구조적으로 이런 의식을 고정화한다. 이미 지적한 바와 같이 음성문자는 존재나 세계와 무관한 기표로서 세계에 대해 자의적이다. 음성문자는 세계의 모습과는 아무 상관이 없다. '나무'라는 글자를 아무리 들여다보아도, 나무 자체의 모습이나 나무 그림자도 찾을 수 없다.

문자의 자의성 또는 존재나 의미와의 무관성은 음성문자적 언어권에 고유한 언어관을 형성하게 한다. 문자의 배후에 또는 시각적 존재로서 기표의 배후에, 그것의 근거이자 정신이며 본질이 되는, 비가시적이며 정신에 의해 파악되는 의미가 기표와는 별개로 존재하며, 이런 의미들을 구성원으로 하는 의미나 본질들의 왕국이 어디엔가 있을 것이라는 믿음이 자연스럽다. 글이 그러하다면, 말 역시 그 자체로서는 세계나 의미에 대해 자의적이거나 무관하며, 의미나 세계 내의 물상들이 뒷받침해 주어야 언어로서 기능할 수 있다고 여겨질 것이다. 말이건 글이건, 청각적이거나 시각적 존재로서의 기표란, 의미나 존재의 후견이 없이는 무력하다.

문자문화가 자리 잡으면서 말과 글은 의미를 지녀야 하는 것으로 간주되며, 이 의미들은 말과 글의 배후, 보이지 않는 세계에 존재하면서 말과 글을 지원한다. 의미들은 청각적이거나 시각적인 기표들과는 달리 추상적이거나 심적인 것이다. 의미는 보이지 않지만, 보이고 들리는 기표들의 정신 역할을 한다. 이리하여 문자의 도입 이후에는 또 하나의 세계가, 즉 보이지 않는 심적이고 추상적인 세계가 전개되는 것이다.

기표들은 다양한 언어적 상황과 문맥에서 서로 다른 사람들에 의해 사용되기에, 말소리나 필체는 다양하다. 그러나 심적이고 추상적인 의미는 불변하는 하나의 동일한 것으로 인지되며, 이 의미는 하나의 기표를 어떤 상황에서 어떻게 사용할지를 위한 일종의 규칙으로 기능한다. 기표의 모습에는 시공적 차이에 따라 변이가 있으며 이것이 쓰이는 상황은 매번 다를 것이나, 이런 고정적 규칙이 있기에 의사소통이 가능하다는 것이다. 의미의 존재나 이의 고정성에 대한 믿음은 정의definition에 대한 소크라테스의 물음들이 전제하고 있는 바이며,[35] 플라톤의 형상론을 거쳐 서양 정신사의 중요한 전통을 이룬다. 어휘에는 하나의 고정적이고 불변하는 의미가 있다.

서양에서 사전 편찬의 방식은 한 어휘의 중심적이거나 본질적인 의미를 정의해 놓고 이차적이거나 파생적인 의미를 배열하는 것이다. 하지만 "중국어 사전은 그 정의를 말하는 것이 아니라 한 어휘의 다양한 사용례들을 열거해 놓고는 그 여러 사용례들 사이의 공통되는 뜻을 통해 그 어휘의 의미를 알리려"[36] 한다. 그뿐 아니라 한 어휘의 논리적 위치는 물론 그 의미까지도 문맥에 따라 달라진다. 중국에서 의미는 기표의 배후에 존재하는 것이라기보다는 기표들 간의 관계 속에, 기표의 사용례 속에, 그리고 비트겐슈타인의 표현을 빌리면, 이들 간의 가족유사성 속에 존재한다.[37]

서양철학은 자연스레 이런 의미의 존재론적 위치를 탐구하게 되며, 서양철학의 의미론, 논리학, 존재론이나 형이상학 등은 이와 연관된 학문적 활동으로 이해할 수 있다. 나아가 의미 개념을 중심으로 하여, 탐구적 학문의 개념, 진리, 분석, 환원, 비판, 명석 판명성, 확실성 등 서구 고유의 정신적 활동과 이 활동의 축을 이루는 개념군이 생겨난다. 플라톤 철학의 단초는, 더 포괄적으로 서양철학의 기초는 바로 음성문자적 언어관에 의해 촉발되고 지원된 바, 언어와 존재가 괴리되어 있다는 믿음에서 출발한다. 플라톤의 형상론은 문자, 더 나아가 언어 일반의 근거로서 제안된 것이다. 철학을 포함한 서양 학문 일반은 바로 문자의 배후로서의 의미, 실재, 진리를 탐구하는 활동이다.

언어, 특히 문자가 존재나 의미로부터 괴리되어 있다는 생각은 당연한 것이 아닐까? '사과'라는 표현에는 사과가 없고, '빨강'이라는 어휘는 빨강색이 아니다. 자명한 것으로 보이는 이런 괴리는, 논리학에서 사용use과 언급mention, 어휘expression와 의미meaning 간의 구분, 상이한 언어들 간의 상호 번역 가능성의 근거가 되는 것으로 보인다. 소쉬르Saussure와 같이 기표와 기의 간의 불가분성을 주장하는 언어학자도 문자적인 것과 의미적인 것이 논리적으로는 구분될 수 있음을 전제한다.

언어와 존재 간의 괴리는 당연한 것이 아닐 수 있다. 구술문화 시대에 말은 일종의 행위이고 존재자였으며, 그것도 전능한 힘을 발휘하는 존재자였다. 토템과 터부 시대에 원시 부족들은 자신들을 일정한 동물들과 동일시함으로써 자기 부족의 정체성을 확보했다. 가령, 자신의 부족을 '곰족'이라 규정하면, 그 부족은 당연히 곰과 인척 관계에 있고 자신들의 몸속에는 곰의 피가 흐르는 것으로 여겼다. 그런 고로 곰은 자신들의 조상이자 신성한 동물이고, 그 고기를 먹는 것은 금기가 된다. 곰과 연관되어 있는 것으로 여겨지는 방향이나 풀이나 색깔들은 그것이 '곰적인 것'이라는 어휘에 의해, 언어적으로 규정되었다는 사실만으로 신성한 것이며, 그를 더럽히는 것은 죽음으로써 죗값을 씻어야 할 금기라는 확고한 믿음 속에 갇혀 있었다.

다른 예를 들면, 원시 종족들에게는 이름이 실재성을 지니고 있어, 한 사람의 이름은 그가 지니는 인격의 본질이었으며, 그의 인격과 동일시되었다. 죽은 사람의 이름을 언급하는 일은 죽은 사람과 접촉하는 행위와 동일한 것이다. 이런 이유에서 한 사람이 죽으면, 그 사람과 같은 이름을 지닌 사람들은 자신의 이름을 바꾸어버린다고 한다. 그뿐 아니라 죽은 자의 이름이 공교롭게도 다른 동물의 이름과 같을 경우, 그 동물의 이름까지도 바꾸어 버린다는 것이다.[38] 고대인들에게는 언어나 언어적 규정이 힘을 발휘한다. 이를 언어의 또는 관념의 전능성全能性이라 한다.

우리는 멀리 토테미즘 시대에까지 거슬러 올라갈 필요가 없다. 서양의 음성문자와는 전혀 다른 문자 형성 원리를 채용하면, 언어와 세계를 보다 긴밀하게 연관짓는 언어관을 형성할 수도 있다. 고대 중국은 서구와는 전혀 다른 원리에 의거 문자를 고안해 내고, 이에 따라 전혀 다른 언어관을 형성한 것으로 보인다. 고대 중국에서 문자는 일종의 존재자였다. 중국 문자는 유럽의 음성문자와는 달리 상형문자이다. 중국인들은 어휘들이나 문장을 분석하여 이들을 구성하는 음소들로 환원함으로써 알파벳의 체계를 구축하기보다는, 말들에 담긴 뜻을 형상화하여 문자를 만들었다. 고대 중국인들은 문자에 대해 서구인들과는 전혀 다른 태도를 취했던 것으로 보인다. 이로 해서 서구인들이 음성 문자의 체계를 등장시킨 데 비해, 중국인들은 상형문자 또는 표의문자를 등장시켰다. 중국에서 문자는 점복에서 발전한 신성한 것임에 비해, 서구에서 문자는 말을 시각화하고 공간화하여 지속성을 부여하는 편의적인 매체로 간주되었다.

중국에서 문자, 즉 한자는 매체를 달리하는 말의 다른 형태, 단지 음성적이고 시간적인 말을 전사하여 가시적이고 공간적인 매체에 담은 것에 머물지 않고, 그것이 전하고자 하는 대상의 모습을 형상화하고 있다. 말을 통해 전하고자 하는 대상의 모습이 말의 의미라고 한다면, 글 또는 문자는 말이 담고 있는 의미를 가시화한 것, 즉 말의 의미 자체이다. 중화권 언어에서 의미는 추상적인 것으로서 언어의 배후나 보이지 않는 저편에 존재하는 것이 아니라 문자적 질서를 통해서 객관적으로, 공적으로 또는 간주관적으로 드러나 있는 것이다. 그래서 중화권 언어관에 따르면, 말과 글의 차이는 단지 매체의 차이에만 있는 것이 아니다. 글은 말과 전혀 다른 차원의 것, 즉 말의 의미, 말이 전하려는 의미나 존재자의 모습이다. 글은 진리를 기술하거나 표상하는 것이 아니라 객관적 질서나 존재 그 자체이므로, 그들에게서 글을 읽는 것은 의미 자체를 읽는 것, 객관적 질서 자체를 접하는 것이다. 언어 배후에는 아무것도 없다. 있다면 무규정적이고 질료적인 세계이다.

다음의 문장들을 비교해보자.

(가) 숲에는 나무가 많다.

(나) '숲'에는 나무가 많다.

(다) '숲'에는 자음 'ㅅ'과 'ㅍ'이 있다.

(라) 森林에는 나무가 많다.

(마) '森林'에는 나무가 많다.

이들 중 (가)는 진리이나, (나)는 진리나 허위도 아니고, 단지 무의미한 문장이고, (다)는 진리이다. 그러나 한자에 관한 문장 (라)와 (마)는 모두 진리이다. 음성문자적 어휘 forest나 '숲'에는 나무들이 없지만, 상형문자적 어휘 森과 林에는 나무들이 있다고 말할 수 있다. 森과 林이라는 상형문자는[39] 실재의 나무가 많은 숲을 그리고 있으며, 그런 점에서 그 상형문자에는 축소형의 숲이 있기 때문이다.

여러 학자들이 동아시아적 사유에서는 의미론, 형이상학, 논리학이 발전하지 않았다고 지적하는데,[40] 그 이유는 이런 언어관과 밀접한 관계가 있는 것으로 보인다. 그들에게 말은 존재나 세계와 무관할지 모르나, 글 즉 한자라는 문자 자체는 사물의, 진상의, 실재의 모사체이거나 축소판으로 여겨진다.[41] 더구나 외계 그 자체와는 달리 문자 속의 축소된 또는 모사적 세계는 모습의 단일성이라는 조건을 갖추고 있다. 말하자면 플라톤이 요구한 단일한 모습을 지닌monoeides 존재라 할 수 있다. 한문에 있어서 세계는 문자의 세계에 현전해 있으므로, 즉 문자적 질서에 의해 드러나므로, 언어의 저편에서 실재나 진상을 찾아야 한다는 생각이 중국적 사유에서는 형성되기 어렵다. 나아가 문자의 근거로서의 문자와 독립된 의미나 개념들이 따로 존재하지 않으므로, 개념들 간의 관계로서의 논리학도 전개될 수 없다.

동아시아에서 의미론이나 형이상학 등이 '발전하지 않았다'는 평가는 부당한 것이거나 범주 착오적일 수 있다. 그들에게는 그런 학문이 있어야 할 이유가 없는 것이다. 당연히 현상과 실재, 본질과 우연적 속성, 인식과 믿음, 경험과 선험, 경험과 초월, 추상과 구상 등의 구분 역시 미약할 수밖에 없다. 전반적으로 '보이지 않는 진리나 실재 또는 본질계'에 대한 탐구로서 학문의 이념이 생겨나기 어렵다.[42]

5 정관사의 사용
추상체와 보편자

음성문자적 언어관과 관련된 또 하나의 중요한 희랍어의 특색은 정관사의 존재다. 희랍어에서는 정관사가 빈번하고 다양하게 사용되고 있으며, 이는 라틴어를 제외한 다수의 주요 유럽어, 즉 영어, 불어, 독일어에서도 공통적이다. 이와 대조적으로 중국어나 한국어에는 정관사가 없다. 정관사가 희랍적 사고방식에 준 영향은 스넬B. Snell에 의해 충분히 논의된 것으로 생각되지만,[43] 철학적 관점에서 몇 가지를 더 보완하기로 하자.

정관사의 사용은 음성문자에 의해 형성된 언어관, 즉 언어의 배후에 심적으로 파악되는 의미와 같은 것이 있다는 믿음을 강화하고, 그 의미를 실체화하여 추상체나 보편자와 같은 것이 존재하리라는 견해를 형성하게 하는 경향이 있다. 이런 경향은 플라톤의 형상론 등장에 핵심적인 역할을 했다. 나아가 그것은 플라톤의 존재론을 통해 서양 철학사와 정신사 일반에서 주축이 되는 강령을 다지는 데 일조했다.

희랍어에서 정관사는 원래는 지시대명사였는데, 시간이 흐름에 따라 점차 규정 관사의 역할을 하게 된다.[44] 정관사는 일반적으로 명사 앞에 붙어 그 명사로 기술되는 대상이 확정적이거나 알려져 있음을 표시하는 역할을 한다.[45] 정관사의 주요 역할을 꼽아보면 다음과 같다. 1) 정관사에 의해 제약되는 대상은 특정의 개별적 대상일 수도 있는데, 이때 정관사는 지시적 관사demonstrative article로 사용되며, 그 대상을 같은 어휘에 의해 기술되는 다른 대상과 구별한다.[46] 2) 보통명사나 형용사에 정관사를 붙여, 이들 명사나 형용사에 의해 기술되는 대상을 모두 포괄하는 유적類的 집단의 개념을 형성할 수도 있으며, 이런 정관사의 역할을 유적 관사generic article라 한다.[47] 3) 형용사나 분사 등의 앞에 붙어서 이들을 명사화하거나 심지어 추상화하는 역할도 수행한다.[48] 이렇게 형성된 추상명사는 이들 형용사나 분사에 의해 기술되는 것에 공통적인 어떤 존재자를 의미한다. 정관사의 이 같은 용법은 아마도 지시적 용법이 확장된 것으로 볼 수 있다. 이런 식의 용법 확장을 통해 플라톤은 형상의 개념을 형성했다고 해석할 수 있다.

우리가 주목하고자 하는 것은 2)와 3)의 용법이다. 2)의 용례들은 철학의 문맥에서는 물론 일상의 문맥에서 정관사가 희랍인들에게 유개념의 형성을 용이하게 했음을 보여준다. 3)의 용례는 희랍인들이 추상성의 개념을 지니고 있었음을 알리며, 그런 추상 개념을 형성하는 데 정관사가 결정적이거나 적어도 도구적인 역할을 했다고 볼 수 있다. 유적類的 존재와 추상적 개념의 형성은 서구 정신사의 주축을 형성하는 데 기초적 역할을 한다.

우리의 주제와 관련된 정관사의 주요 의미를 다시 정리하면, 희랍어에서 정관사는 형용사에 앞에 놓여 다음의 세 가지 의미를 갖게 한다.(아래에서 F는 형용사나 명사이다.)

'to F'는 다음 셋 중 하나를 의미한다: 1) 구체적이고 경험 가능한 F인 어떤 것; 2) F인 것들의 집합; 3) F-ness, 즉 F의 성질.

(예 1) 'to hosion'은 다음 중 하나를 의미한다: 1) 경건한 어떤 것, 경건한 사람, 경건한 행동; 2) 경건한 것들의 집합; 3) 경건성.

(예 2) 'ho anthropos'는 다음 중 하나를 의미한다: 1) 어떤 사람; 2) 유적 존재로서의 사람; 3) 사람 자체, 인간성.

정관사는 지시적이고 규정적인 기능이 있다. 정관사에 의해 수식되는 것은 지시될 수 있는 어떤 것이며, 다른 것들과 구분될 수 있고, 지칭과 언표의 대상이 될 수 있다. 정관사의 도움에 의해 술어의 지위에 있던 것이 주어의 위치에 놓일 수 있게 되는 것이다. 이렇게 술어적인 것이 실체화되어 주어의 위치에 올 수 있게 되면, 이전에는 다른 것의 일부로서 존재하던 것일지라도, 이제는 독립적으로 존재할 수도 있다는 믿음이 형성되는 데는 오랜 시간이 걸리지 않는다. 그러나 관사는 지시적 의미를 지니기에 이에 의해 수식되는 것은 특수자적인 것이라 할 수 있는데, 정관사를 형용사나 분사의 앞에 붙여 명사화한 것은, 위의 2)나 3)에서 보는 바와 같이 유적 개념이거나 추상체이다. 이 후자의 것들은 논리적으로 보편성이나 일반성을 지닌다.

구체적인 특수자를 지칭하는 관사가 어떻게 추상체나 보편자의 생성에 기여할 수 있게 되었는가? 한 가능한 설명은 관사에 의해 실체화된 형용사나 동사에 담겨 있던 추상성과 일반성의 의미가 이전되었기 때문이라는 것이다. 의미 이전을 통해 F인 모든 특수자들을 하나의 동질적 집단으로 통합하여 하나이게 하는 것, 또는 F인 모든 특수자들에 공통적인 성질로서의 F라는 관념이 형성된다. 그리고 이런 관념에 대응하는 것으로서, 구체적인 특수자들과는 다른 차원에 있는, 다수의 특수자들에 편재적인 보편자나 유적 존재가 있다는 견해가 설득력을 얻게 된다. 다른 한편으로 관사가 지닌 원래의 지시사적인 특성은 계속 남아서 그 보편적인 것을 지칭할 수 있는, 구체적이고 실체적인 것으로 만든다. 이렇게 볼 때, 정관사의 세 의미 1)과, 2) 또는 3)은 전혀 다른 차원의 역할을 수행하지만, 방금 소묘한 과정을 통해 상호 연관 관계를 맺는다.

한문이나 한국어와 비교해보면, 희랍어에서 정관사의 역할이 얼마나 중요한가를 쉽사리 이해할 수 있다. 이들 동아시아 언어권에서는 형용사나 동사를 실체화하기가 대단히 어렵다. 가령 '의롭다', '선하다', '둥글다'와 같은 형용사를 생각해보자. 한국어에서 이들을 명사화하는 법은 두 가지인데, '~것'이라는 불완전명사를 붙이는 방법과 '~음'이나 '~기'라는 명사형 어미를 붙이는 것이 그것이다. '의로운 것', '선한 것', '둥근 것', 또는 '의로움', '선함', '둥금'. '의로운 것'과 같은 표현은 실체성의 의미를 담고 있기는 하나, 이 실체는 구체적인 특수자를 지시하는 데 그치지, 추상적이고 보편적인 존재를 의미하는 것으로까지 확장되기는 힘들다. 다른 한편으로 '의로움' 같은 어휘들은 술어를 명사화한 것으로 일종의 명사절에 해당하기에, 이는 특수적 개체 안에 있는 속성을 기술하는 어휘이지, 추상체나 보편자를 의미하는 데는 이르지 못한다.

한문의 경우도 사정은 비슷하여 보편성이나 추상성에 대한 의식이 매우 미약하다고 한다. 한문에서는 모든 물상을 추상적 개념에 의해 묶기보다는 구체적이고 특수적으로 파악하는 경향이 매우 강하다.[49] 이런 경향은 문자가 형상을 그린다는 믿음에 더하여 정관사적 장치의 부재에 의해 심화된 것으로 볼 수 있다. 예를 들면, 중국인들은 산이나 나이도 일반화해서 파악하는 경우가 드물다. 프랑스어에서는 몽테뉴montagne에 하나 또는 두엇의 형용사를 더하면 [산]이라는 관념을 표현할 수 있음에 반하여, 한문에서는 다수의 어휘를 사용한다. 가령, 『시경』에서는 18개의 어휘를 사용하고 있다는 것이다.[50] 노년의 경우도 영어에는 올드old라는 하나의 어휘가 있지만, 한문에는 이에 상응하는 하나의 일반 어휘가 없다고 한다. '나이든', '늙은'을 의미한 것으로 이해되는 노老는 원래는 칠순을 의미한다.[51] 예순은 기耆, 여든과 아흔은 모耄라 하였다.[52] 하나의 독일어 어휘 트라겐tragen 또는 희랍어 페로pherō가 전달할 수 있는 의미를, 한자에서는 담擔, 지持, 임任, 운運, 반搬, 보保, 대帶, 착着 등의 다양한 어휘를 사용하여 전달한다.[53] 그래서 거의 모든 중국어 어휘들이 구체적이고 특수적인 고유명사에 가깝다는 것이다.[54]

고대 중국에서는 보편자의 개념 역시 형성되기 어렵다. 한문에서는 희랍어의 정관사와 같이 보통명사나 형용사를 명사화한 후, 이를 다시 대상화하여 보편자를 만들어낼 수 있는 언어적 장치가, 보편과 특수를 구분할 수 있는 문자적 장치가 없다. 그러므로 보편자와 특수자를 개념적으로 구분하기 어렵다. 보편적 또는 일반적인 것이 있다면, 문자나 문장의 세계 정도일 것이다. 그래도 특정한 종류의 보편자에 해당하는 관념을 표시해야 할 필요가 있는데, 그런 경우에는 대립적인 두 가지 말을 함께 사용하여 표현했다는 것이다. 가령 다소多少는 양을, 대소大小는 크기를, 완급緩急은 속도를 의미한다. 상황이 이러하므로, 중국적 사고에서는 서양철학의 초기에서부터 핵심적인 문제로 제기 · 논의되었던 일一과 다多의 문제, 즉 하나의 술어가 어떻게 다수의 사물들에 귀속될 수 있는지의 문제가 제기될 여지가 없다.

순자荀子의 저서를 보면, 유개념과 비슷한 것이 언급되어 있기는 하다. 그것은 공명共名이라는 개념인데,[55] 이도 서양의 유類 · 종種 개념과는 발상이나 의미 내용이 상당히 다르다. 순자의 공명共名은 '함께 가지고 있는 이름'이라는 의미이니, 특수자의 관점에서, 그를 중심으로 해서 상향적으로 형성된 개념이다. 서양의 유genus나 종species 개념이 보편자의 개념을 형성하게 할 수 있고, 실제로 그러했음과는 달리, 공명이라는 개념은 구조적으로 보편자의 개념을 형성할 수 없게 한다. 서양의 유 · 종 개념은 하향적이거나 포섭적인 관점에서 형성된 개념으로 공共이라기보다는 공公적인 개념이다.

플라톤은 그의 저술 곳곳에서 특수자에서 보편자로의 이런 개념적 전이나 변모가 자연스레 이루어질 수 있음을 보여준다. 가령 『유티프론』에서 화자인 소크라테스는 호시온hosion, 경건하다과 같은 형용사를 사용하면서 어휘 사용의 준거가 되는 것, 어휘를 사용하면서 마음의 눈으로 바라보는 것이 있다고 논한다.[56] 즉 다양한 문맥에서 하나의 어휘를 사용할 수 있게 하는 불변의 의미론적 기준이 있음을 대화 상대방에게 동의를 얻어 확인하고 있다. 이 같은 의미론적 기준은 존재론적 실체경건 자체; to hosion로 변모하게 된다. 『파이돈』에서 플라톤은 이런 생각을 발전시킨다. 그는 그런 의미론적 존재를, 경험적 대상들이 그에 참여함으로써 일정한 속성을 갖게 되는 것, 다양한 경험적 사물들에 하나의 동일한 속성을 부여하는 존재론적 원인이라고 논한다. 또한 이들 원인을 실체화하여 상정한 이론이 형상론이다.[57]

플라톤의 형상론은 의미론적 기준이나 경험적 성질의 원인이 되는 것이 개념적으로만이 아니라 존재론적으로도 분리될 수 있다는 생각에서 출발하였다. 그는 한편으로 여러 다양한 문맥에서 사용되는 어휘와 이의 사용 기준으로서의 의미에 근거가 있다고 믿었다. 다른 한편으로는 그는 경험적이고 다수적多數的인 특수자들에 일정한 속성 내지는 규정성을 부여하는 존재론적인 원인으로서 하나이고 보편적인 일자一者가 있다고 보았는데, 이를 특수적 다수들에서 분리하여 형상 또는 이데아의 존재를 상정하게 된 것이다. 그가 이데아를 규정하기 위해 자주 사용하는 '자체적인 것katha auto'이라는 어구는 바로 이런 존재론적인 분리 작업을 행하기 위한 개념적 장치이다.

일단 자체적인 것, the FF의 속성 자체; 경건함 자체가 F-thingsF인 것들; 경건한 물건, 경건한 행위로부터 분리되면, 이는 논리적으로 후자와는 전혀 다른 논리적 특성을 지니고 있음이 드러난다. 가령, 경건성the pious; to hosion과 경건한 것들the pious things; ta hosia을 비교해보자. 전자는 윤리적 덕목이고 정신적 특성이며 정의, 절제 등과 연관이 되나, 경건한 사람의 피부색이나 신전 또는 제물 등과는 아무런 관계가 없다. 이에 비해 후자의 경건한 것들은 소크라테스와 같은 백인일 수도, 제우스 신전일 수도, 신전에 바치는 제물일 수도, 희생양일 수도 있으나, 그 자체로서는 정의, 절제, 정신과는 전혀 관계가 없다. 이런 차이들은 경건성to hosion이 경건한 것들ta hosia의 일원이 아니라 이들로부터 독립적인 존재자라는 추론을 가능하게 한다. 전자가 항상 하나의 모습을 지닌 일자적一者的인 것임에 비해 후자는 다양한 모습으로 나타나는 다적多的인 것이고, 나아가 전자는 후자에 공통적인 것이면서도 후자와는 독립적으로 인식되고 존재할 수 있는 것이다. 그뿐 아니라, 다적인 것들이 감각적 지각의 대상임에 비해, 후자는 지적 인식phronesis이나 지적 직관의 대상이다. 지적 직관의 대상이 될 수 있다는 인식적 사실은 그것이 다적인 것으로부터 독립하여 존재할 수 있음을 알리는 것이다. 플라톤은 더 나아가 인식론적 논거에서 전자가 후자보다 더 실재적인 것일 수 있다고 주장한다.

또 다른 예를 들면, 빨간 것들red things과 빨강의 속성the red을 의미 연관의 관점에서 비교해볼 수 있다. 빨간 것들, 가령 빨간 사과는 빨갛고 사과일 뿐 아니라, 시고 달콤하기도 하고 둥글기도 하며, 상처가 있을 수도 있고, 유혹적일 수도 있으며, 에덴동산의 상징적 과일이고, 한국의 대표적 과일이기도 하다. 이와 달리, 빨간 사과가 지니는 빨강의 속성 또는 빨강색 자체는 위의 여러 속성들을 지니지 않는다. 빨간 사과와는 달리 빨강의 속성은 색깔이므로, 가시적이고, 연장적이며, 빛깔과 긴밀한 관계를 지닌다.

경건함 자체와 경건한 것들, 또는 빨강 자체와 빨간 것들의 양자가 서로 전혀 다른 의미 연관성을 지닌다는 점은 새로운 세계나 차원의 존재가 있을 수 있다는 믿음을, 즉 구체적 특수자들이 거주하는 경험적 세계와는 다른 개념들의 세계가 전개될 수 있다는 믿음을 갖게 한다. 이 개념들은 그 개념을 술어로 하는 사물들과는 달리 의미 내용이나 내포를 지닌다. 이 내포는 분석의 대상이 되므로, 논리적 분석 또는 개념적 분석의 이념이 자리 잡게 되며, 이와 함께 개념들이나 본질들 간의 관계로서 논리적 또는 존재론적 관계의 개념이 생겨난다. 그리고 개념들 간의 관계를 맺는 작업으로서의 논리적 연역이나 추론적 사고가 발전한다.[58] 의미론, 논리학, 존재론의 이념을 위한 맹아는 여기에서 싹튼다고 할 수 있다. 이는 서구에서 논리적 사유의 발전과 긴밀하게 연관되어 있다.

이상의 논의는 플라톤의 형상들이 희랍어에서는 지극히 일상적이고 편재적인 언어적 특징, 즉 정관사의 사용에 기반하고 있음을 알려준다. 그것은 어떤 비의적 존재자이거나, 난해한 형이상학적 논리의 귀결이 아니다. 어쩌면 플라톤의 형상론은 희랍어의 구조 속에, 희랍적 사고 속에 적어도 가능적인 형태로 이미 내포되어 있었다. 이런 점을 고려한다면, 플라톤의 형상론은 희랍어에, 더 넓게는 유럽어에 특유한 존재론이라 말할 수 있지 않을까? 서양 철학사나 정신사에서 플라톤 형상론이 지속적으로 영향력을 행사하는 이유는 서양 여러 국가의 철학들이 구조적으로 유사한 언어를 기반으로 사유된 결과이며, 플라톤이 서구어의 모태인 희랍어에 잠재된 존재론을 개념적으로 명확히 했기 때문이라고 볼 수는 없을까?

정관사와 이에 의해 형성된 보편자의 개념은 의미론이나 인식론 그리고 존재론의 영역에서만이 아니라 윤리적 사유에도 영향을 준다. 동아시아적 사고에서는 서양 윤리학의 보편 원리, 보편적 행위 규범, 보편적 가치 등의 보편주의적 개념이 거의 없거나 희박한 것으로 여겨진다. 유가나 도가적 사유에서는 서양의 윤리학에서처럼 행위 규범을 명확히 개념적으로 정의하거나 명제화하는 경우가 거의 없다. 윤리적 덕목의 정의에 대한 소크라테스적인 요청, 플라톤의 선의 이데아, 모세의 율법, 칸트 식의 정언명령 등은 동아시아적 사고에서는 매우 낯선 것이다. 객관적이고 보편적인 가치나 규범에 대해 무관심한 유가적 윤리는 서양적 관점에서 보면 처세법적이거나 상황 윤리적인 것으로 치부되기도 하나, 이는 피상적 이해일 것이다. 동아시아적 사고는 오히려 지극히 윤리적이라고 할 수 있다. 그들이 철학으로서 가르친 유일한 것은 윤리학이나 정치철학이었음을 우리는 유념할 필요가 있다. 이런 점들을 감안할 때, 가령 칸트와 맹자 또는 공자를 같은 기준으로 비교하여 유사성이나 차이점을 찾아내려는 시도는 이미 서구적 사유 틀을 투사하는 오류를 범하는 것일 수 있다.

6 사유 틀의 언어 의존성

서구적 사유에서는 다양한 이분법적 개념쌍들과 그와 연관된 개념들이 사용된다. 대표적 이분법으로는 현상과 실재, 특수와 보편, 상대적인 것과 자체적인 것, 믿음과 지식, 감성과 이성, 신체와 영혼, 현실과 이상 등의 구분이 있다. 연관 개념으로는 본질, 진리, 의미, 변증법, 분석과 종합, 이론, 정관, 지향성, 형이상학, 학적 인식의 대상 등이 있다. 우리는 이들 개념을 당연하고 보편적인 사유 범주로 수용하고 있으나, 동양 정신의 전통에서는 이들을 거의 찾아볼 수 없다. 이들은 대체로 서양 정신이나 철학에서 이식된 사유 범주들이다. 서양 철학사나 정신사에서 주축을 형성해온 이들 개념군은 더 근원적으로는 모두 플라톤 철학에서 연원하기에, 서양 철학사는 대체적으로 플라토니즘

platonism의 역사라 평가할 수 있다. 20세기 들어서 서양에서 진행되고 있는 플라토니즘에 대한 비판적 반성은 서양 철학사의 기본 강령의 타당성에 대한 검토로 진단할 수 있다. 플라톤 철학의 핵심적인 구분들이나 개념군들은, 이상의 논의에 따르면, 희랍어의 특색과 밀접하게 연관되어 있다.

이러한 지적이 문화상대주의나 언어상대주의로 이해되어서는 안 된다. 이곳의 의도는 자연언어가 인간 삶의 근원적 조건임을 밝히고, 인간의 사고나 철학의 근원적인 제약성을 지적하고자 하는 것이다. 인간이 언어의 틀을 벗어나 사고한다는 것은 거의 불가능하다. 그 이유는 언어의 도움이 없이는 사고가 규정적이고 일의적이며 객관적인 모습을 갖출 수 없기 때문이다. 혹자는 한 민족의 언어가 그 민족의 사유 틀을 반영한다고 주장할지 모르나, 언어 이전의 사유란 무정형적이라는 점을 우리는 유념할 필요가 있다. 언어 이전에 사유 내용이나 활동이 있을 수 있다 해도, 그것은 언어의 옷을 입어야 비로소 일의적이고 객관적 또는 사회적 의미를 지니는 내용을 갖출 수 있다. 인간은 자연언어의 틀을 통해 사유하고 느끼고 행동하는데, 자연언어란 기나긴 언어 진화 과정의 소산이다. 그런 점에서 각 생명체나 이들 집단이 적응해 살아가는 삶의 조건을 반영할 수는 있으나, 세계 자체에 대해서는 자의적이거나 오직 간접적으로만 유연有緣하다.

서양의 철학은 세계를 보는 하나의 방식이거나 나름의 삶의 방식이고, 동양철학 역시 나름으로 세계를 보고, 이에 따라 이 세계 속에서 삶을 영위하는 방식이다. 두 유형의 사고법이나 철학은, 그리고 동서양의 언어는 나름으로 세계를 분류하고 구분하며 정리하려는 고유의 방식으로서, 각각 나름의 타당성이나 적합성이 있을 것이다. 언어와 정신은 지속적으로 진화해가는 것이며, 이런 과정에서 인간의 정신은 삶의 세계를 지속적으로 새로이, 그리고 개방적으로 구조화해간다. 모든 자연언어가 그러하듯이, 그 어느 사고법이나 철학도 완결된 것으로 존재하는 것이 아니다. 우리는 언어의 진화 또는 정신 진화의 과정에서 동서양의 지평 융합을 통해 보다 폭넓고 풍부한 사유 틀을 형성해나갈 수 있을 것이다. 사유 방식은 개방적이므로, 자기 수정적이다.

7 동아시아적 사유법

고전기의 중국이나 한국 등 동아시아에서는 탐구로서의 학문의[59] 개념이 없었으며, 존재론이나 형이상학이 발달하지 않았다. 이에 대한 통상적인 설명은 동아시아 문화에서 이성적이고 논리적인 사유가 발달하지 않았기 때문이라는 것이었다. 이런 설명은 서구적 관점을 반영한다. 동아시아에서 서구적인 의미의 이론적 학문이 발달하지 않은 이유는 동아시아인들의 독특한 언어구조나 언어관의 논리적 귀결로 볼 수 있다.

동아시아인들에게 현생의 삶 이외의, 그 위에, 그것을 넘어서는 신적, 선험적, 초월적인 다른 세계란 존재하지 않는다. 현생 이외의 다른 세계가 존재할 수 있다는 관념 자체가 동아시아인들에게는 낯선 것이다. 종교적 내세는 물론, 철학적 실재계, 분석과 환원을 통해서 드러나리라 서양인들이 기대하는 아르케, 원소, 실체 등의 세계, 법칙들과 보편자가 존재하는 보편과 추상의 세계, 감성계에 대비되는 예지계라는 것이 그들에게는 고로 존재할 수 없었다. 흔히들 이런 식의 사고를 동양적 체념과 순응의 결과로, 또는 현실주의, 현세주의, 보수주의로 규정하는 경우가 있으나, 이런 식의 비판적 규정은 서구 중심적인 시각에서 연유한다. 이런 비판은 동아시아인들이 현실/이상, 현세/내세, 보수/진보 등의 개념적 구분에 익숙하다는 전제하에서만 타당하다.

동아시아인들에게는 그들이 현재 살고 있으며 오랫동안 그들의 선조들이 살아왔던, 즉 일상적 인간들이 살고 있는 역사적 생활세계가 존재하는 세계의 전부이다. 중국의 상고尙古주의는 이와 밀접하게 연관되어 있다. 그들에게서 삶과 행동의 전범을 찾을 곳은 선험적, 초월적, 신적 이성의 세계라기보다는 선대 조상들의 삶의 경험에서 우러나오는 언행들, 이를 기록한 문헌들이다. 그들에게 문자의 세계는 실재적이고 권위를 발휘하는 규범적 질서였다.[60] 중국인들에게 문헌의 작성과 편찬은 정치철학적 의미를 지닌다. 과거나 현재의 생활세계가, 더 정확히는 자연언어에 의해 질서 지어진 생활세계, 또는 한자에 의해 언어의 통일이 이루어진 공적인 생활세계나 말의 질서가 그들에게는 바로 의미와 존재의 세계였다. 한문은 형상의 세계이므로, 당연히 한문적 말의 질서인 공적 세계가 의미와 존재계라 할 수 있다.

동아시아적 사유의 특색은 일종의 제약, 즉 그들 언어관이 가한 제약이거나 장애라고 진단할 수 있지 않을까? 이에 대한 자세한 논의는 다음으로 미루고 간단히 결론만 말하면, 20세기 이후의 철학적 논의의 추세는 플라토니즘에 대한 비판, 플라톤이 기초를 놓은 서구 철학의 단단한 범주들 즉 의미, 보편자, 추상체, 형이상학 등에 대한 탐구는 일종의 신화라 평가하는 경향을 보인다. 의미의 신화, 가족유사성, 용례의 중요성, 문맥이나 문리의 중요성, 패턴, 총체주의, 비판보다는 수용 등 20세기 후반의 서구 정신에서 화두가 되어 있는 개념군은 한자가 함의하는 사유 방식을 보다 긍정적으로 수용할 것을 시사하는 것으로 보인다.

서양철학이나 서구적 사고방식의 기원을 희랍어의 특성에서 찾고자 하는 우리의 시도에 대해 다음과 같은 반론이 있을 수 있다. 위에서 논의한 언어적 구조와 특색을 지닌 희랍어를 희랍인들로 하여금 형성하고 채택하게 한 것이 무엇인가를 물을 수 있으며, 이에 대해 세계에 대한 그들의 사고방식이 그런 특색을 지닌 언어를 고안하게 했다는 식의 답을 할 수도 있을 것이다. 즉 사고방식이 언어에 선재한다는 반론이다.

위에서 지적한 바와 같이, 사고는 언어 없이는 일정한 규정적 모습을 지닐 수 없다. 위와 같은 반론이 설득력을 갖기 위해서는 사고 능력은 우선 언어 독립적이어야 한다. 독립적인 것으로서의 사고 능력은 1) 세계와 긴밀한 관계 하에 세계의 구조를 반영하거나 영향을 받는 것이어야 한다. 아니면 2) 사고 능력은 세계와는 무관하게 선험적으로 우리에게 주어진 것, 생득적인 것이어야 한다.

아마도 가능태로서의 사고 능력은 언어 독립적일 수도 있다. 사고의 기관인 두뇌 신경망은 언어의 습득 이전에 이미 타고난 것이다. 우리가 다른 언어를 배울 수 있다는 사실 역시 부정할 수 없을 것이다. 그러나 외국어 학습도 기존의 모국어에 의존한 사고 능력을 전제로 한다. 사고 능력의 현실적인 발휘는 언어를 통하지 않고서는 이루어지지 않으며, 사고의 결과는 언어를 떠나서는 표현될 수 없다. 따라서 사고 능력이라는 것이 언어 이전에 있을 수 있다고 하더라도, 그것의 발휘 양태나 결과의 현실적이고 구체적인 모습, 분절적이고 객관화된 모습은 오로지 언어를 통해서 드러난다. 사고 능력은 실질적으로 언어의 옷을 빌려서만 자신을 드러낼 수 있다는 점에서 언어 의존적이고, 언어의 모습으로 존재한다. 즉 한 문화권의 사고 능력이나 방식은 그 문화권이 사용하는 자연언어에 나타나 있다.

사고 능력이 세계 반영적이거나 선험적이라 한다면, 그것은 문화나 시대를 초월하여 보편적이어야 하는데, 우리는 그것의 보편성을 확인할 방법을 갖고 있지 않다. 방금 지적한 바와 같이 언어를 통하는 길밖에 없는데, 이런 방식은 오히려 사고 능력과 방식의 다양성을 증거해준다.

언어는 사고나 인식의 도구로서 세계 인식의 결과를 담는 그릇이거나 그림이라기보다는, 일차적으로는 사회적 매체이거나 의사소통의 매체이다. 언어의 진화와 사고방식의 형성에 영향을 주는 바가 있다면, 그것은 세계와의 관계라기보다는 사회적 관계, 또는 세계에 대해 한 언어공동체가 체험한 바, 더 정확히는 그 언어공동체가 세계를 구분 · 분류 · 정리하는 고유한 방식일 것이다. 유럽어의 술어적 구조나 정관사는 세계의 특색을 반영하는 것이 아니라, 언어 내적 논리, 언어공동체가 공유하는 삶의 구조나 방식의 영향을 받아 형성된 것이다.

철학이 자연언어에 의해 제약되거나 영향을 받고, 나아가 희랍어와 한문이 전혀 다른 구조를 지니고 있다고 한다면, 자연언어는 외계의 구조나 모습과 무관하다 할 수 있을 것이다. 소쉬르와 비트겐슈타인은 언어기호가 자의적이다, 외계와 무연無緣하다고 논했으나, 우리는 이보다 약한, 그러나 보다 긍정적인 논제를 수용하기로 하자. 언어는 외계를 측정하는 한 방식이다. 우리의 사고나 언어가 세계를 정확히 반영할 수는 없으나 지속적으로 세계를 재어가고 가늠해왔으며, 자연언어는 그런 노력의 구체적인 결과다. 세계와 자아를 잴 수 있는 여러 방식이 있을 수 있으나, 우리는 이들 중 우리 삶을 보다 풍부하고 깊이 있게 하며 유용하여 보다 폭넓은 지지를 받을 수 있는 측정법을 채택하고 만들어온 것이다.

2

인식
진리 개념의 기원

1 영원한 진리라는 개념

학문의 이상은 진리의 발견이다. 제1 학문이자, 학문의 제왕으로 여겨져온 철학의 목표는 더더욱 진리를 발견하는 것이다. 인식론은 철학에서 중심적 위치를 차지해왔으며, 철학의 목표는 진리 중의 진리, 절대 확실한 지식, 보편적이고 항구적인 진리를 발견하고, 이를 기반으로 궁극적이고 토대적인 진리의 체계를 구축하는 것이었다. 이것이 철학의 중심에 있는 형이상학 또는 존재론의 목표이다. 진리가 철학, 더 일반적으로 학문의 목표라는 입장은 파르메니데스부터 플라톤, 아리스토텔레스, 나아가 현대의 논리실증주의나 전기 비트겐슈타인, 하이데거, 가다머 그리고 가장 가까이는 데이빗슨D. Davidson 등의 저술에서도 확인할 수 있다.[1] 진리 개념이 철학이나 학문을 넘어서 인간 삶에서 가장 중요한 가치라는 입장은 아마도 서구 정신사의 관점에서는 쉽사리 수용될 수 있는 믿음일 것이다.

진리는 학문의 이상, 철학의 궁극 목표, 나아가 인간 정신에 보편적 이념인가? 우리는 진리가 당연히 학문의 목표라 생각하지만, 동양철학, 특히 유학적 사유에서는 진리 개념이 부재한다는 사실을 유념할 필요가 있다. 유가의 대표적 경전들인 사서四書에 진리라는 개념은 등장하지 않는다.[2] 왜 유가에는 진리의 개념이 없는가? 아니 우리가 물어야 할 질문은, 서양에서는 왜 진리 개념이 형성되었는가다. 진리에 관한 동과 서의 차이점은 진리 개념의 보편성에 의문을 던지며, 진리 개념이 역사적 소산일 수 있음을 시사한다. 이 장에서는 진리 개념이 서양 철학사에 특유한 것이며, 서구 지성사의 특수한 조건이나 상황의 영향 하에 형성된 이념이라는 것을 전제한다. 따라서 진리 개념은 다른 문화권에서는 유효성이 없거나 이차적 개념일 수 있다는 가정 하에 서양 철학사에서 그 기원을 모색해보고자 한다.

서양은 동양과는 전혀 다른 정신의 역사를 전개해왔다. 영원성, 보편성, 항구성, 신성, 절대 객관성, 존재 그 자체, 가치나 관점 중립성, 정신 세계의 이념 등은 서구 정신사에서 주축을 이루는 사유 범주들인데, 이들은 모두 진리 개념과 연관이 있다. 이들 이념은 서구 정신사가 발전하는 데 주도적으로 기여했지만,

다른 한편으로 다양한 폐단의 근원이 되어왔다. 서구 정신사에서 진리에 대한 탐구와 투쟁은 숭고한 것으로 여겨져왔다. 하지만 서양 역사에서 나타나는 여러 형태의 극단주의, 과격성, 인간 소외, 배타주의, 폐쇄성이나 비현실성 또는 형식성 등은 이상주의, 순수주의, 완전주의, 순교주의적 사고, 근본주의에서 비롯하는데, 이들 이념이나 입장은 진리에 대한 열정에서 출발한다. 서양철학의 다양한 사유 범주들만이 아니라, 서구 정신사, 나아가 서구 역사에 특유한 현상들의 뿌리가 진리 개념에 있다고 한다면, 우리는 아마도 진리에 대한 집착을 재고해야 할는지 모른다.

현실적인 폐단들보다 철학적으로 근본적인 문제는 진리 개념 자체가 논리적으로 부조리하다는 점이다. 진리는 일종의 철학적 최상급, 존재론적이거나 인식론적 최상급으로서, 이는 서양의 철학적 탐구에서 지향처의 역할을 해온 다양한 철학적 최상급들 중 가장 중심적인 것이다.[3] 서양의 철학은 최상급적인 존재를 탐구한다는 점에서 다른 학문과는 다른 위의威儀를 누릴 수 있다고 자부해왔으나, 이는 언어의 주술에 의한 것일 수 있다. 최상급적인 어휘들은 당연히 존재하며 의미 있는 것이나, 과연 그에 대응하는 존재자가 있는지는 회의적일 수 있다.

진리 개념에 관해서는 서양 학계에서도 지성사적 또는 포스트모더니즘적 관점에서 다양한 비판적 연구가 수행되었다.[4] 우리는 진리 개념의 문화적이고 문헌학적인 기원을 탐구한다는 점에서 지성사적 연구에 동조적이지만, 이는 논리적 분석에 의해 보완되어야 한다고 보는 점에서 차별적이다. 우리의 입장은 학문적 인식과 윤리적 가치의 객관적 가능성을 새롭게 모색하려는 시도의 일환이라는 점에서 포스트모더니즘에 대해서 비판적이다. 진리에 대한 우리의 비판적 연구는 다음과 같은 포괄적 기획의 일부이다. 1) 서양철학에서 주축적인 개념의 기원에 대한 연구를 통해 진리보편론을 비판하면서, 궁극적으로는 서양철학의 사유 범주를 재검토하려 한다. 2) 진리 개념을 서양철학의 주요 강령들과 연관지으며, 그것의 중심성을 서구 문화와 희랍어, 나아가 서양 언어 일반의 특색에서 찾으려 한다. 3) 진리 개념에 대한 현대철학의 비판적 견해와, 4) 나아가 동아시아에서 진리 개념이 부재한다는 사실과 연관하면서 새로운 학문관의 모색을 위한 기초를 제공하고자 한다. 우리는 진리 개념을 유보한다고 하더라도 학문과 가치의 객관성은 확보할 수 있다. 여기에서는 2), 3)에 주력한다.

서양철학은 다양한 기초적 강령들에 의해 주도되어왔다. 이들은 일의적 모습을 지닌 존재자들로 구성된 존재계나 진상眞相 그 자체가 존재한다는 존재론적 강령, 인간의 인식이란 그런 모습을 발견하는 것이라는 탐구론적 인식관, 인식의 목표는 일종의 거울과 같이 진리를 명징하게 반영하는 것이라는 인식 거울론[5], 언어는 사유 내용을 전달하거나 표현하는 도구라는 언어 도구론, 진리의 근거와 의미의 기초는 다르다는 진리/의미 구분론, 사유는 언어로부터 독립적이라는 사유/언어 독립론 등이다. 이들 믿음의 중심에는 진리 개념이 자리하고 있다. 서구적 진리 개념에 대한 우리의 비판적 논의는 이들 강령들이 모두 논란의 대상이 될 가능성을 시사한다.

2 개념의 문화생태학

진리의 개념은 어떤 계기로 형성되었는가? 어떤 이유에서 서양철학에서, 더 포괄적으로 서구 정신에서 진리 개념이 중심적이고 주축적인 역할을 하게 되었는가? 이에 답하기 위해 우리는 서구 정신사의 기원에 해당하는 고대 희랍의 정신적 환경을 검토할 필요가 있다. 최근 서양의 여러 철학자들은 인식에 관해 동양과 서양이 전혀 다른 입장을 지니고 있었다고 지적한다. 고대 중국 또는 동아시아가 인식적 낙관주의의 분위기를 유지했던 것과는 달리, 서양에서는 일종의 인식적 비관주의가 지배적이었다는 것이다.[6] 인식적 비관주의는 대체적으로 다음과 같이 기술할 수 있다. 1) 현실적 삶의 세계는 눈에 보이는 것에 불과한 것으로서, 세계의 진정한 모습과 가치는 숨겨져 있거나 은폐되어 있다.

2) 실재나 진리를 인식하려면, 우리의 일상적 믿음 체계와 이를 구성하는 우리의 능력이 비판적으로 분석 · 검토되어야 한다. 이성의 비판적 사유가 중요하다. 3) 진리는 특별한 방법에 의해 탐구 · 발견되어야 하는 것이기에, 진리 인식을 위한 방법론이 모든 학문의 예비 조건이다. 진리 탐구는 근원적으로는 철학의 목표, 일반적으로는 학문의 목표이다.

인식적 낙관주의는 대략 다음과 같다. 1) 일상적 삶이 영위되는 경험계는 그 자체가 실재계이다. 경험계의 저편에 우리가 추구해야 할 또 다른 당위적 세계란 없다. 가령, 형상적 질서, 이성적 질서, 인격의 왕국, 가치의 세계들은 철학자의 관념적 사유의 소산일 뿐이다. 2) 윤리적 가치나 규범들은 현실에 현재하는 것은 아니어도, 우리가 사는 현실과 시간적으로 연속되어 있는 역사와 전통 속에서 찾을 수 있다. 3) 인간 대부분은 자신의 삶을 위한 가치나 규범을 발견할 수 있는 인식적 능력을 지니고 있다. 인간 삶의 목적은 저편에 있는 진리나 가치를 발견하여 현실의 삶에서 실현하는 것이라기보다는, 선현들의 언행을 전범으로 삼아 수양 · 훈련하여 인성을 도야하는 것이다. 학문이나 철학은 살아가는 모든 이들의 삶의 방식에 관한 것이다.

인식에 관한 동서의 차이는 동서 학문관의 차이를 귀결한다. 이런 차이 때문에 서양에서는 존재론이나 인식론이 주축을 이루는 반면, 동아시아에서는 존재론이나 인식론이 거의 발달하지 않았다. 그리고 진리 개념이 서양의 철학적 사유에서는 주축적인 가치였음에 반해 동아시아에서는 그런 개념조차 없었으며, 나아가 이성 개념이나 방법론 등이 형성되지 않았다. 인식관의 차이는 이런 사실들에 대한 유력한 설명 방안을 제공한다.

동과 서의 인식관과 학문관이 상이하다는 것은 일반적으로 지적되는 바이며, 인식적 태도가 낙관적이냐 비관적이냐의 차이는 이에 대한 한 설명이 될 수는 있다. 그러나 이것이 바로 동서 인식관과 학문관에 대한 근원적인 설명이 되는 것은 아니다. 왜냐하면 우리는 대체 왜 서구에서는 인식적 비관주의가 들어서게 되었는가 하는, 보다 근원적인 물음에 답해야 하기 때문이다. 서구에서 인식적 비관주의의 기원은 무엇인가? 왜 서양인들은 동아시아인들과 달리, 우리의 일상적인 믿음이 억견에 불과하다고, 진리나 진상은 감추어져 있다고 믿었던 것일까?

이에 답하기 이전에 우선 위의 비관주의/낙관주의의 구분과 관련하여 두 가지 논평을 추가하기로 하자. 첫째는 단서적인 것이다. 서구의 정신을 인식적 비관주의라 특징짓는 것은 적합할지 모르나, 동아시아를 낙관주의라 특징짓는 것은 오도적일 수 있다. '낙관주의'라는 규정이 적합하기 위해서는 동아시아도 서구와 유사한 인식 개념을 지녔다는 전제가 성립해야 한다. 하지만 이미 언급한 바와 같이 동아시아적 사유에서는 탐구 · 발견해야 할 것으로서 진리라는 개념조차 형성되어 있지 않다. 이는 동아시아가 서구와는 전혀 다른 인식 개념을 지녔을 가능성을 시사한다. 동아시아에서는 정관적 인식, 세계 자체의 인식, 진상과 현상의 구분 등은 낯선 개념들이었을 것이다. 이 장에서의 논의는 바로 이런 점에 대한 착안에서 출발한다.

두 번째는 비관주의의 기점에 관한 것이다. 서양철학에서 인식적 비관주의가 지배적이었다는 것은 일반적으로 수용되는 바이나, 비관적 태도가 들어선 시기에 관해서는 학자들 사이에 견해의 차이가 있다. 혹자는 호메로스 시대부터, 혹자는 플라톤 등 철학자의 시대에 그런 비관적 입장이 주류적인 것이 되었다는 등 의견 차이를 보인다. 대체적인 중론은 기원전 5세기 이전에는, 특히 호메로스 시대에 실재란 분명한 모습으로 드러나 있는 것이라 믿었다고 한다.[7] 서양인이 인식에 관해 비관적 경향을 띠게 된 것은 대체적으로 개념적 사고가 시작되면서이고,[8] 이런 개념적 사고는 구술문화가 물러가고 문자문화가 지배적인 것이 되면서 이루어졌을 것이다. 고대 희랍에 문자가 도입된 것은 기원전 8세기경이므로, 인식적 비관주의 형성을 위한 조건이 갖추어진 것은 그 이후라 할 것이다.

인식을 운위할 수 있으려면 인식 주체로서의 정신과 인식 능력으로서의 사유의 개념이 있어야 할 것인데, 기원전 8세기 호메로스 시대에는 영혼이나 사유의 개념조차 형성되어 있지 않았다. 철학자의 시대기원전 500~400에 이르러 비로소 사유나 정신의 개념이 형성되면서,[9] 사유의 능력이 감각적 지각과 대비되며, 사유되는 것과 감각되는 것 간의 구분이 이루어진다. 이런 구분 하에 감각적 지각의 대상과 대비하여, 사유 대상은 드러나 있지 않은 것, 감추어져 있는 것이라는 생각이 형성되었을 것이다.

수평적 사회와 비판적 토론 문화

인식적 비관주의의 원인 또는 이런 입장이 들어서게 한 요인들은 무엇인가? 사회적 요인, 철학적 또는 인식적 요인, 언어적 요인의 세 가지를 들 수 있다. 우선 사회적 요인부터 찾아보자. 고대 희랍 사회는 대체적으로 수평적 사회였다. 이는 고대 중국이 일찍부터 중앙집권적 위계사회를 이루었던 것과 대조적이다.[10] 서구 정신의 기반이 형성된 것은 고대 희랍의 고전기attic age, 기원전 750~479 즉 헤시오도스 활동기에서 페르시아전쟁 종전기까지인데,[11] 주지하다시피 이 당시의 정치체제는 여러 자그마한 폴리스를 중심으로 하여 대등한 시민 군사들에 의해 구성된 도시국가였다. 고대 희랍에서는 전쟁이 일상적이었으며, 당시 병역은 의무라기보다는 권리였다. 전쟁에 참여함으로써 전리품을 획득할 수 있는 기회를 갖기 때문이다. 전쟁에 참여하여 전략과 전술을 논의하고 전리품을 분배하는 등의 과정에서 참여 시민들의 발언권이 중요시되었다. 이런 상황들이 중장비병의 혁명을 가능하게 하는 배경이 된다.[12] 전시의 토론 문화는 평화 시에로 이어지면서 폴리스의 중심 아고라agora에서 다양한 종류의 정치 담론들이 형성 · 전개된다. 공동체적 담론과 토론 과정에서 논쟁적 문화가 발전하고, 정치적으로는 민주주의가 들어설 수 있는 텃밭이 조성된다.[13] 고대 희랍에서 대화와 토론이 매우 발달해 있었음은 주지의 사실이다. 이를 뒷받침하는 증거는 소크라테스의 문답법 · 산파술 · 논박법, 소피스트들의 논쟁술, 플라톤의 변증법, 수사와 논쟁에 관한 아리스토텔레스의 저서 등에서 무수히 많이 찾을 수 있다.[14]

토론 문화는 다른 사람들의 견해가 틀릴 수 있다는 비판적 태도를 전제로 하며, 이런 태도를 일반화시킨다. 논쟁적인 분위기는 비판, 논증, 설득, 토론, 객관성의 이념, 논쟁의 타방, 합의의 중요성, 논거, 증거 등 서구 인식론, 철학사, 정신사를 특징짓는 일련의 개념군들이 등장할 수 있는 배경을 마련한다. 토론 문화는 말할 권리와 말해진 것이 진리임을 논증하는 작업의 중요성을 제고시킨다. 말이란 다른 사람들이 듣고 비판적으로 토론하는 과정을 거치면서 그들의 설득을 얻기 전까지는 허위의 가능성을 지닌 것, 또는 진리의 후보에 머무른다.

한 공동체에서 구성원 모두의 삶을 이끌어가는 것을 우리는 정치적인 것이라 말할 수 있다. 고대 희랍에서 정치적인 것the political이란 폴리스polis적인 것이다. 폴리스는 희랍적 국가형태 즉 도시국가를 이르는데, 도시국가의 구성원들은 평등한 시민 군사들이었다. 그런 고로 고대 희랍에서 정치성의 주축을 이루는 것은 대등한 시민들 간의 대화, 토론, 논쟁 등 수평적 말의 질서였다. 희랍인들에게 그들 삶의 공간인 폴리스 공동체 또는 정치적인 것이란 수평적인 말의 질서에 다름 아니었다. 이런 사회에서 한 사람의 말은 토론, 비판, 설득의 과정을 거쳐야 하며, 이 과정을 통해 타인에 의해 검증되어야 한다는 생각이 일반화되었다. 모든 말은 허위에의 가능성을 내포하고 있는 것이기에, 비판적인 토론과 논증의 과정을 거치지 않고서는 진리의 지위에 오를 수 없다.

희랍적 상황은 고대 중국 사회와 대조적이다. 고대 중국의 정치 세계에서는 고대 희랍과는 달리 기원전 15세기 은나라 시대부터 전제적 왕을 중심으로 한 위계적 질서가 자리 잡았으며, 진시황제의 천하통일 이후 이런 중앙집권적 체제는 확고하게 뿌리내린다. 따라서 그들 모두의 삶을 이끌어가는 정치적인 것은 군주를 중심으로 한 정치 지도자들의 말, 역사적으로 전승된 말, 경전적인 말이었다.

고대 중국에서 말은 소통의 수단이었으나, 글은, 즉 한문은 그런 일상적 기능을 넘어서 정치적인 권능을 지닌 매체였다.[15] 한문은, 그것이 담겨 있는 곳이 경전이건 갑골이건 청동의 제기이건, 정치적 규범과 가치나 지침을 표현하고 있는데, 한문은 소수의 권력 담당자들인 지식층만이 이해하고 사용할 수 있는 것이었다. 서구 정신사에서 전통과 역사, 선대의 저술은 비판의 대상이었다. 진정한 가치와 진리는 비판적이고 탐구적인 이성에 의해 자연과 역사를 넘어선 초월적이거나 신적인 지평에서 발견되는 것이다. 이와 달리 중국적 전통에서 정치적, 윤리적 규범과 가치의 확립은 오히려 역사적으로 전승되는 문헌들에서 찾을 수 있는 것이었다. 중국 역사에서 전승되는 문헌들을 선별하여 경전을 주기적으로 확립하는 일은 정치적 중심 과제였다.[16] 경전의 확립은 단지 문헌학적인 작업에 그치는 것이 아니라, 국가의 기본적인 규범과 가치 체계를 확립하는 정치적이고 윤리적인 작업이었다. 동아시아 문화에서 진리나 가치 발견에서 중요한 것은 개개인들의 탐구적이고 비판적인 이성이 아니라 문서로 전승된 기록들이었다.

우리는 이런 차이점을 동서양 사제 관계의 차이에서, 가령 플라톤과 아리스토텔레스 간의 관계를 공자와 유가학파 사상가들의 관계와 비교함으로써 확인할 수 있다. 아리스토텔레스가 20여 년간의 스승을 그의 저서 곳곳에서 비판한 것은 잘 알려져 있다. 그는 플라톤의 주요 이론인 형상론, 선의 이데아, 국가론 등을 논박하며, 이런 비판은 친구나 스승보다는 진리가 우선적이기 때문이라고 스스로를 옹호했다. 소크라테스의 경우는 논박법 자체가 그의 가르침의 핵심을 구성하고 있다. 그는 자신에게 안겨진 철학적 순교가 비판적 활동의 결과라면 기꺼이 감수할 수밖에 없다고 공언까지 했다. 그의 태도는 서구 정신사의 한 전범이 되었다. 비단 소크라테스와 아리스토텔레스의 경우만이 아니라, 서양 역사에서 전통이란 대체로 비판적 검토와 논박의 대상이었다. 그래서 서구적 정신과 이성에서 가장 중요한 기능은 분석과 비판이다.

이와 대조적으로 공자는 항상 『주례周禮』, 『시경』, 『서경』, 『주역』 등을 언급하면서, 자신이 설명은 했으나 지은 바는 없다述而不作고 겸양했으며,[17] 과거는 온고지신溫故之新해야 한다며 전승의 중요성을 강조했다. 맹자, 순자, 자사 등은 공자에 대한 비판을 통해서가 아니라, 그의 계승자로서 자신의 철학을 개진하고 있으며전통주의, 상고주의, 주자의 경우 불교의 영향을 받아 선진 유학의 입장과 상당히 다른 철학적 내용을 개진했음에도, 그 역시 유학의 전통을 계승하고 있다고 주장했으나, 이는 후대에 이르러 비

판의 대상이 된다.[18]

탐구 대상으로서 진리

고대 중국의 경우 문자는 상당히 일찍부터 사용되었다. 이미 서주西周 시대기원전 1100~770부터 지배층에서는 문자문화가 확립되어 있었고,[19] 갑골문은 기원전 13세기 은나라 무정武丁 시대까지 거슬러 올라간다.[20] 고대 희랍에서 문자가 도입된 것은 고대 중국에 비해 상당히 늦은 기원전 8세기경이다. 문자가 없던 구술문화 시절에 과거의 역사와 기록, 전쟁에 관한 설화, 신화 등은 시인들의 기억력에 의존하여 전승되었다. 고대 희랍에서 시인들은 그가 속한 사회의 거대 기억장치로서, 도서관, 아카이브, 교과서, 학교의 역할을 담당했다. 역사적으로 전승되어오는 한 공동체의 문화 전범은 그들 머릿속에 기억의 형태로 전달되었다.

고대 희랍인에게 시인의 기억에 의해 전해지는 정보들은 단지 과거의 일이 아니었다. 그들은 시인이 전하는 바를 일상인들의 기억에 의해 접할 수 있는 어제, 그제 등 가까운 과거의 사실과는 전혀 다른 종류의 실재로 간주했다. 그것은 시간적 연장으로서 먼 과거의 사실이 아니다. 그것은 일상의 현실과 동일한 차원의 일들이지만 단지 다른 시점에 일어난 일들이 아니라, 전혀 차원이 다른 세계의 사실들이었다. 시인의 기억력, 신탁의 계시, 현자의 투시력에 의해서만 알려지는 그것은 일상인들에게는 재현되지 않는 것, 일상의 삶을 영위하기 위해서 의존하고 알아야 하는 것이기는 하나, 감추어져 있는 것이었다. 고대 희랍인들은 이런 감추어져 있는 실재를 '진리aletheia'라 이름했다.[21] 진리는 다른 차원에 있기에, 일상적으로는 은폐되어 있는 실재이다.

진리는 일반인들에게 현시되지 않는 것이다. 그것은 시인, 신관, 현자 등 특수한 능력을 지니고 있는 이들만이 접근하고 인식할 수 있는 것이었다. 이 특권적 지위를 지닌 사람들을 고대 희랍인들은 '진리의 주재자'라고 불렀다.[22] 진리는 이들의 독점적 관할 사항이었으며, 그들의 권능은 진리에 대한 독점권에서 연유했다. 이런 전통은 문자가 들어온 이후인, 호메로스, 서정시인들, 자연철학자들의 시대에 이르기까지 지속된다. 그래서 어떤 평자는 자연철학자들의 시대도 아직은 구술문화적 시대라 평가하기도 한다.[23] 우리 삶을 인도하는 진리, 가치, 규범 등은 일반인에게는 은폐되어 있고 소수의 선택된 자들만이 접근할 수 있는 것이므로, 일반인들은 오직 후자의 선택된 자들의 중개에 의해서만이 진리와 가치를 전달받을 수 있었다.

소피스트, 소크라테스, 플라톤에 이르러 이런 사정은 혁명적인 변화를 겪는다.[24] 이들의 노력에 의해 진리는 모두에게 접근할 수 있는 것이 된다. 소크라테스는 인간 모두가 이성이나 영혼의 능력을 지니고 있으며, 이를 통해 진리를 발견할 수 있다고 선언함으로써 진리를 모든 사람들이 접근할 수 있는 것으로 개방시켰다.[25] 그의 산파술이나 논박의 방법은 이런 믿음을 전제로 한다. 스승의 입장은 그의 제자 플라톤에 의해 상기설과 대화법 등의 형태로 전승된다. 이들은 진리의 민주주의를 선언한 것이다. 이제 진리는 소수의 '진리의 주재자'들이 아니라, 모든 시민들이 이성의 능력을 발휘하면 다가갈 수 있는 것이 되었다.

진리는 모든 시민들이 인식할 수 있는 대상이 되었지만, 여전히 감추어져 있는 것이었다. 소크라테스는 평생 애지愛知, philosophia의 노력을 기울였음에도 삶의 진실에 도달하지 못했다고, 자신은 단지 스스로의 무지함만을 깨달았을 뿐이라고 고백했다.[26] 소크라테스의 무지의 선언은 우리의 논의와 관련하여 중요한 사실을 함의한다. 소크라테스는 인식적 민주주의를 선언했고, 그래서 진리는 진리의 주재자만이 아니라 모든 시민들이 접근할 수 있는 것이 되었지만, 그럼에도 진리는 오히려 더욱더 인식하기 어려운 곳으로 멀리 가버렸다. 델포이의 신들은 소크라테스가 희랍 최고의 현자라는 계시를 내렸지만, 그런 평가를 받은 현자마저도 알 수 없는 것, 그에게도 저 멀리 있는 것이 되어버렸다. 진리는 모든 시민들에게 민주적으로 개방되었지만, 진리의 주재자 지위에 있었던 현자들조차도 오랫동안 탐구해야 하며,

그런 현자가 제시하는 것이라도 대중들의 비판적 검토를 거쳐야 하며, 논거와 증거에 의해 뒷받침되어야 하는 것이다. 스스로의 무지를 깨달아야 한다는 소크라테스의 설파無知의 知의 교설는 우리 인간들에게 진리에 대해 보다 겸허한 태도를 요구한다. 진리는 여전히 존재하고 개방되어 있지만, 쉽사리 인식할 수 있는 그런 것이 아니다. 진리는 이제 인식의 이상으로 불투명한 현실을 넘어선 명징하고 순수한 세계에 자리 잡게 되었다.

동아시아 사회에서 진리나 가치는 역사나 전통을 통해서 전승되는 통시적인 것이었다. 역사적으로 전승된 문서를 읽을 능력이 있다면 누구나 이들에 다가갈 수 있었다. 단 그 문서의 문자는 쉽사리 배울 수 있는 것이 아니었다. 한문을 읽어 경전의 내용을 알 수 있는 것은 소수의 지적, 정치적 엘리트들뿐이다. 고대 희랍에서 진리는 현재現在에 존재하기는 하나 일상의 경험적 세계와는 다른 차원에 고고한 모습으로 존재한다. 이에 반해 동아시아에서 진리나 가치란 현재에 있는 것은 아니지만, 현재와 연속되어 있는 시간 축의 한 지점인 과거에 존재하는 것이다. 그것은 문서나 전통을 통해 전승되는 것이기에 찾고자 하는 자에게는 자연스레 발견되고 드러날 수 있는 것이었다.[27]

희랍적 사회에서 진리나 가치는 현실세계의 존재자들과는 다른 존재 양태나 논리 구조를 지닌다. 후자는 특수적, 구체적, 개별적, 경험적, 시간적인 것임에 반해, 전자는 보편적보편자, 추상적추상체, 이성적심적 존재, 그리고 영원한신적 존재 것이었다. 이런 존재 구조와 특성을 지닌 것이기에, 그들은 감각이나 믿음과 같은 일상의 인식 능력과는 질적으로 다른 능력이나 방법에 의해서만 발견할 수 있는 것이다. 희랍적 진리나 실재관은 대체적으로 서양의 후대에 계승되어, 서양의 학자들은 진리 발견을 위한 능력이나 방법으로 변증법, 이성적 직관, 환원적 분석, 변증법적 사유, 환원적 직관, 논리적 분석 등을 적절히 제안하곤 했다.

심신 간의 배타적 이분법

진리의 이차원성異次元性은 심신의 배타적 이분법과 긴밀하게 연관되어 있다. 고대 희랍의 사상가들은 우리의 정신적 활동이 신체, 감각, 경험적 우연성 등에 의해 방해받는 한, 진리를 명확히 인식할 수 없다고 주장한다. 신체는 영혼의 감옥이며, 감옥에 갇혀 있는 한, 영혼이 실재나 진리를 파악하는 일은 요원하다는 것이다. 플라톤은 영혼 불멸의 가능성을 논의하는 과정에서, 영혼과 신체를 상호 배타적인 것으로 구분한다. 이런 배타적 이분법은 근대에 이르러 심신에 대한 데카르트의 정의, 즉 정신은 사유 실체이며, 신체는 연장 실체라는 규정에 의해 확고히 자리 잡게 된다. 심신의 구분은 인식론적으로도 이성의 사실과 감각의 사실을 구분하게 하며라이프니츠, 경험적인 것이 아니라 선험적인 것만이 지식의 보편성과 객관성을 가능하게 한다는 선험주의칸트의 기초를 이룬다.

심신 간의 배타적 구분은 실로 서양 철학사나 정신사를 지배해온 가장 기초적인 강령들 중 하나다. 이는 플라톤부터 현대 영미철학에 이르기까지 견고하게 견지되어왔다. 데카르트는 절대 확실성의 기초를 코기토cogito; 나는 생각한다에서 찾고, 이런 과정에서 정신과 신체를 본질적으로 구분함으로써 근현대 심신관의 기초를 놓았음은 방금 지적한 바 있다. 이분법적 심신관은 현대에로 계승되어 현대 심리철학적 논의의 기본 전제가 된다. 현대 심신 논쟁은 마음의 속성과 몸의 속성은 나타나는 모습이나 작동 방식에서 전혀 다르다는 믿음에 대한 검토에서 시작된다. 과연 이들이 존재론적으로도 역시 다른 것인가, 아니면 동일한 것인가, 둘의 관계는 무엇인가 하는 문제들이 현대 심신 논쟁의 중심적 논의 사항이다. 배타적 심신관은 현상과 실재, 감각과 이성, 믿음과 인식, 허상과 진상, 진리로 보이는 것과 실재로 진리인 것, 한마디로 신체적 감각이나 그의 영향을 받아 지각되거나 믿어진 것과 그를 정화 · 제거 · 분석 · 환원하여 인식된 것 간의 인식론적 이분법의 토대가 된다.

동아시아의 심신관은 서구 전통의 심신관과 대조적이다. 유가, 적어도 선진 유학에서 마음은 몸과 불가분의 관계에 있다. 마음의 움직임은 말이나 몸가짐의 모습으로 나타나며, 인간의 말이나 몸가짐은 마음을 배후로 하기에 동물들의 그것과는 다른 양상을 띤다.[28] 인간은 행위함에서 항상 예禮를 갖출 수 있다는 것이다. 예란 인륜적 마음을 말과 몸가짐으로 표현한 것, 내면의 외화the outside of the inside이다.

진리와 영혼은 중요한 공통점이 있다. 둘 다 보이지 않는 것, 은폐되어 있거나 될 수 있는 것이다. 믿음의 대상이 되는 경험 세계와 감각 능력은 드러나 있는 것이거나 신체적인 것이다. 진리와 억견, 진상眞相과 현상現象 간의 구분은 심과 신의 구분에 대응한다.[29] 진리는 감각적 경험을 통해서 접근 · 인식할 수 있는 것이 아니라, 지적이고 이성적인 영혼의 능력에 의해서만, 그리고 일정한 방법을 통해서만이 탐구되고 발견될 수 있다. 나아가 심신의 구분은 경험적 믿음과 이성적 진리, 우연적 진리와 필연적 진리의 구분을 귀결한다.

3 희랍어와 진리 개념

통상적으로 언어는 단지 사고하고 인식한 바를 표현하고 전달하는 종속적 매체에 불과하다고 믿어져왔다. 20세기의 언어적 전회 이후 철학자, 언어학자, 심리학자 들은 언어가 인간의 사유와 행위에 보다 심중하고 주도적인 역할을 하는 것으로 평가한다.[30] 언어는 단지 정신의 수동적인 도구에 불과한 것이 아니라, 정신의 기본 틀이나 프레임을 형성한다는 것이다. 이런 언어 선재론을 좇아, 우리는 다음에서 서구 언어, 특히 1장에서 논의한 고대 희랍어의 주요 특색들이 진리 개념의 형성과 밀접하게 연관되어 있음을 살펴보기로 하자.[31]

심적 의미와 은폐적 진리

정신이나 영혼으로 인식할 수 있는 것과 감각으로 지각할 수 있는 것의 구분은 희랍어, 더 일반적으로 서양의 음성문자적 언어관에 의해 정당성을 확보한다. 서양의 문자들은 음성문자이다. 음성문자에서 기표와 기의, 또는 어휘와 의미는 명확히 구분된다. 전자는 보고 들을 수 있는 물리적인 것이나, 후자의 기의나 의미는 정신이나 영혼에 의해서만 인지될 수 있는 정신적인 것이다. 이런 의미 또는 의미체의 존재를 확고히 개념화한 철학자가 플라톤이다. 그는 의미체를 형상形相; eidos, idea이라 하였다. 희랍어 에이도스나 이데아는 모습이라는 의미를 지닌다. 의미체 또는 형상은 정신이나 이성의 눈으로 볼 수 있는 형태를 지녔다는 것이다.

서양의 음성문자적 언어관은, 언어적 전회 이전의 사유 선재론과 결부되어, 진리란 이성적 탐구의 대상이라는 믿음을 강화한다. 진리는 의미의 세계나 정신적 세계와 연관되어 있는 것이기에, 보이지 않는 의미나 정신의 세계 속으로 들어가야 발견할 수 있다. 진리는 은폐된 것이다. 그래서 진리의 탐구를 위해서는 일정한 방법, 분석, 환원, 비판, 변증, 방법적 회의, 현상학적 환원 등의 인식 방법을 통해 드러내야 한다.

이와 대조적으로 한문적 언어관에서 문자란 그림을 상형하거나 의미를 표현하는 것이므로, 문자 그 자체가 의미이거나 유사類似 실재였다. 경전적 문헌은 바로 진리나 가치의 지평이며, 진리나 가치는 탐구되는 것이 아니라 전승되어 온 경전에서 찾을 수 있다는 믿음은 이런 언어관과 밀접하게 관련되어 있다. 물론 모든 문자적 텍스트가 진리를 담고 있는 것은 아니다. 오직 일정한 종류의 텍스트, 즉 경전적 문헌만이 그런 진리와 가치의 지평을 제공한다. 동아시아적 정치 질서에서 문자는 정치적, 윤리적 권능을 지닌 것으로 간주되었으며, 그러하기에 일정한 주기로 경전의 확립 작업이 반복되었다.[32]

언어의 본질이자, 언어기호의 배면에 있는 의미는 추상체, 보편자, 정신적인 것의 모습으로 존재한다. 보편자의 발견은 철학사적으로 소크라테스의 가장 중요한 업적이라 평가할 수 있다. 그의 철학적 탐구가 지닌 전형적인 모습은 문답법인데, 이를 통해 그는 주요 개념의 정의를 모색한다. 그는 자신이 관심을 갖고 정의하고자 하는 것은, 빨간 사과, 빨간 피, 빨간 장미꽃 등의 특수자들이 아니라 이들 모두에 공통적이며 편재적인 빨강 그 자체의 존재임, 즉 보편자임을 문답법의 상대방에게 거듭 확인시킨다.[33] 그가 발견한 보편자 개념은 플라톤의 형상 개념으로 이어진다. 우리의 일상적 경험은 구체적 특수자들을 대상으로 한다. 일상의 경험과 달리 우리의 학적 탐구나 철학적 사유는 보편적 추상체를 상정해야 의미 있으며, 그러므로 경험적인 현상계와는 달리, 보편적 추상체가 존재하는 또 다른 실재계를 상정해야 한다는 것이다. 이런 논리를 통해 플라톤은 학문의 영역을 확고히 했다고 말할 수 있다.

음성문자적 언어관은 심적 존재로서의 의미의 존재와 의미들이 거처하는 새로운 세계를 상정하게 한다. 의미들과 이들 간의 관계는 보이지도 들리지도 않지만, 보고 들을 수 있는 말과 글의 정신이며 진상이다. 이와 유사하게, 감각을 통해서 접할 수 있는 경험적 세계는 단지 이차적이며 보이는 현상appearance일 뿐, 진정한 실재reality나 진상은 아닐 수 있다. 실재나 진리는 보이는 현상의 저편에 은폐되어 있다. 보이지 않는 의미를 사유의 능력에 의해 이해하듯이, 경험계의 근거이자 배후로서의 실재 또는 진상은 감각적 경험이 아니라 영혼의 사유 능력에 의해서만 탐구·인식될 수 있는 것이다. 기표와 기의, 보이는 것과 은폐되어 있는 것의 구분은 은폐성으로서의 진리, 탐구로서의 학문, 탐구 방법의 이념 등 다양한 개념의 텃밭이 된다. 진리는 보이고 들리는 기표들의 세계 또는 감각 경험의 대상이 아니라, 이들의 근거가 되는 의미세계, 은폐되어 있는 의미체들과 깊이 연관되어 있는 것이며, 학문이란 경험계의 기반이자 이면에 있는 의미체들, 보편자들 간의 관계를 규명하는 것이다. 이리하여 음성문자적 언어관은 은폐성으로서의 진리 개념 형성에 본질적인 기여를 한다. 이런 은폐성 때문에 진리를 찾아 드러내기 위한 탐구의 방법이 필요하며, 보이지 않는 것의 추론을 위해서는 감각 경험이 아니라 영혼의 이성적 사유가 요구된다.

진리의 보편성과 추상성

진리의 지평이 보편적이고 추상적이라는 믿음은 희랍어, 나아가 서양어 일반의 특징에 의해 강화된다. 중국어나 한국어와 달리 서구어에는 관사가 존재하는데, 스넬B. Snell이 지적한 바와 같이, 관사는 서양적 사유, 특히 고대 희랍의 철학적 사유에서 중요한 철학적 역할을 행한다. 관사는 보편 개념이나 추상 개념을 실체화하여 존재자로 만들 수 있는 언어적 장치를 제공한다. 희랍어에서는 형용사가령 red, just 앞에 관사를 붙여 명사화할 수 있으며, 이런 명사는 그 형용사에 의해 수식되는 구체적인 사물들과 대조적인 추상체의 개념을 형성할 수 있는 기초를 제공한다. 가령, the red는 red apple, red blood 등과 대조되어, 빨강색의 성질, 빨강색 자체, 빨강색의 본질을, the just는 just society, just person 등의 공통 덕목인 정의 자체, 정의로움, 정의의 본질을 의미할 수 있다. 보편적이고 추상적인 개념은 존재론적인 추론을 거치면, 쉽사리 실체로서의 추상체나 보편자로 변모한다. 감각을 통해 경험할 수 있는 구체적이고 특수적인 사물들의 세계가 있다면, 그에 상응하여 이성적 사유에 의해서만 접근할 수 있는 대상으로서의 추상체나 보편자의 세계가 존재한다고 추론할 수 있기 때문이다. 진리의 세계란 바로 보편자나 추상체의 세계다.

플라톤은 진리와 실재계를 구성하는 것이 형상이라 했는데, 그의 형상론은 관사라는 희랍어의 언어 장치에 힘입은 바 크다.[34] 그는 관사를 사용하여 그 보이지 않는 세계를 실체화하고, 학문적 탐구의 대상을 설정함으로써 학문의 존재론적 기초를 확립했다. 아리스토텔레스의 논리학이란 보편자에 내재하는 이런 속성들 또는 내포를 분석해내는 작업이다.

서구 정신의 기본 틀은 고대 희랍철학자들의 개념적 사고에 의해 정초되었는데, 심신의 구분, 기표적인 것과 기의적인 것의 구분, 의미에 대한 개념, 보편자 · 추상체 등의 개념은 서구인들의 이분법적인 사고를 지원하였다. 경험과 선험, 현상과 실재, 절대 진리와 상대적 진리, 허위의 가능성이 있는 믿음과 필연적인 진리 등의 구분은 진리에 대한 그들의 열망을 위한 추진력이 되었다.

언어의 진리서술적 기능

서구의 진리관은 고대 희랍의 언어관에 그 뿌리를 두고 있다. 희랍인들에게 언어의 일차적이고 본질적인 기능은 정치적이고 소통적인 것이라기보다는 존재적이고 진리 전달적인 것이었다. 희랍어, 더 나아가 서구어의 전형적인 문장 형태는 서술문이며, 이들 서술문 중에서도 가장 일반적인 것은 비be동사에 의해 주어와 술어가 연결된 서술문이다. 이런 이유에서 기호논리학에서는 문장의 일반적인 형태를 S+P의 형태로 표현한다. 이때 주어S와 술어P를 연결하는 동사는 비동사인데, 비동사의 이 같은 측면을 계사적 기능이라 한다. 언어의 주된 기능은 세계의 서술이나 기술이라거나, 언어는 세계의 그림이라는 언어관은 서술문의 전형성에 대한 인식에 기초하고 있다.

서양 언어의 특징은 동아시아의 그것과 대조적이다. 한문에는 비동사가 없으며 주어가 생략되는 경우가 매우 흔하다. 이런 사실에 비추어 볼 때, 서술적 구조는 한문 문형의 전형이 아니며, 중국에서는 발언이나 문장의 일차적 기능이 주어적인 것에 대한 서술이나 기술이라고 생각하지 않은 것으로 보인다. 한센Hansen, 그레이엄Graham, 홀Hall, 합스마이어Harbsmeier, 복지진濮之珍 등의 견해에 따르면, 고대 중국에서 언어는 세계를 기술하는 것이라기보다는 행위를 처방하거나 타인과의 소통을 위한 것이었다.[35] 언어는 인식적이라기보다는 사회적이라는 것이다. 한글은 한문과 달리 표음문자이기에, 한국의 언어관은 중국과 다소 다를 가능성이 있으나, 한국어에서도 주어가 생략되는 경우는 매우 빈번하며, '~이다', '~이 아니다' 등은 계사 또는 연결동사라기보다는 서술격 조사거나 부정사다.[36] 이런 언어적 특징들에 함축되어 있는 한국적 언어관 역시 서양의 세계 기술적 언어관과는 차별적인 것이며, 한문의 영향 아래 형성된 동아시아적 언어관을 공유하는 것으로 추정할 수 있다.

고대 희랍에서는 현대 서양에서보다 언어의 서술적 기능에 대한 인식이 훨씬 의식적이었던 것으로 보인다. 서양의 문헌학자나 고전철학 연구자들에 따르면, 희랍어의 비동사는 현대 서양 언어가 지니고 있는 계사적 기능과 존재사적 의미보다 더 기초적 의미를 지니고 있다. 그것은 진리 언명적 기능veridical sense of einai이다. 고대 희랍인들은 희랍어 에이나이를 사용하여 서술하면서, 단지 주어와 술어를 연결하는 것을 넘어서, 그리 언명된 사태가 진리임을 주장했다는 것이다. 희랍어의 에이나이가 '(언명되는 사태가) 진리이다'라는 의미를 함의하고 있다는 증거로, 연구가들은 에이나이의 분사형에서 파생된 부사나 형용사들을 제시한다.[37]

이러한 논거를 들어 칸C. Kahn 등은 희랍어 비동사 에이나이는 다른 근대 유럽어 비동사와는 다른 제3의 의미를 지닌다고 논한다. 희랍어 비동사는 우선 1) '존재한다'존재사적 의미, exist, 2) '~이다'계사적 기능, copula라는 통상의 의미를 지닌다. 희랍어 비동사는 이에 더하여, 3) '주어와 술어의 관계가 진리이다', '진술된 바가 진리 또는 사실이다'라는 제3의, 그러나 보다 근원적인 것으로서의 진리 언명적 의미를 지니고 있다는 것이다. 나아가 그는 서양 근현대의 존재 개념은 에이나이에 담긴 진리 개념에 비해 이차적이라고 주장한다. 칸에 의해 제안된 이런 주장은[38] 이론이 없는 것은 아니나, 이후 여러 학자들의 지지를 받아왔다.[39]

희랍적 사유에서는 서술문이 언어의 전형이며, 대표적인 서술문은 주어와 술어가 비동사로 연결된 것이다. 이런 사정에 비추어 비동사가 진리 언명적 의미를 지녔다는 것은 희랍인들이 언명의 진리 여부에 매우 민감했음을, 진리 여부가 언어적 서술의 제1 관심사였을 가능성을 시사한다. 서술한다는 것은 세계에 대해 어떤 진리를 주장하는 것이다. 에이나이 동사를 사용하여 무엇을 서술하며, 서술되는 바가 진리임을 주장하려 한다는 것은 역으로 그것이 허위일 가능성을 염려한다는 것을, 논파될 가능성에 대비하고 있음을 함의한다. 진리 관여적 언어 의식은 희랍인들, 고대 서양인들에게 진리는 그저 주어지는 것, 눈앞에 드러나 있는 것, 바로 가까운 곳에 있는 것이 아니라, 탐구되고 발견되어야 하는 것으로 의식되었음을 시사한다. 이 같은 언어 의식은 위에서 지적한 토론 문화를 감안하면 자연스러운 것일 수 있다.

이상의 희랍어의 특색을 정리하면 다음과 같다. 서양의 음성 문자적 언어관은 보이고 들리는 기표와 보이지 않는 기의 또는 의미를 구분하게 하고, 후자의 의미체를 언어의 가능 근거로 상정하게 했다. 진리는 이 보이지 않는 의미들 간의 관계로서, 일상적 삶에서는 은폐된 존재였다. 관사는 보이지 않는 의미체나 보편자 또는 추상체를 실체화할 수 있게 하며, 에이나이의 진리 언명적 기능은 진리의 개념을 그들의 언어와 사유에서 중심적인 관심사로 만드는 데 기여했다. 이상의 언어적 특색들은 구체적 특수자들의 경험계를 넘어서 의미체, 보편자, 추상체의 세계가 존재한다는 믿음을 자연스럽게 했으며, 희랍인들 그리고 서구인들은 이런 세계를 진리의 세계로 여기게 되었다. 진리는 은폐되어 있을 뿐 아니라, 감각 경험에 의해 직접적으로 인식되는 현상에 의해 가려져 있다. 은폐되어 있는 진리를 발견하기 위해서는 현상이라는 엄폐물을 뚫고 들어갈 수 있는 능력이 필요하고, 발견된 바를 만인에게 알리고, 진리임을 설득하기 위한 방법이 필요하다. 그런 능력이 비판적이고 분석적인 이성이며, 진리를 설득하는 능력이 논변과 논증의 방법이다. 그리고 이 후자는 단지 그럴 듯하게 보이게 하는 것으로서의 수사학과 구분된다.

4 진리와 신의 인식

이상의 요인들은 진리 개념이 서구 정신사나 철학사에 특유한 것이라 판정할 수 있는 충분한 근거가 되는가? 과연 탐구되어야 할 것, 은폐되어 있는 것으로서의 진리 개념이란 서구 정신사에 고유한 것인가? 다른 한편으로, 위의 제반 특색들은 서구인들로 하여금 동아시아인들에 앞서 진리 개념을 발견하게 도와준 것은 아닐까? 진리 개념이 문화 의존적이라는 논제를 입증하기 위해서는 논거를 더 제시할 필요가 있다.

위에서 우리는 은폐성으로서의 진리 개념이 이분법적 심신관과 밀접하게 연관되어 있다고 지적한 바 있다. 서구적 사고에 따르면, 마음이란 보이지 않는 것이기에 철저히 감출 수 있다는 점에서 몸의 존재 양식과 대조적이다. 이런 심신관 때문에 플라톤의 귀고스Gygos의 난문이 제기된다. 이 난문은 악인이 악의를 감추고 선한 자로 위장할 수 있으며, 선한 자의 선의는 보이지 않는 마음속에 있는 것이기에 타인에 의해 올바로 평가되지 못하는 데서 오는 어려움에 관한 것이다.[40] 이는 서구 윤리학의 중심 난제들 중 하나다. 이분법적 심신관은 동기주의의 심리철학적 근거를 제공하고,[41] 심신 간의 관계에 관한 어려운 물음을 던진다.

은폐성으로서의 또는 은폐되어 있는 것으로서의 진리와 완전히 감출 수 있는 마음은 논리적으로 유사한 구조를 지닌다. 데카르트의 방법적 회의에서 천재적 악마의 상상은 이런 유사성에 기초하고 있다. 이 사유 실험은 그의 방법적 회의의 과정에서 결정적 역할을 한다. 데카르트는 회의를 전개하면서, 천재적 악마의 존재를 상정한다. 그런 존재는 우리를 철저히 속여, 모든 분야에서 허위를 진리로 믿게 만들 수 있다는 것이다. 우리가 진리로 간주하는 모든 지식이, 가령 수학이나 기하학적 명제들이 실은 모두 허위일 수 있다는 것이다. 이런 논리는 우리에게 완전히 은폐되어, 우리는 전혀 알 수 없으나 천재적 악마는 알고 있는 그런 진리가 있을 수 있다는 가정 하에 성립한다. 은폐적 진리는 달리 말하면, 천재적 악마의 마음속에 있어 그만이 알 수 있는 진리다.

진리와 마음 간의 유사성에 비추어 볼 때, 은폐된 진리의 개념은 철저히 위장할 수 있는 마음의 개념과 같은 논리적 문제점을 지니고 있다. 데이빗슨에 따르면, 전면적 회의는 논리적으로 불가능하다. 그 이유는 모든 것이 허위일 수 있다면, 그것이 무엇에 대해 허위인지조차 알 수 없을 것이기 때문이다. 이것이 자비의 원리The Principle of Charity가 담고 있는 핵심 메시지다. 한 문장의 의미는 그 문장을 말하는 화자의 배경적 믿음이 대체적으로 진리라는 전제 하에서, 그런 고로 그의 배경적 믿음이 대체적으로 나의 믿음 체계와 유사하다는 전제 하에서만 해석 · 이해될 수 있다. 한 문장의 의미가 배경적 문장들이 대부분 진리라는 전제 하에서만 이해될 수 있다면, 모든 믿음이 허위인 상황에서는 의미라는 것, 의미 있는 문장이라는 것도 있을 수 없다. 즉 의미와 진리는 별개의 문제가 아니라, 의미는 진리를 매개로 해서만이 해석될 수 있다. 모든 것이 허위일 수 있다면, 의미가 생성될 수 없으며, 따라서 의미는 있되 허위인 문장이란 논리적으로 있을 수 없다. 진리와 의미 간의 본질적 연관성은 천재적 악마의 상상, 즉 철저하게 은폐되어 있는 진리의 가능성이, 고로 은폐성으로서의 진리 개념이, 나아가 철저히 은폐될 수 있는 것으로서의 마음 개념이 부조리함을 함의한다.

비트겐슈타인 역시 간접적이지만 비슷한 논리를 편다. 마음이란 그 마음의 소유자만이 내관을 통해 알 수 있는 그런 것이 아니다. 위장이나 거짓말은 삶의 직조물 위에 드러나는 일정한 패턴이기에,[42] 타인에 의해 간파될 수 있다. 유사한 논리로, 거짓말하는 법이나 '~인/하는 체하는pretend to 법'을 배우기 위해서는 많은 것을 먼저 배워야 한다. 그런 행위는 우리 삶의 문맥이나 환경을 전제하고서만이 가능한 것이다.[43] 그리고 삶의 문맥이란 언어적으로 기술되어야 그 일의적 모습이 드러난다고 할 수 있는데, 이런 문맥은 우리가 당연한 것으로, 즉 진리로 수용하고 있는 것들이다. 이런 사실은 타인이 거짓말을 하는지, ~체하는지는 그런 언행이 이루어지는 삶의 서사적 문맥을 정교하게 분석하면 다른 사람들이 포착할 수 있음을 함의한다. 거짓말이나 위장이 거짓말을 하는 당사자의 고백에 의해서만 드러날 수 있다고 한다면, '거짓말'이나 '~체하다'라는 어휘는 공용어로서 등재될 수 없을 것이다. '거짓말'이라는 어휘들의 사용을 위한 공적인 문법은 완전한 위장 그리고 완전히 감출 수 있는 속마음이나, 철저히 감추어진 거짓말의 가능성을 논리적으로 허용하지 않는다.

전통적 입장에 따르면, 마음의 상태란 철저히 사적인 것이어서 마음을 지닌 그 당사자만이 들여다볼 수 있는 것이었다. 비트겐슈타인은 전통적 견해를 비판한다. 그의 논변에 따르면, 마음의 상태는 대체적으로 타인에 의해 판별될 수 있는 것이며, 그래야 심적 술어가 공적인 어휘로서 등록되어 사용될 수 있다. 그래서 거짓말은 대부분 발각될 수 있는 것, 거짓말임이 언젠가는 확인될 수 있는 것이다. 허위는 그것을 말하는 자의 다른 말이 많은 경우 진리라는 전제 하에서만 의미를 지닐 수 있다. 유사한 논리로, 진리는 대부분 드러나 있다. 우리의 믿음과 말들은 대개가 진리다. 그러한 경우에만 우리의 믿음과 말들이 의미를 지닐 수 있기 때문이다. 진리와 의미는 내적으로, 논리적으로 연결되어 있다.[44]

데이빗슨의 전면적 회의 불가론이나 비트겐슈타인의 심리 상태 패턴론은 은폐적 진리 개념에 대해 어떤 시사를 던지는가? 전통적 의미의 진리란 인간에게 드러나지 않는 신의 마음과 같은 것이다. 철저히 은폐될 수 있는 진리는 신 자신만이 알 수 있는 진리 또는 신의 마음속 상태와 유사하다. 이런 진리관에 대해서 우리는 전통적 위장론이나 거짓말론에 대해서와 같은 비판을 할 수 있다. 그러므로 위장론이나 거짓말론에 대한 비판 논거는 은폐적 진리관에도 적용될 수 있다. 철저히 은폐될 수 있는 것으로서의 진리란 의미 있는 진리가 되지 못한다. 감추어진 것이란 없다. 모든 것은 드러나 있다.[45]

진리에 관해 데이빗슨과 비트겐슈타인은 중요한 차이를 보인다. 전자는 언어란 세계에 관한 것이기에 진리가 세계와의 관계에서 형성되는 개념이라고 전제하고 있음에 비해, 후자는 언어 활동은 일종의 놀이라고 본다. 놀이의 장은 놀이장 밖의 세계와 무관하게 형성되며, 놀이장은 놀이자들에게는 무조건적인 실재의 공간 또는 진리의 공간으로 간주된다. 그런 고로, 언어놀이론에 따르면, 진리 개념은 의식될 수 없거나, 의식된다고 하더라도 언어놀이의 상대방과의 관계에서 의식될 뿐이다. 우리는 후자의 입장을 취하고자 한다. 진리는 언어적 공간의 구성적 일부다.[46]

5 진리 개념의 해체

서구 전통적 사유에 따르면, 진리는 언어의 외부, 인식 주관의 저편, 물자체의 세계에 있는 것이거나, 언어와 존재를 연결 짓는 술어라 여겨져왔다. 이런 믿음은 재고를 요한다. 진리는 언어의 내부에, 이해와 해석적 태도의 구성적 일부이거나 언어놀이 장의 속성으로 볼 수 있다. 이런 경우, 우리는 구태여 진리를 개념화하거나 주제화할 필요가 없을 것이다. 진리는 탐구나 발견의 대상이 아니다. 그것은 해석을 위한 필수조건이거나 언어활동의 전제이다. 해석적 태도가 언어의 생성이나 의사소통을 위한 기본적 태도라 한다면, 진리는 언어의 본질적 일부다. 고대 중국, 더 넓게는 동아시아에서 진리가 의식되지 않고 주제화하지 않은 이유는 바로 여기에서 찾아볼 수 있다. 그 이유는 동아시아인들에게 문자의 지평이나 경전적 텍스트의 지평은 이미 대체적으로 진리이기 때문이다.

진리 개념에 대한 이상의 논의를 기초로 하여, 우리는 철학과 학문의 목표로 진리 대신에 다른 가치를 설정할 수 있다. 학문의 객관성은 언어와 주관의 저편에서가 아니라 의사소통의 공간에서 형성된다. 이제 진리가 아니라 언어 공간의 전체적이고 생태학적인 평형, 언어적 공간의 문법 · 도道 · 결理을 학문적 활동이나 지적 탐구가 지향하는 가치로 생각해볼 수 있다.[47] 인간의 학문적 활동 과정이나 철학적 모색이란 지속적으로 의사소통하면서 서로 주고받는 명제의 타당성을 확인하고, 공감대를 넓혀가며, 공유의 지평을 확산해가는 것, 공존의 질서를 만들며 공유의 가치를 실현하는 것, 그러면서 새로운 문제에 답하고 변화에 대처하면서 수정 · 보완해 나아가는 것이다. 이런 진리 지평의 구축 방법으로는 롤스가 한 사회에서 정의 원리를 확립하기 위해 제안한 반성적 평형Reflective Equilibrium의 방법을 생각할 수 있다. 철학의 새로운 기준이나 가치는 생태적 · 총체적 평형성, 공존의 관계로서의 결이다.

3

학문
소크라테스와 학문의 발견

1 서구 학문관에 대한 반성

우리는 학문적 탐구의 활동을 통해서 저편의 진리, 진상, 의미, 본질, 실체, 보편적이고 객관적인 실재에 다가갈 수 있다고 믿는다. 학문적 탐구를 위한 방법을 제시해주는 것은 인간의 이성이며, 이성이란 주관적이고 상대적이며 불완전한 현상인 경험계로부터 저편의 실재에로 가다갈 수 있게 하는 다리 또는 길로서의 방법을 확보해줄 수 있는 특별한 인간 고유의 능력이다. 학문은 무지의 어둠에서 밝은 지의 세계를 전개시켜 미몽의 몽환상태에서 계몽의 각성상태로 나아가게 하며, 선과 미와 가치를 창조하고 정의를 실현할 수 있게 하는, 우리를 구원할 수 있는 신적인 선물이다, 또는 그렇게 믿어진다.

그렇다면 진리, 이성, 실재, 본질, 보편성, 객관성, 확실성 등을 핵심적인 의미 내용으로 하는 학문의 이념은 과연 인간에게 본유적인 것인가, 아니면 다른 어느 곳에서 연원하는가? 이런 이념은 보편적인 것인가? 아니면 어떤 역사적 과정을 거쳐 형성된 것인가?

서두에 소묘한 학문의 이념은 인간 정신사의 일정 단계, 일정 지역에서, 일정한 조건 하에서 형성된 것이다. 이 장에서는 서구 학문 이념을 소크라테스의 철학에서 찾을 수 있음을 논하고자 한다. 서구 정신사는 진리 탐구의 역사다. 서양의 전 문화나 문명은 학문적 탐구의 결과에 기초하고 있다. 20세기 이후 서양 철학사에서는 혁명적인 변혁이 진행 중이며, 그 혁명은 서구 전통의 인식관이나 학문관에 대한 반성에서 비롯한다.[1] 여러 평자는 그 반성의 대상이 되는 것이 데카르트 이후의 인식론이나 학문관이라고 지적하나, 더 근원적으로 그 대상은 서양철학의 주축 시대, 즉 고대 희랍 시대에 형성된 인식관과 학문관이며, 이런 학문관의 기원은 소크라테스에 있다. 데카르트 자신이 희랍에서 시작한 서양철학의 전통에 발을 디디고 서 있기 때문이다.

정신의 변화는 갑자기 이루어지지 않는다. 진리와 인식에 대한 개념은 점진적으로 형성된다. 물의 흐름이 자그마한 샘물에서 시작되어 점차 시내로, 지류로, 강물로, 그리고 거대한 바다가 되어가듯이, 정신의 역사는 그렇게 점진적으로 풍부하고 깊어지는 것이다. 인간의 정신이란 돌연히 허공에서 완전한 틀을 갖추고 등장하는 것이 아니다. 그럼에도 중요한 계기는 지적할 수 있을 것이다. 서구 학문의 이념은 호메로스 시대부터 시작해서 헤시오도스, 서정시인, 자연철학자, 소피스트 등을 거치면서 점차 자리 잡힌 것이기는 하나, 획기적 전기를 제공한 것은 소크라테스이다. 우리는 흔히 그를 위대한 철인, 플라톤의 스승 등으로만 평가하지만, 정신사적인 면에서는 재평가가 필요하다. 그는 단지 철인이나 인격적 성인에 그치는 것이 아니라 진정한 의미에서 철학을 시작하고, 나아가 서구 학문의 기초를 놓은 정신사의 혁명가였다.

이 장에서는 소크라테스 철학의 주요 특색들을 재조명함으로써 그의 철학이 지니는 정신사적 의의를 살펴보기로 한다. 이곳에서 논의되는 그의 철학은 이미 알려진 바들이나, 그것의 혁명적 의의는 그동안 간과되어온 것으로 여겨진다. 이렇게 지나치게 된 까닭은, 인간 인식 능력의 중심은 이성인데, 이성의 능력이란 동서양의 구분 없이 보편적인 것이며, 이성이란 인간의 생득적 본질을 구성한다는 오래된 믿음 때문이다. 이런 보편주의적 이성관은 수정되어야 한다.

학문적 활동의 등장을 위한 조건, 더 정확히는 서구적 학문관의 특색을 정리할 필요가 있다. 그것들은 다음과 같다. 1) 학문적 탐구의 대상으로서 객관적이고 일의적인 진상이나 진리라는 것이 있다. 2) 모든 인간들은 탐구와 인식의 능력인 이성을 지니고 있다. 3) 이성은 탐구와 검증을 위한 방법적 기준과 논리를 제공한다. 4) 학문적 인식은 객관적이고 보편적이어야 한다. 5) 학문적 탐구의 대상인 진리는 일종의 보편자, 추상체, 심적 대상, 이론적 존재자로서, 경험적 대상들과는 다른 지위를 차지한다. 6) 인식이란 진리를 거울처럼 반영하는 활동이며, 진리란 정관적靜觀的 인식의 대상이다. 이런 관점에서는 이론과 실천이 구분된다. 7) 학문적 탐구의 이념, 기준, 방법을 공유하는 탐구 공동체가 구성될 수 있다. 이들 특색은 소크라테스가 확립한 학문의 이념을 바탕으로 한다.

2 진리 개념의 역사

진리와 시인의 언어

학문의 대상은 진리이다. 그러므로 진리의 개념이 있어야 학문적 활동을 시작할 수 있다. 그런데 진리의 개념은 언제, 어떻게 형성되었는가? 서구적 사유에서 진리의 개념은 근원적인 것으로 다수의 서구 철학자들은, 나아가 이제는 동양권의 철학자들까지도 진리를 근원적인 사유 범주로 생각한다. 미국의 대표적 철학자인 데이빗슨은 진리란 지극히 원초적 개념이기에, 언어와 사유까지도 이를 매개로 해서 발생한다고 논한다.[2] 진리는 언어와 사유보다 더 근원적이라는 것이다. 과연 서양철학의 전 역사에서 진리는 근원적이고 선험적인 것으로 여겨진다. 그러나 이런 근원론 또는 선험론을 선뜻 받아들일 수 없게 하는 사실은, 위에서 지적한 바와 같이, 동아시아의 주요 경전에서는 진리의 개념을 전혀 발견할 수 없다는 점이다. 나아가 서구적 사고에서 진리 개념이 근원적이고 원초적임을 인정한다고 하더라도, 고대의 진리 개념은 근현대의 진리 개념과 사뭇 다른 것으로 보인다. 근현대 인식론에서 진리는 실재, 진상 등과 통하는 것으로 정태적 의미를 함축하며, 실천 활동과 구분되는 인식 활동의 대상으로 그 자체로서는 인과력이나 행위 유발력 등을 지니지 못한다고 여겨진다. 그러나 고대적 사유에서 진리는 정의dike와 통하는 것으로서 인과력, 강제력, 행위 유발력 등을 발휘하는 것으로 여겨졌다.[3]

진리 개념이 희랍의 어느 시기에 형성되었는지는 분명하지 않으나, 상당히 이른 시기에 등장한 것은 확실하다. 플라톤이나 아리스토텔레스의 저술에서 이미 진리는 중심적인 가치 개념으로 논의되며, 더 이전에 파르메니데스의 저서가 진리의 길, 억견의 길로 구성되어 있음은 주지하는 바이다. 우리는 더 멀리로 거슬러 올라갈 수 있다. 추적 가능한 서양의 최고 문헌이라는 호메로스의 서사시에서도 우리는 진리의 개념들을 발견할 수 있다.

고대 호메로스적 문맥에서 진리란 무엇을 의미했는가? 그것은 감추어진 것, 숨겨진 것과 관련이 있다. 고대 지성사가들의 연구에 따르면, 호메로스의 문헌에서는 신이 실재를 위장한다는 믿음이, 위장술이 중요한 역할을 했다고 한다. 이와 함께 삶의 전변과 좌절, 고통과 불행을 겪으면서 인간들이 실재를 제대로 인식하지 못하고 있다는 비관론이 편재적이었다는 것이다.[4] 이런 불확실성이나 비관주의는 개인 주관의 차원이라기보다는 집단적인 것이었다. 그 당시에는 개인적 주관의 개념이 형성되어 있지 않았기에, 집단으로서 그들이 접하는 경험적 현실이란 실재의 모습이 아니라 신이 고의로 왜곡한 가상假象의 것이며, 진상이나 실재는 신에 의해 감추어져 있다는 생각이 지배적이었을 가능성이 있다.

이러한 사정은 동아시아의 경우와 대비된다. 중국은 중앙집권적 국가가 서양보다 일찍 형성되고 기원전 10세기 이전부터 지배층에 의해 문자가 사용되면서, 확실성이 실재, 규범, 가치 등에서 일찍 확보되었다. 갑골문이 사용되기 시작한 것은 후기 상나라 21대 황제인 무정武丁으로부터 29대 황제인 제신帝辛: 기원전 1200~1045까지라고 한다.[5] 중국에서는 늦어도 대략 이 시기부터 신성한 문자인 갑골문의 계시에 따라 국가의 대사를 확정하는 관례가 확립되었다고 볼 수 있다. 이에 따라 한 집단이 준거해야 할 실재나 규범들은 비교적 확실한 것[6], 중앙집권적 제왕에 의해 확정되는 것이었다.

이에 비해 희랍에서는 주축적 권력이 확립되어 있지도 않았으며, 나아가 문자가 유입된 것도 기원전 8세기경에 이르러서다. 문자 도입 이후에도 상당 기간 구술문화가 지배하여, 자연철학자들까지도 구술문화적 사유 틀 속에서 사고했다는 것이 지성사가들의 평가다. 문자가 희랍인들의 사고방식에 영향을 끼친 것은 대략 소피스트나 소크라테스의 시대에 이르러서라고 볼 수 있다.[7]

신화 시대 또는 호메로스 시대에 은폐된 것으로 여겨지던 진리는 어떤 방식으로 드러날 수 있는가? 감추어진 실재는 어떻게 알려지는가? 이 시대는 기본적으로 구술 시대이며, 이런 시대에 진리, 실재, 객관적 규범들은 비범한 말의 형태로 특정 집단인 시인, 제사장, 왕 들의 말을 통해서 드러나며, 초월적 형태의 말로서 주어진다. 이들 특별한 자의 말은 일상의 말, 의사소통을 위한 말, 생존을 위한 말과는 다른 차원의 말이었다. 그들의 말은 진리를 계시하는 말이었다. 계시는 선택받은 자에게만 일어나는 일이며, 그래서 그들은 진리의 주재자요, 독점자로 여겨졌다.

부족이나 국가의 기원, 부족의 정체성 등에 대한 관심이 생기면서 기원 신화, 건국 신화, 조상 신화 등이 형성되고, 과거 조상이나 영웅들의 위업, 부족의 과거사 등에 관한 이야기들이 오랜 기간에 걸쳐 세대에서 세대로 전승되고 누적되면서 방대한 신화의 체계가 구축되었을 것이다. 이런 이야기들에는 집단의 정신이나 의식 등이 담겨 있는데, 이런 이야기들이 탁월한 기억력을 지닌 시인 또는 시인 길드의 기억에 보관되어 있다가 그들의 입을 통해 노래로 불리며 전파된다.[8]

시인 길드는 전승되어오던 이야기들을 집대성하고 체계화했다. 이를 통해 보이지 않는 세계, 지나간 시간이나 역사에 대한 사념이 자리 잡히며, 새로운 종류의 언어에 대한 관념이 생성된다. 이들 시인의 말은 일상인들의 말과는 다른 종류의 말이었다. 이들의 말은 과거에 관한 이야기 또는 허구적 신화가 아니라, 새로운 현재적 실재에 대한 이야기였다. 이와 대조적으로 일상의 삶은 실질적으로 자연 상태의 일부, 실재성이 없는 것 또는 실재를 위한 자료에 그치는 것이었다. 시인들에 의해 기억되어 보존되는 것만이 실재, 진상, 진리였다. 그것은 과거에 관한 것이라기보다는 인간들이 사는 구체적 삶과는 다른 차원의 존재에 관한 것으로 간주되었다. 이런 믿음에서 그것이 일상적으로 접하는 경험의 세계보다 더 중요하고, 나아가 실재적인 것, 즉 진리라는 생각이 형성된다. 실재나 진리는 시인들에 의해 드러나는 것이었다.[9] 이런 과정을 통해 단지 '정직한 말', '거짓이 아닌 말'을 의미하는 일상적 어휘 알레테스alethes가 현실과는 다른 차원의 사실이나 실재를 의미하는 어휘가 된다.

집단의 행동, 사냥, 전쟁, 결혼, 장례 등 부족 행사나 의식을 치르면서 시간의 의식이 미래로 확장된다. 미래에 대한 관심은 예언자, 신관, 주술사를 등장하게 하고, 그들의 말에 귀 기울이게 한다. 사회적 갈등을 해소할 필요가 생기고, 일상적 차원을 넘어서는 행동들, 전투, 사냥, 혼인, 마을의 공사에 관한 지침 등이 요청되면서 정의 즉 바른 길에 대한 의식이 생겨나게 되었을 것이다. 이들 주술사나 신관들의 말은 아직 오지 않은 시간에 관한 추정적 이야기가 아니라, 이미 존재하는 다른 실재에 관한 말이었다. 이들의 말은 불확실한 미래를 위한 방향을 제시하고 갈등을 해소할 수 있는 지침이 되기는 하되, 일상적 삶과는 전혀 다른 질서를 드러내는 말로 간주되었다.

'오래된' 과거와 '오지 않은' 미래의 말은 은폐되어 있다가 시인이나 예언자, 현자 들의 특별한 신적인 능력에 의해 드러나고 계시된다. 하지만 고대 희랍인들에게 과거나 미래는 현재와 연속적인 시간 축의 한 시점, 즉 현재 이전이거나 앞으로 전개될 시간이 아니었다. 그것은 우리가 경험하고 삶을 영위하는 현재와 동시적인, 그러나 새로운 차원의 질서였다.[10] 여기에서 신적神的이고 초월적인 현재로서의 진리, 진상, 실재의 개념이 형성된 것으로 이해할 수 있다. 그런 존재는 시인, 예언자, 왕 들만이 독점하는 특별한 능력을 통해서만 접근할 수 있는 것이었다. 시인의 기억력, 신관의 예언력은 초자연적 현재를 인식할 수 있는 능력이었다.

문자의 도입과 정착은 정신사적으로 중요한 변화를 가져온다. 그것은 단지 새로운 매체를 사용할 수 있게 된 것에 그치지 않는다. 문자는 시인의 기억과 신관의 예언에 의해 전달된 것에 대한 놀라움이나 신성성의 느낌이 사라지게 하는 전기를 마련한다. 쓰여진 것들은 들려지는 것과는 달리 반성과 숙고의 대상이 될 수 있으며, 그런 것은 비판에 열려 있다. 신화적인 이야기들이 문자로 기록되어 문서화되면서 신화를 둘러싼 신성성의 아우라나 그것이 새로운 실재라는 의식이 서서히 퇴색해간다. 이런 변화와 함께 과거와 미래는 현재와 연속선에 있는 시간의 한 부분으로 편입되었을 것이다. 문자가 일반화되고 나아가 기록되면서 역사가 공식화하며, 역사의식이 형성된다. 구술 시대에는 역사의 개념이나 의식조차 없었다고 할 수 있다. 왜냐하면 문자가 도입된 연후에야 역사는 비로소 객관적으로 조회해볼 수 있는 것이 되기 때문이다. 그러면서 우리의 삶이 과거나 미래로 시간적 연장성을 지니고 있다는 믿음이 들어서게 되었을 것이다.

시인, 예언자, 현자 들의 말은 어떻게 정당화되는가? 그것은 특별한 절차, 의례, 왕이 겪은 시련, 왕이 들고 있는 천칭 등에 의해서다. 정당성에 대한 현대적 기준으로 보면, 이들은 정당화되어야 할 것과는 전혀 무관하고 거의 자의적이라 할 수 있는 '근거'들이다. 간단히 말하면, 시인과 신관의 말이 진리인 이유나 왕의 결정이 정의인 이유는, 그것이 시인의 말이거나 신탁이기 때문 또는 왕이 내린 결정이기 때문이다. 이 밖에 다른 정당화 논거는 있을 수도 없고 찾을 수도 없다. 오히려 자의적이기에 절대적일 수 있다.[11] 정확히 말해서 그들에게는 정당성의 개념이 없다.

아마도 소피스트들이 주도한 토론 문화와 함께 정당성의 개념이 서서히 힘을 발휘하게 되었을 것이다. 나아가 소크라테스, 플라톤 이후 그런 정당성을 제공하는 차원으로서 저편의 세계, 근거의 세계, 형이상의 세계, 보편성이나 추상성의 세계가 상정되기 시작했을 것이다. 여기에서 존재론, 형이상학, 논리학, 의미론의 차원이 전개되면서, 이들 담론은 서양 철학사에서 중심적인 영역을 구성하고, 서양 정신의 주축으로 자리하게 된다.

논리적 방법의 개념: 파르메니데스와 제논

자연철학자들에 이르러 중요한 혁신이 이루어진다. 헤라클레이토스Heracleitos는 로고스logos의 보편성을 설파했으며, 파르메니데스Parmenides와 제논Zenon은 철저한 논증을 전개하여 자신들의 입장을 증명하려 함으로써 서구 철학과 학문이 논리적으로 한 단계 상승하는 데 핵심적 기여를 한다. 이들에 의해 전통에 의지하지 않고 인간 스스로의 능력으로 세계를 이해할 수 있으며, 나아가 이해된 바의 진리성을 논리적으로 또는 이성적으로 방어하고 설득할 수 있다는 생각이 들어서게 된다. 인간이 사유하고 인식할 수 있는 능력으로서 정신이라는 것을 지니고 있다는 믿음을 품게 되는 것이다.

인간이 진리 발견의 능력이나 진리로 가는 방법을 찾을 수 있다는 자각이나 논변의 논리적 힘에 대한 자각은 파르메니데스나 제논에게는 일종의 놀라운 계시와 같은 것이었다. 파르메니데스 시편의 서두를 장식하고 있는 바, 진리로 이끄는 여신에 대한 기술, 진리에 이르는 길the Way of Truth이라는 개념, 에이나이에 대한 논리적 논의, 그리고 제논의 역설적 논변들은 이런 믿음과 깨달음을 표현하고 있다. 그들이 개시한 진리에 이르는 길은 논리적 길이었으며, 그런 길을 따라간다면 탁월한 기억이나 통찰력, 신의 계시의 도움을 받지 않아도 진리에 이를 수 있다는 것이다. 진리로 비상하는 방법은 플라톤, 아리스토텔레스에 이르러 변증법이나 논리학으로 발전되고 개념화된다. 아리스토텔레스가 제논을 변증법의 시조라고 평가하는 이유는 이런 연유에서다.

자연철학자들은 이성적 사유의 힘을 자각한 최초의 현자들이다. 이들의 기여는 자연을 철학적 사유의 대상으로 논의했으며, 물, 공기와 같은 자연적 존재를 만물의 본성physis으로 상정했다는 것이 일반적인 평가다. 하지만 그들을 철학자라 할 수 있는 더 정확한 이유는 다른 데 있다. 그 이유는 그들이 자연을 대상으로 했기 때문이기보다는 바로 인간이 지닌 사유의 힘을 인지했기 때문이다. 우리는 그 전형적 사례를 파르메니데스와 제논에게서 발견한다. 실로 파르메니데스는 논리적 사고의 힘에 의해 실재적인 것을 자연physis으로부터 철저히 분리하고 독립시켰으며, 이 실재적 존재자to on는 일상적 감각 경험이 아니라 이성적 사유에 의해서만 인식될 수 있다고 구분했다. 그는 존재하는 것들ta onta이 아니라 존재 자체to on를 주제화함으로써 최초로 존재 일반을 사유의 대상으로 삼은 철학자이다.[12]

이들이 발견한 존재계는 순수 사유를 통해서만 접근할 수 있는 세계이며, 논리적 추론이나 분석적 사유의 대상이 되는 것이다. 그들은 실재계란 일상적 경험 세계와는 철저히 분리되어 존재한다고 보았다. 이 같은 존재관이나 진리관 그리고 이에 기초한 학문관에 따르면, 희랍적 학문의 이상적 모델은 수학, 논리학, 철학, 수사학이었다. 심지어 원자론자들과 같은 물리주의적 철학자들까지도 도시에서의 경험적 삶을 실재적이라 보지 않았다. 학문이란 이성적 사유에 의해 파악되는 존재를 대상으로 하며 경험과 구분되는 논리의 영역에서 전개되는 활동이었다. 이런 믿음은 후에 플라톤의 선분의 비유에서 인식 종류의 구분, 정관적 인식, 아리스토텔레스의 영혼의 자기 운동 개념으로 발전된다.

수학적이고 논리적인 것과 물리적인 것은 서로 어떠한 연관관계도 없으므로 그들에게 응용과학이란 존재하지 않는다. 기술이란 이론 학문의 지식을 응용하는 활동이 아니라, 자연을 다룬다는 점에서 기술자는 주술사와 비슷한 존재였다. 이들은 심지어 소피스트나 환전상들과 비슷한 존재로 취급되었다.[13]

자연철학자들에 의해 새로운 실재의 개념이 도입되면서 자연세계는 현상現象이나 가상假象으로 격하된다. 경험계를 대상으로 하는 감각 지각과 달리, 실재를 대상으로 하여 진정한 인식을 산출하며, 행위와 사유의 주체 역할을 하는 영혼의 개념이 서서히 자리 잡을 준비를 하게 된다.[14] 자연 세계의 기이함 또는 기이한 현상thauma은 영혼 개념 등장 이전에는 초자연적인 것으로서 인간을 위압하곤 했으나, 이제는 인간의 정신이나 영혼을 자극하여 영혼이 탐구해야 하는 것, 조사하고 물어야 하는 대상으로 세속화된다.[15] 놀라움의 의식은 외계를 경배하거나 외경스러운 것으로 보게 하는 것이 아니라 철학적 탐구를 하게 하는 지적 계기가 된다.

위에서 우리는 헤라클레이토스가 로고스의 보편성을 주장했다고 지적한 바 있다. 그러나 그의 주장은 여전히 신비적인, 엘레우시스의 비밀의식을 계승하고 있다. 파르메니데스는 진리를 주제화하여 저술하기는 했으나, 그는 아직 진리의 탐구자라기보다는 진리의 사제나 현자와 같은 존재에 머물러 있다.[16] 그의 시편 서두를 장식하고 있는 주술적이고 종교적인 기술들, 태양의 딸들의 인도를 받아 마차를 타고 진리의 길로 들어선다는 서언은 그가 종교적 현인을 자처하고 있으며, 그가 계시하는 진리는 여전히 신비주의적 아우라에 둘러싸여 있음을 알린다.[17] 그의 정신은 지극히 논리적이고 논증적인 단계에 이르렀지만, 그가 개시한 논리나 논증의 세계는 모든 시민들에게 개방되어 있는 것이 아니었다. 논리적 능력은 소수의 현인들만이 누릴 수 있는 특별하고 신성한 능력이었다. 그가 행한 논증은 피타고라스의 수학과 같이 비의적이고 폐쇄적인 학단의 회원들 사이에서 이루어지는 종교적 입문 의식과 비슷한 것으로 생각해볼 수 있다. 이들 자연철학자들은 아직도 신적인 인간theios aner으로서 신비적 직관epopteia의 능력을 지닌, 진리를 아는 자hoi eidotes들이었으며, 기억의 여신 므네모시네Mnemosyne에 의해 인도되어 진리를 알현하는 자들이었다.[18]

자연철학의 시대는 진리에 이르는 객관적 방법이 있다는 관념을 형성했다. 이런 점에서 그 시대는 서구 정신사에서 획기적 전환점을 이룬다. 그러나 논리나 논증의 방법이 모두에게 공유되어 이성적 논변이 아고라에서 경쟁적으로 전개되며, 모든 시민들이 진리 발견의 능력을 지니고 있다는 믿음이 형성되기까지는 소피스트들의 논쟁적 활동과 소크라테스의 지적 혁명을 기다려야 한다. 소피스트는 진리 개념을 세속화했으며, 소크라테스는 객관적 진리 탐구로서의 학문 개념을 확립한다.

말의 세속화: 독사(doxa)의 출현

신화 시대의 인간은 시인이 전하는 영웅과 조상에 관한 전설, 미래에 대한 예언 또는 점복, 정의를 명하는 왕의 말, 즉 현자의 말을 일상인의 말과는 다른 특별한 것으로 간주했다. 현자의 말이 등장하기 이전, 일상적 수준의 말은 동류의 종족과 소통하기 위한 통신수단, 자신의 의사를 표현하기 위한 표현매체에 불과하다. 이런 점에서 본질적으로는 동물적 생존을 위한 통신법과 별로 다를 바 없는 것이다. 그것은 인간 자신의 자연적 또는 사회적 생존을 위한 도구 수준에 머물러 있는 것으로, 새들 간의 지저귐, 짐승들의 포효와 같은 수준의 것이다.

현자의 말이 특별한 이유는, 이 말을 통해 인간은 일상적 삶의 세계와는 전혀 다른 차원의 세계를 접할 수 있었기 때문이다. 시인이 전하는 조상의 기원, 먼 과거 전쟁에서의 위업, 신관이 예언하는 미래의 사태는 우리가 사는 현재를 연장한 시간축의 어느 시점의 일이 아니라, 시간을 넘어서는 차원의 일이었다. 왕의 명령은 갈등을 조정하고 분배의 기준을 정하는 실용적 지침 이상으로 신적인 힘을 발휘하므로, 대중은 그 명령을 준수함으로써 비로소 신민으로, 인간으로 존재할 수 있었다. 그들은 이를 '진리 alētheia'라 불렀다.[19] 그것은 신적이고, 초월적이며, 초자연적인 것으로서 일상적 삶의 차원을 넘어서는 특별한 실재였다. 호메로스에서 비극 작가에 이르기까지 진리와 신탁, 예언적 힘과의 밀접한 연관성은 다음과 같은 구절에서 확인할 수 있다.[20]

1) 예언적 지식을 지닌 벌 치는 여인은 진리를 말한다.

2) 이스메니온Ismenion의 신탁은 진리의 자리이다.

3) 카산드라는 진리를 예언하는 여인이다.

4) 어떤 꿈은 진리라 말해진다.

5) 올림피아는 진리의 여왕이다.

6) 예언적인 힘을 지닌 네레우스는 진리의 주재자이다.

시인과 예언자의 말은 특별한 능력에서 나오며 초자연적 권위를 지닌 것이기에, 무조건적이고 절대적으로 준수되어야 했다.[21] 이를 어긴다는 것은 생각할 수 없었다. 이를 어기는 것은 공동체의 일원이기를 포기하는 것, 인간이기를 포기하는 것, 곧 죽음을 의미했다. 고대 신화 시대의 인간은 그런 말의 완전한 포로이며, 관념의 전능성에 의해 지배되는 수동적 존재자였다.

도시국가가 구축되고 군사조직이 발전하면서, 시인과 예언자의 말은 점차 절대성, 권능성, 장악력을 상실하게 된다. 기원전 650년경 중장비 보병의 개혁은 평등한 시민 군사 집단의 등장을 가져왔다. 이와 함께 법 앞의 평등, 말의 평등성에 대한 관념이 형성되어 힘을 발휘했다. 또한 이들 평등하고 세속적인 시민 군사 집단은 도시라는 정치 공동체의 구성에서 주도적 역할을 행한다. 도시 공동체는 이들에게 법과 제도의 체계이기도 하지만 정신적 틀이기도 했다. 평등한 도시국가의 공간 속에서 여러 중요한 가치들이 형성되는데, 가장 주축적인 것은 법적 평등isonomia이다.[22] 말들 간의 평등성이 요청되기 시작하며, 이제 말은 절대적인 권위를 지닌 것에서 설득의 도구, 믿음의 대상이 되는 것으로 변모하게 된다. 동시에 말의 주제도 전투, 정치권력, 법정 소송 등과 같이 도시적이고, 대對인간적인 것들로 세속화된다.

위의 구절에서 인용한 카산드라의 신화는 희랍인들이 언어와 진리에 대해 비판적 자세를 갖게 되었음을 보여준다. 희랍신화에서 카산드라 여신은 미래를 예언하는 예지력을 지니고 있으나 누구도 그녀의 말을 믿지 않아 절망하는 비극적 여신이다. 이런 신화는 고대 희랍인들의 의식 변화와 함께, 여신의 예언적 말이라도 이제 불신의 대상으로 격하될 수 있음을 시사한다. 전지적 예언자의 말도 이제 설득력이 없으면 절대적 믿음의 대상에서 회의와 비판의 대상으로 전락하는 운명을 맞는 것이다. 나아가 그것은 진리의 지위를 부여받지 못함은 물론, 말로서의 효력도 상실하고 만다.[23] 반대로 아무리 악마의 사기라도 모든 사람들이 믿으면, 그의 거짓말은 절대의 진리로 만인들에 의해 수용되는 것이다. 데카르트의 천재적 악마는 바로 카산드라의 신화가 근대적으로 역전된 것이다. 이 두 이야기는 모두 믿음이 인식의 한 본질적 구성물임을 극적으로 알리고 있다. 카산드라의 신화는 절대적 신앙의 대상이던 신적 예언의 시대에서 이성적으로 설득되기를 요구하는 대중들의 시대로 넘어오는 과정에서, 데카르트의 천재적 악마라는 방법적 장치는 존재론에서 인식론의 시대로, 또는 종교와 형이상학의 시대에서 철학과 인식론의 시대로 넘어오는 인식론적 전환점에서 정신사적 변화를 표현하고 있다.

설득되고 믿어져야 할 말은, 말 그 자체로서는 즉 믿어지기 이전에는 아직 진리 자체가 아니라 진리의 자리에 오를 수 있는 가능성만을 지니고 있는 것, 그러므로 허위로 격하될 가능성도 지니고 있는 말이다. 신관이 진리를 주재하던 신화의 시대와는 달리 대중의 믿음이 진리를 결정하는 시대에, 진리의 지위에 오르고자 하는 말은 절대 진리임을 주장해서는 안 되며, 항상 허위로 판명될 가능성이 있는 것, 허위 가능성을 수용할 수도 있다는 겸허한 자세를 갖추어야 한다. 좀 더 시간이 흐르면, 점차 진리 가능성과 허위 가능성은 단지 공존하는 것에 그치지 않고 서로를 필요로 하는 것, 자신의 존립을 위해 타방을 필요로 하는 것으로 여겨진다. 허위의 가능성이 없는 말은 진리일 수도 없고, 진리의 가능성도 내포하지 않는다. 이전의 시인이나 예언자의 말, 또는 모세의 말과 같이 절대성을 지닌 그런 진리란 존재하지 않는다. 절대성을 참칭하는 말은 아예 진리가 될 자격을 구비하지 못한 것이다.

진리는 왜 허위의 가능성을 구조적 일부로 하는가? 설득의 대상으로서의 말은 절대성을 띠지 않는다. 어떤 말이 설득 대상이 된다 함은, 일정한 조건의 충족 여부에 따라, 그 말이 타인에게 수용될 수도 거부될 수도 있음을 함의한다. 즉 그 말이 증명되거나 정당화되기 이전에는 허위일 수도 있는 것, 허위의 가능성을 자신의 논리적 일부로 하는 것이다. 이런 가능성이 있기에 그 말을 전하는 자는 타인을 설득하는 것이다. 허위일 가능성이 없는 말은 논리적으로 설득의 대상이 되지도 않는다. 그런 것은 믿거나 말거나 둘 중 하나다. 설득에서의 성공 여부가 말이 진리가 되기 위한 핵심 조건이 되면서, 당연히 설득의 방법과 기술이 중요해진다.

말의 세속화는 소피스트들이 희랍 문화계 전면에 등장할 수 있는 환경을 제공했다. 그들은 정치 연설장, 법정, 대중 집회 등

공적인 공간에서 대중들을 성공적으로 설득할 수 있는 기술을 가르친다고 주장하면서 소피스트의 시대를 전개하게 된다. 믿음이나 주장의 진리성 여부보다 더 중요한 것이 상대방을 설득하느냐, 논파되느냐, 청중의 마음을 얻느냐의 여부가 되면서, 절대적 진리의 이념은 뒷전으로 물러난다. 중요한 것은 상대방의 믿음을 얻는 것이지, 그것이 객관적으로 타당한 진리냐, 객관적으로 올바른 정의냐가 아니라는 생각이 자연스레 유포된다. 진리이기보다는 진리로 믿어지는 것이 더 중요해지는 것이다.

설득을 위한 일반적 조건을 우리는 합리성이라 할 수 있으며, 합리성을 구비했는지를 판단하는 것은 타인의 비판적 이성이다. 이성적인 것만이 설득될 수 있다. 설득과 이성 개념의 등장은 진리 개념의 변화를 요구한다. 설득의 대상으로서의 진리는 논증되거나 정당화되기 이전에는 허위일 수도 있는 것이었다. 허위의 가능성을 제거하는 것이 바로 논증과 정당화의 작업, 합리화의 작업이다. 절대적인 것으로 주어진 말, 정당화나 논증될 수 없는 말, 논증의 대상이 되지 않거나, 그런 것이 되기를 거부하는 말은 이성의 저편에 있어 논리적 검토의 대상이 될 수 없으므로 이성의 관점에서는 진리가 될 가능성도 결여한다. 바로 이런 이유에서 허위는 진리의 조건이 되고, 진리는 허위의 조건이 된다는 것이다.

그 당시의 이성은 근현대의 이성과는 달리 실천적 함의를 지니고 있기는 하나,[24] 여하간 이성은 이제 인식 주체로서, 나아가 진리의 재판관으로서의 지위를 점하게 되었다. 시인, 예언자, 현자 들은 진리의 주재자라는 지위를 만인의 정신 속에 내재한 이성에 양위할 수밖에 없게 되는 것이다. 진리는 모든 이들의 이성에 의해 탐구되고, 논리적으로 설득되거나 검증되어야 할 것이 되었다. 소피스트들이 설득의 기술이나 수사학적 기술을 가르칠 수 있다고 한 것은 바로 이런 변화를 반영한다. 소피스트 혁명을 한 단계 발전시켜 확고히 이성관과 진리관을 형성하는 데 결정적 기여를 한 것은 소크라테스와 플라톤이었다.

에피스테메와 이성

소피스트들은 설득의 기술을 강조함으로써, 타인의 믿음을 얻기 위해서는 일정한 조건을 갖추어야 함을, 말의 유효성을 위해서는 존재와의 관계보다는 공동체적 관계가 중요함을 인식하게 했다. 말의 진실성은 특정한 사람들의 권위에 있는 것이 아니라, 언어공동체 구성원들이 수용하느냐에 달린 것이다. 그러나 다수의 대중들이 수용한다고 해서, 그것이 진리가 되는 것은 아니다. 즉 설득되었음이 진리를 위한 충분조건은 아니다. 대중의 사유능력은 진리가 아니라 교묘한 수사의 기술이나 궤변적 설득술에

현혹될 수도 있기 때문이다.

소크라테스에 이르러 또 한 번의 혁신이 이루어진다. 타인의 마음을 설득하여 타인들이 자신의 말을 믿게 하는 것도 중요하지만, 더 핵심적인 일은 믿어지는 것이 진리이냐 아니냐다. 믿음의 생성이 진실성이 아니라 설득 여부에 달렸다면, 사람들은 수사적 기교에만 치중할 것이다. 소크라테스는 말이 진리가 되기 위한 필수적 기준으로 합리성 또는 논리성의 기준을 제시한다. 말이란 단지 설득 · 수용되는 것만이 중요한 것이 아니라 진리를 담고 있어야 한다. 이를 위해서는 객관적 기준을 충족해야 한다. 이 기준으로 소크라테스가 제시한 것은 이성에 의한 논증과 정당화다. 그리고 이성적 정당성을 위한 최소한은 가장 기초적인 논리 법칙인 모순배제율의 충족이다.

진리이고자 하는 말은 단지 타인들의 감성이나 주관적 믿음에 호소하는 것이 아니라, 논리적 법칙을 좇아 타인의 이성을 설득해야 하며, 그럴 때 비로소 그것은 객관적 타당성을 지닌 진리의 지위에 오를 수 있다. 소크라테스가 설파한 것은, 말이란 이성을 매개로 해서만이 진리와 관계하며, 대중들의 아고라를 넘어선 새로운 차원을, 신적 진리의 차원을 지향하게 된다는 것이다. 합리성의 기준이 요청되면서, 소피스트에 의해 도입된 믿음이나 독사doxa, 속견 개념에 중요한 제한이 가해진다. 사람의 말은 아무리 많은 사람들을 설득하더라도 논리성을 갖추지 못하는 한, 주관적 믿음의 수준에 머물러 객관적이고 보편타당한 에피스테메epistēmē의 지위를 얻지 못하는 것이다. 진리는 독사의 단계에 있는 것이 아니라 에피스테메의 단계에 이르러야 얻을 수 있다.

소크라테스는 소피스트 이전의 진리 개념을 복권하였으나 이전의 진리가 시인들이나 예언자들의 특별한 능력에 의해 시혜되었던 것과는 달리, 새로운 형태의 진리는 시민들에 의해 탐구되고 검증될 수 있는 것이다. 소크라테스와 플라톤은 진리를 예언적 신탁의 장소나 시인의 비범한 기억과 같은 신비의 영역에서 만인이 접근할 수 있는 아테네의 광장agora으로 옮겨다 놓았다. 그들에 의해 진리는 누구나 탐구할 수 있고 검증할 수 있으며, 자유로운 토론과 논쟁의 과정을 거쳐 보편적으로 소유되어야 하는 가치가 되었다. 실로 인간이 인간답게 살기 위해서 간직해야 하는 필수적인 인간의 실재로 변환되었다. 검토되지 않은 삶은 살 가치가 없다는 소크라테스의 말은 비판적 부정이라기보다는, 모든 사람들이 자신의 삶을 검토해야 하며, 그럴 능력과 자격이 있다는 권한 위임을 표현하고 있다.

3 소크라테스의 인식적 민주주의

진리의 역사를 배경으로 할 때, 서양의 철학사, 더 폭 넓게는 서양의 정신사에서, 인식이나 학문의 이념과 관련하여 소크라테스의 활동은 어떤 의미를 지니는가? 우선 소크라테스의 사상을 어디에서 찾을 것인가? 그의 주요 사상이라 할 수 있는 것이 무엇인가에 대해 논란이 있을 수 있으나, 이 문제는 일반적으로 수용되는 견해를 따르고자 한다.[25] 우리는 플라톤의 초기 대화록[26]에서 전개된 내용을 소크라테스의 철학으로 이해하겠으며,[27] 이곳에서는 이들 저술에 나타난 그의 주요 사상 중 대략 다음의 특색에 주목하도록 하겠다. 첫째, 무지無知의 지知의 교설; 둘째, 논박論駁의 방법; 셋째, x는 무엇인가의 물음What-is-x?이다.

무지의 지의 교설: 인식 주체로서의 시민

일반적으로 소크라테스는 위대한 철인 또는 공자, 예수, 석가 등과 같은 반열에 있는 성인으로 평가된다. 플라톤이 소크라테스를 자신의 거의 모든 저서에 주된 화자로 등장시키고 있다는 사실은 스승에 대한 그의 존경심만이 아니라, 스승의 깊고 넓은 영향력을 시사한다. 이런 위상을 감안할 때, 지극히 놀라운 것은, 소크라테스가 그 자신의 교설을 적극적으로 개진한 사례가 거의 없다는 점이다.[28] 플라톤의 초기 대화록에 기록된 그의 어법은 석가, 공자, 예수 등이나 후대 철학자들의 그것과 전혀 다르다. 그는 인간과 삶에 대한 긴 설법을 행하거나 삶과 행동과 인성에 관한 가르침을 전한 바도 없으며, 단정적인 어법으로 수훈을 내리거나 긴 논설을 펴지도 않았다. 그의 대화는 이성적이고 논리적이기는 하되, 상대방을 괴롭히는 집요한 질문들의 연속, 그리고 짧은 논평들이 그가 주도한 대화의 주요 부분을 구성한다. 그의 사상이 담겨 있는 것으로 평가되는 플라톤의 초기 대화록은 논의 주제나 문제용기, 절제, 우정, 경건, 덕…… 들에 대한 어떤 적극적이고 긍정적인 결론에 도달하기보다는 상대방이 제시한 정의나 입장을 논파하는 것으로 끝나는 경우가 많다. 그 결과 상대방은 지적 혼란aporia에 빠진 상태에서 대화가 끝을 맺는다. 그래서 이런 대화록들은 '난문적 대화록aporetic dialogue'이라 불린다. 그의 철학적 생애는 질문과 탐구, 반성과 검토, 타방을 비판하는 논파의 긴 과정으로 보인다. 이런 사정은 소크라테스에 관한 다른 이들의 저술, 가령 크세노폰Xenophon의 저술에서도 마찬가지다. 크세노폰은 그를 주로 탐구하는 자, 검토하는 자, 비판하는 자로 묘사하고 있다.[29] 아리스토텔레스 역시 그가 아무것도 모른다고 고백했다고 전한다.[30]

소크라테스는 다른 성인이나 철학자들과는 달리 스스로를 지자知者라, 무엇을 알고 있는 현자라 자임하지 않았다. 이런 대조적인 태도는 "소크라테스가 희랍에서 가장 현자이다"라는 델포이의 신탁을 해석하는 과정에서 더욱 역설적으로 표현된다.[31] 그는 친구 카이레폰Chairephon이 전달한 신탁의 계시를 그대로 수용하기는커녕 일종의 수수께끼로 간주한다.

> 내가 그 신관의 답을 들었을 때, 나는 스스로에게 물었다. "대체 신이 의미하는 바는 무엇인가? 그 수수께끼의 의미는 무엇인가? 나는 내가 모른다는 사실을 잘 인식하고 있다. 그런데도 신이 내가 희랍에서 가장 현명한 자라 말함으로써 의미하는 바는 무엇인가?

소크라테스는 신탁의 의미를 해명하기 위해 아테네의 소위 현자들을 만나 그 말의 진위를 검토하였고, 그 결과 내린 결론은 다음이었다. 그들은 소문과는 달리 무엇을 아는 바가 없다. 나 역시 아는 바가 없는 것은 마찬가지다. 그러나 내가 그들보다 더 아는 바가 있다고 한다면, 그것은 그들은 자신들이 모르는 바에 대해 안다고 생각함에 반해, 나 자신은 모르는 것에 대해 안다고 주장하지 않는다는 점이다.*Apology*, 21d 이런 결론을 '무지의 지'라 한다.

무지의 지의 교설은 철학사적으로 심중한 함의를 내포한다. 우리는 그의 태도를 그 이전의 전형적인 희랍 현자, 시인, 예언자, 자연철학자, 소피스트 들과 대조하고, 이런 대조가 시사하는 바를 이끌어낼 필요가 있다. 이미 검토해본 바와 같이 호메로스 시대부터 희랍인들에게 진리는 주축적인 개념이었으되, 이는 특별한 기억력이나 예언력과 연관되어 있었다. 그것은 시인, 신관, 제왕 들과 같이 신적인 능력을 지닌 자들만이 접근할 수 있는 것이다. 그들은 진리에 대한 독점적이거나 특권적인 지위를 차지하면서 대중들에게 진리를 전해주는 자들이다. 그들은 기억, 신탁 등을 통해 삶의 중요한 문제들에 대한 진리를 알 수 있으나, 대중들은 이에 관해 스스로 탐구할 수는 없고 신적인 자들로부터 전해 받는 피동적 존재였다.

자연철학자들의 시대에 이르러 진리와 지식은 기억이나 예언과는 다른 성격을 지닌 것으로 간주된다. 진리나 지식은 경험적이거나 논증적인 방식으로 접근할 수 있는 것이기는 하나, 여전히 종교적이고 비의적인 분위기를 띠고 있었다. 그런 모습은 피타고라스의 비의적이고 폐쇄적인 학단 조직이나 헤라클레이토스의 잠언적 언표 방식 등에서 잘 드러난다. 파르메니데스의 교설은 지극히 추상적이고 논리적임에도, 그는 이를 헤시오도스와 유사하게[32] 신화적 어조의 서사로 시작하고 있다. 이들에게 진리나 지식은 대중의 것이 아니었다. 그들과 대중들 간의 중요한 차이는 그들은 아는 자, 알 수 있는 자였으나, 후자는 모르는 자, 진리를 전달받는 자, 진리를 가진 자의 인도를 받는 양떼들에 불과했다.

소크라테스가 설파한 무지의 지의 교설은 이들의 입장과 비교할 때, 극적인 변화를 표현하고 있다. 그는 거듭 자신이 현자가 아니라고 강조한다. 이런 강조가 의미하는 바는 무엇인가? 진리는 탐구의 대상이 될 수 없다는 단정, 또는 그것은 인간 인식 능력의 한계 저편에 있다는 불가지론적인 입장을 천명하는 것인가? 아니면 다른 함의를 내포하고 있는가? 우리는 다음의 사항들을 유념할 필요가 있다. 1) 그는 다른 소위 '현자'들 역시 무지함에도 이를 깨닫지 못하고 있다고 비판하면서, 2) 그 자신 역시 무지하나, 이를 자각하고 있기에 무엇인가를 알고자 탐구하면서, 상대방에게 집요하게 질문을 제기한다는 점이다. 3) 나아가 자신은 이제 진리를 잉태할 수 있는 가임기를 지난 노인에 불과함에 비해, 자신의 젊은 제자들이나 동료 시민들은 진리를 잉태할 수 있는 능력이 있다고 평가하면서, 스스로 산파의 역할을 자임한다.[33] 4) 나아가 아래에서 논하겠지만, 그는 논의를 주변의 특수자들과 구분되는, 그러나 이들에 공통적인 어떤 성질가령 정의, 경건, 용기에 관해, x는 무엇인가라는 형식의 물음으로 선도하면서 경험적인 특수자와는 다른 차원의 존재자가 있음을, 그리고 바로 그것이 앎의 대상임을 시사한다는 점이다.

그의 철학적 활동의 이런 특색은 어떤 의의를 지니고 있는가? 첫째, 무지의 지를 강조함으로써, 그런 자각이 선행되어야 진리나 실재를 탐구할 수 있으며, 그래야 한다는 당위를 역설하려 한 것이다. 검토와 탐구의 삶을 권장하는 이유는 그런 당위성 때문이다. 소크라테스는 이제 진리나 규범이란 시인, 신관, 왕 들과 같은 진리의 주재자들, 또는 특별한 능력을 지닌 자연철학자들 또는 소피스트와 같은 전문가들만이 아니라 일반 시민들에 의해 탐구될 수 있는 것임을, 그러므로 시민들 스스로 찾아야 하는 것임을 깨우치고 있다. 이로써 소크라테스는 탐구로서 학문의 이념을 제안한 것이며, 그 최초의 학문은 윤리학이다.[34]

둘째, 일반 시민들이 진리를 탐구할 수 있는 능력이 있다고 한다면, 삶의 진리와 가치, 규범 들은 소수의 사람들만이 독점할 수 있는 것은 아닐 것이다. 모든 이들이 진리에 관한 전문가가 될 수 있다. 이전에 진리나 규범은 일부의 특수층만이 접근할 수 있는 것이었으며, 이들에 대해 그들은 특권적이고 독점적인 지위를 점하고 있었다. 진리의 전문가나 주재자라는 지위는 소수에게만 허락되는 것이었다. 이제 그 지위는 만인에게 개방되었다. 삶의 다른 영역들, 가령 비극시, 선박 제조, 의술, 전술 등의 기예들에서는 전문가들이 있을 수 있으나, 삶의 가치와 규범들은 모두에게 개방되어 있을 뿐 아니라, 이 분야에서는 오히려 시민들이 소위 '현자'라고 하는 사람들보다 더 나을 수 있다.[35] 나아가 모든 인간들은 각자의 삶을 영위하며 자신의 삶에 관심을 갖는 존재이므로, 이런 가치들은 당위적으로, 아니 필연적으로 추구되어야 하는 것이었다. 그에 대한 탐구를 소홀히 한다는 것은 인간이 되기를, 인간답게 살기를 포기하는 것이다. 그는 인간에게서 진정한 자아 또는 가장 중요한 부분이라 할 수 있는 것은 영혼이며, 인간이 인간이고자 한다면 영혼에 대한 배려를 우선시해야 한다고 강조한다.[36] 소크라테스에 의해 비로소 영혼은 인간의 주축적인 요소가 되었으며, 그가 제안한 학문으로서의 윤리학은 바로 영혼에의 배려를 위한 것이다.

셋째, 그는 '현자'라 불리는 자들을 비판하는 한편으로, 아테네 시민들의 인식적 지위를 재규정한다. 그의 제자나 동료 시민들은 이제 현자가 전해주는 '진리'를 따라 삶을 영위하는 수동적인 추종자에 머무는 것이 아니다. 그들은 자력으로 진리를 탐구할 수 있는 능동적인 인식 주체이며, 나아가 스스로 자신의 행동을 결정할 수 있는 행위 주체이다.[37] 소크라테스 자신이 스승이거나 진리의 주재자이고 시민들이나 그의 제자들은 학생인 것이 아니라, 시민들은 자신과 함께 진리를 추구하는 동격의 동반자이거나 오히려 더 우월한 위치에 있다고, 시민들의 인식론적인 그리고 윤리적인 지위를 격상시킨다.

진리는 모든 시민들이 접근할 수 있는 것이 되었다. 모든 시민들은 진리에의 능력인 이성을 지니고 있다. 진리와 이성의 공유성을 선언한 점에서 소크라테스는 지적인 민주주의자다. 이와 함께, 그는 시인의 기억이나 신의 계시와 같은 특권적인 인식 통로를 부정한다. 진리는 이성에 의해 탐구되고 검토될 수 있는데, 이성이란 인간 모두가 지니고 있는 영혼의 핵심적 능력이다. 그가 인식의 방법으로 기억을 논하기는 하나, 그 기억력이 호메로스와 같은 시인만이 아니라 노예 사동도 갖고 있는 것이라고 예시했음을 우리는 주목할 필요가 있다.[38] 그가 신적인 존재 다이몬daimon의 지시를 받는 경우가 있음을 고백하고 있으나, 그것은 소극적인 금지의 역할만을 수행한다.

논박법: 모순배제율의 논리

소크라테스의 철학적 방법은 두 가지다. 하나는 비판적인 것으로 논박의 방법이며, 다른 하나는 보다 생산적인 것으로 산파술 또는 문답법이다. 그는 논박의 방법을 상당히 빈번하게 사용하고 있는데, 로빈슨R. Robinson의 보고에 따르면, 보다 정형화되고 명백한 논박의 사례만 9개의 대화록에서 39개라는 것이다.[39]

논박의 방법은 한편으로는 소피스트들을 논리적으로 검토하고 그들의 가상적 지혜를 벗겨내어 무지함을 일깨워줌으로써 그들의 지적인 권위를 논파하는 비판적 역할을 한다.[40] 더 일반적으로 일상인들을 무지의 낮잠에서 깨우기도 하며,[41] 지적인 독단을 정화하고 지적인 충동, 호기심, 지에 대한 사랑의 염念을 고취시켜 애지philos-sophia의 길로 들어서게 한다. 전자는 지적이고 논리적인 검증의 방법이라 할 수 있는 반면, 후자는 영혼의 인도술psyagogia이다.[42]

논박은 논리성 또는 모순배제율을 기준으로 하는 지극히 단순한 구조를 지닌 방법으로, 다음과 같은 형식을 갖춘다.[43]

P는 진리이다. P이면, Q가 성립한다. Q이면, R이 뒤따른다. (P, P → Q, Q → R)

S가 진리이다. S이면, T가 성립한다. 그런데 T이면, R의 부정이 뒤따

른다. (S, S → T, T → ~R)

P가 진리라면, R과 R의 부정이 동시에 성립해야 한다. (P → R & ~R)

그러므로 P는 허위이다. (Therefore, ~P)

이런 논박법의 의의는 무엇인가? 첫째, 논리적 추론의 방법은 이전에도 파르메니데스나 제논 등에 의해 사용된 바 있으나, 그 당시 그것은 일반 대중들의 지적 능력에서 나오는 것이라기보다는 일부 현자들만이 구사할 수 있는 특별한 능력이자 방법으로 믿어졌다. 소크라테스의 논박법이 지닌 의의는 이런 논리적 방법을 아테네 시민들과의 대화에서 사용하여 그들을 설득하고, 그들의 동의를 얻었다는 데 있다. 아테네 시민들 스스로가 논리적 법칙을 인지하고 그에 따라 사유할 수 있음을 입증해 보인 것이다. 소크라테스는 논리가 만인의 능력임을 보임으로써 희랍 시민들, 나아가 인류의 정신적 차원을 혁명적으로 격상시켰다. 아마도 이런 사정이 플라톤 등 당시의 희랍 청년들에게 깊은 인상을 주었을 것이다. 모든 시민들이 논박의 방법을 통해 현자들의 진리 주장을 검증하고, 지적인 독단을 비판할 수 있게 된 것이다. 대중들은 현명하고 선도적인 목자의 뒤를 무작정 따르는 양떼가 아니다. 이제 현인의 주장이라도 진리로 수용될 수 있기 위해서는 최소한 논리 법칙의 테스트를 통과해야 하는 부담을 안게 되었다. 논리적 사유의 방법은 파르메니데스에 의해 발견되고 소피스트들에 의해 일반화되었으나, 그것이 모든 이를 위한 진리 발견의 방법으로 승격된 것은 소크라테스에 의해서다.

둘째, 논박법은 모순배제율을 원리로 한다. 모순배제율은 상호 모순되는 두 명제가 동시에 진리일 수 없으며 공존할 수 없다는 원칙에 기반한 사고법인데, 그는 이 원칙이 어느 경우에도 부정할 수 없는 절대적 철칙임을 대화의 과정에서 상대방에게 거듭 확인시키고 있다. 모순배제율의 논리는 이전 시대의 정신 세계를 주재하던 시인들의 논리 또는 소피스트들의 논리와 대조해 보면, 그 의미가 더 분명해진다.

현자들의 시대에도 진리는 있었으나 논리는 없었다. 그들의 말에 대한 정당화 논거는 바로 그들 자신에 의해, 즉 시인, 예언자, 현자에 의해 말해졌다는 사실 자체다. 일반 대중들은 그 사실 이외의 논거를 요구할 수도 없고, 그들의 말을 비판하거나 반박할 수도 없었다. 그들의 말은 절대적으로 옳다고 믿어야 했다. 일반 대중들은 불확실한 미래, 거대한 문제, 보이지 않는 세계에 관한 지혜를 얻어 올 다른 곳이 없기에, 그들의 말을 무조건적으로 수용할 수밖에 없었던 것이다. 그들의 시대에 타당한 논리가 있다면, 그것은 절대성의 논리이다.

호메로스의 시대 이후 희랍 사회는 중요한 변화를 겪게 된다.

시민 군사 계급이 등장하고 도시국가가 형성되면서 사회적 활동에서 중심을 차지하는 말들이 달라진다. 이전에는 주술, 종교적 말, 기억, 예언, 정의의 말이 희랍인들 삶의 주축이었으나, 시민 군사들의 시대에는 전투를 위한 말, 전리품의 분배 기준을 논쟁하는 자들 간의 평등한 말, 그리고 인간의 구체적 활동을 위한 말이 중요해진다.

시인적 진리가 빛을 잃어감에 따라 시민들 다수가 신봉하는 속견doxa이 우위를 점하게 된다.[44] 그런데 속견은 인위적인 것이고, 이는 다수에 의해 수용된다고 해도 그것이 바로 진리나 실재를 반영함을 의미하는 것은 아니다. 그것은 설득의 기술을 동원하여 청자로 하여금 진리로 여기게끔 하는 것이다. 속견이 담고 있는 세계의 모습은 우연적이고, 불안정하며, 가변적이고, 애매하다. 그것은 도망가는 것, 잡기 힘든 것으로, 그것의 진리성은 인간적 삶의 우연한 기회나 계제kairos에 의존한다. 속견은 시인의 진리와는 달리 전적으로 진리alethes인 것이 아니라, 진리일 수도 있고 허위일 수도 있다. 그것의 진리성이 설득되어야 하는 이유는 이런 이중적 성격 때문이다. 속견은 생성 · 소멸하는 것에 접근할 수 있는 유일의 방법이다. 독사doxa의 동사형인 도케인dokein은 "상황에 가장 적합한 것을 행하도록 결정하는 것"을 의미하게 된다.[45] 이 시대의 논리는 애매성의 논리라 할 수 있다.

도시국가의 형성과 함께 언어에 대한 견해도 달라지며, 시민 전체가 투표에 의해 진리나 실재를 창출한다. 이제 대화적 말이 정치적이며 사회적인 관계에서 가장 중요한 도구가 된다. 이런 말의 유효성은 누가 말하느냐가 아니라, 사회적 동의에, 회의체의 참여자들이 승인하거나 부인함에 의해 이루어지는 사회적 동의에 의존한다. 동의 또는 합의 가능성의 조건은 나중에 철학적 대화를 주도하는 이성 개념으로 발전해간다. 중요한 것은 소피스트와 소크라테스의 시대에 이르러 말은 전적으로 세속적인 것이 되며, 주술 · 종교적인 힘과 분리된다는 점이다. 하지만 소피스트에 이르러 세속화는 과도하게 진행되어, 그 결과로 상대주의나 주관주의가 편재적이 된다.

소크라테스는 이를 바로잡으려 한다. 그는 인간이 영혼을 지닌 존재이고, 나아가 영혼의 주된 기능으로서 이성적 탐구 능력을 지니고 있으며, 이를 통해 삶의 가치와 규범을 추구할 수 있음을 알려준다. 그의 논리적 대화나 논박의 과정은 아테네의 시민들이 이성적 비판 능력을 지니고 있음을 깨닫게 하기 위한 것이다. 논박법은 진리를 참칭하는 속견들이 과연 진리인지 허위인지를 가릴 수 있는, 그것의 진리 주장을 논파할 수 있는 객관적이고 절대적인 기준이 있음을 확인시킨다. 소크라테스의 논박법은 소피스트들의 준거인 애매성의 논리를 모순배제율의 논리로 대체시킨다. 소크라테스와 소피스트 간의 결정적 차이는 전자가 진리를 학문적 탐구의 대상으로 설정하고, 나아가 시민들이 탐구의 주체가 될 수 있음을 알려주었다는 점이다.

What-is-x의 물음: 새로운 존재로서의 보편자

소크라테스가 상대방과의 대화에서 논의를 이끄는 특징적인 방식은 물음을 제기하는 것이다. 물음의 전형은 주지하다시피 'x는 무엇인가?What-is-x?'라는 형식이다. 가령 『카르미데스*Charmides*』에서는 절제에 관하여, 『라케스*Laches*』에서는 용기에 관하여 묻고 있으며, 『국가*Republic*』 1권은 정의를 주제로 한다. 그리고 『유티프론*Euthyphron*』에서는 경건에 관한 물음을 중심으로 논의가 전개된다. 평자들은 이 물음을 x에 대한 정의定義, 즉 논의의 주제가 되는 주요 덕목들에 대한 정의에의 요구라고 해석한다. 이런 전통의 해석은 재고되어야 한다.

올바른 해석을 위해서는 우선 희랍에서 덕에 관한 인식이 어떻게 표현되는가를 검토할 필요가 있다. 근현대적 관점에서 인식의 전형은 명제적 인식이다. 가령, '이등변 삼각형'이나 '등각 삼각형'를 안다는 것, 또는 '정의'나 '경건'이나 '용기' 등의 도덕적 덕목을 안다는 것은, 이들 개념에 대해 명제적 정의를 내릴 수 있음을 의미한다. 가령 "등변 삼각형은 두 변이 같은 삼각형이다",

"정의란 올바른 행위를 위한 원리적 덕목이다" 등이 명제적 정의가 된다. 그런데 고대 희랍인들은 우리와는 다른 인식관을 지녔을 가능성이 있다. "S는 경건을 안다S knows piety" 또는 "S는 경건이 무엇인지를 안다S knows what piety is"와 같은 문장은 다음의 두 방식으로 해석될 수 있다.

(가) '경건'이 무엇인지를 정의할 수 있다, 또는 '경건'의 개념을 정의할 수 있다.

(나) '경건'인 바의 것을, '경건'이라 불리는 바의 것을 안다.

전자와 같이 해석될 때, 인식의 내용은 명제적이거나 언어적이다. 이에 비해 후자의 방식으로 해석할 때, 인식의 내용은 존재적인 것이다. 배움의 대상을 명제적인언어적인 것으로 보느냐 또는 존재적인 것으로 보느냐, 즉 배움과 앎의 내용이 경건에 관한 명제냐 또는 경건이라는 상태나 사실 자체이냐에 따라 지와 행의 일치 관계에 대해 다른 입장을 취하게 됨은 물론,[46] 후자로 이해할 때, 중요한 존재론적인 함축을 이끌어낼 수 있게 된다.

(가)와 (나)의 해석 중 어느 것이 보다 적합한 해석인가? 우선 지적할 것은 플라톤 시대에 어휘, 개념, 사물 간의 관계, 특히 개념과 사물 간의 관계가 현대에서와 같이 명확히 이루어져 있었

는지는 회의적이라는 점이다. 헤블록E. Havelock이 주장한 대로,[47] 자연철학자들이 아직도 구술문화적 단계에 머물러 있었다고 한다면, 그런 회의는 자연스럽다. 플라톤은 자연철학자들의 시대에서 그리 멀지 않다. 우리는 그가 글글말보다는 말입말을 높이 평가한 것에 주목할 필요가 있다.[48] 나아가 소크라테스는 『유티프론』 등에서 이 질문과 관련하여 중요한 구분을 하고 있다. 그는 경건함이나 정의란 무엇인가 묻곤 하는데, 그의 상대방이 흔히 제시하는 답들은 경건한 행위들, 정의로운 것들을 예시하는 것이었다. 즉 주변에서 행해지는 경건하거나 정의로운 행위나 사람들과 같은 경험적 특수자들을 예로 들어 그 물음에 답하곤 한다. 이에 대해 그는 비판하길, 자신이 원하는 답은 그런 특수자들이 아니라, 말하자면소크라테스 이후의 어휘로 표현하면 보편자와 같은 것임을 거듭 지적하고 있다. 다음의 구절을 보자.

> 그대가 나에게 말해주기를 내가 원하는 바의 것들은, 경건한 수많은 행동들 중의 한두 사례가 아니라, 우리가 주제로 삼고 있는 것의 형상 그 자체auto to eidos, 그 때문에 경건한 행동들이 경건한 것이 되는 바, 바로 그 형상이네. 그대는 하나의 단일한 형상mia idea 때문에 불경한 행동이 불경한 것이며, 경건한 행동이 경건하다고 말하지 않았는가? 그렇지? 그러므로 나에게 그 형상 자체가 무엇인지를 보여주

기 바라네. 그래서 내가 그것을 지칭하고 그를 표준으로 삼아 그대들의 행동이 그것을 닮아 있으며, 그 행동을 경건하다고 규정할 수 있도록 말일세. 『유티프론』, 6d[49]

위의 구절에서 소크라테스는 보편과 특수를 구분함으로써 중요한 철학사적 기여를 했음은 일반적으로 많이 지적되는 바이다. 이런 지적은 타당하지만, 이에 동반되는 해석은 중요한 오류를 범하고 있는 것으로 보인다. 그 오류는, 위의 물음을 통해서 소크라테스가 알고자 하는 바가 x에 대한 개념적 정의라는 통상적인 해석이다. 이런 해석은 소크라테스 철학의 또다른 중요한 의의를 간과하게 한다.

소크라테스가 what-is-x의 물음을 제기하면서 알고자 하는 것은 경험적인 사례들, 경건한 행동들의 사례가 아니라, 경건한 행동을 경건하게 만드는 형상eidos; idea이다. 우리는 그가 대조시킨 것들의 성격을 분명히 할 필요가 있다. 그 대조항들은 언어적 차원의 두 항, 즉 경험적인 사례를 기술하는 특수자적인 표현과 일반 개념 또는 보편 개념이 아니다. 그가 구분 · 대조하고자 하는 것들은 존재론적인 차원의 두 종류 대상들, 즉 한편으로는 경험적 사례들과 같은 특수자들과 다른 한편으로는 이들에 일정한 속성을 부여하며, 그들을 포섭하는 것으로서 하나의 단일한 모

습을 지닌 보편적 존재자로서의 형상이다.[50]

이런 구분을 통해서 소크라테스는 경험계의 사물들과는 다른 새로운 종류의 존재자가 있어, 그것이 경험적인 것들로 하여금 일정한 성질을 지닐 수 있게 만든다고 제안하고 있다. 그가 관심을 둔 것은 바로 그런 새로운 차원의 존재자이다. 플라톤은 이런 관심을 계승하여 본격적인 논의를 전개하면서 형상들의 존재론 또는 형이상학을 개진한다. 플라톤의 형상은 서구 철학사나 정신사에서 주축을 이루는 다양한 개념들의 원형을, 가령 본질, 실체, 보편자, 보편 법칙, 이론적 대상, 추상체, 철학적 최상급 등의 원형을 이룬다. 플라톤은 보편적인 것들에 존재론적인 지위를 확보해줌으로써 학문적 탐구의 대상을 확고히 하게 된다. 학문적 탐구의 대상은 경험계의 대상과는 다른 차원에 있는 어떤 보편적인 것이며, 학문적 지식은 보편적 내용을 지닌 명제들로 구성된다. 이런 점에서 서양 철학과 학문에서 주축을 이루는 모든 것의 기원은 what-is-x의 물음이라고 평가할 수 있다.

소크라테스의 물음은 학문적 탐구의 대상으로서의 진리에 보다 분명한 존재론적인 지위를 부여할 수 있는 계기를 마련한다.[51] 그것은 경험적, 특수적 사물들과 구분되는 차원에 있는 것이기는 하되, 시인, 예언가 들에게 계시되는 것이 아니라, 모든 사람들의 사유 능력이나 영혼의 능력에 의해 탐구될 수 있다. 그것은 포괄적이고 보편적 특성을 지니는 까닭에, 특수적이며 경험적인 사물들을 지각하는 감각 능력이 아니라 논리적인 사유 능력에 의해 인지된다. 인간의 영혼은 감각과는 다른 특별한 능력을 지니고 있으며, 그것은 감각의 대상들과는 다른 존재자들을 대상으로 한다. 인간의 영혼은 이제 단지 신체와 구분되는 것을 넘어서, 특별한 논리적 능력을 지니고 있기에, 사유 주체나 인식 주체가 될 수 있는 것이고, 그러므로 인간은 특별한 존재인 것이다.

특수 사례와 보편 형상의 구분은 또 다른 함축을 지니는데, 그것은 윤리적 인식의 실천적 힘 또는 지행합일설과 관련된다. 특수자와 보편자가 구분된다면, 윤리적 수행이나 실천을 위해서는 유덕한 사례들을 관찰하고 경험하거나 그를 모방하면서 훈련하는 것만으로는 부족하다. 윤리적인 사람이 되고 윤리적 덕목을 갖추기 위해서는 무엇이 더 필요한가? 소크라테스는 유덕함 또는 윤리적 보편자에 대한 앎을 집요하게 질문 · 탐구함으로써, 그런 앎이 윤리성의 성취에 필수적임을 시시하고 있다. 그런데 여기서 우리가 주의해야 할 것이 있다. 그가 생각하는 윤리적 앎이란 윤리적 덕목에 대한 (위의 (가)에서와 같은) 개념적 정의가 아니라는 점이다. 그것은 ((나)에서와 같은) 일종의 존재적 지식 또는 보편자나 본질에 대한 인식이라 말할 수 있을 터인데, 이는 일종의 기술적 능력과 비슷한 것이다.

개념적 지식이란 의식이나 마음의 상태에 불과한 것임에 비해, 윤리적 상태란 실천, 행동, 삶의 영위 방식과 관련된 것이다. 개념에 대한 명제적 지식을 획득하더라도, 그 명제를 아는 인식 주체와 명제가 기술하는 존재나 사태 간에는 거리가 존재한다. (나)의 존재적 지식이란 바로 그런 거리를 해소시켜줄 수 있는 것이다. 도덕적 덕목에 대한 존재적 지식을 얻었음은 그 덕목에 맞게 행위할 수 있는 능력을 얻게 되었음을 의미한다. 그 지식은 이제 하나의 간명한 문장에 의해 주어지는 것이 아니라, 대화와 논박의 길고 엄정한 과정을 거치면서 형성되는 바, 구체적 상황에서 어떻게 경건하고 정의로울 수 있는지에 관한 올바른 지식을 통해 행동할 수 있는 능력에 있다고 말할 수 있다.

존재적 지식이란 어떤 것인지 더 규명해보기로 하자. 근현대적 관점에서 지식의 종류를 분류하면, 명제적 지식know that, 인지적 지식know something, 그리고 기술적 지식know how의 세 종류가 있다. 우리는 플라톤이 추구하던 덕에 대한 존재적 인식을 명제적 지식이라기보다는 기술적 지식 또는 능력으로 이해할 수 있다. 희랍적 사고에서 '인식'을 의미하는 명사 에피스테메epistēmē의 동사형은 에피스타마이epistamai인데, 이 동사의 한 의미는 '무엇을 할 줄 안다know how'이다. 흔히 '덕德'이라 번역되는 희랍어 어휘인 아레테aretē는 '덕'이라기보다는 일종의 '기능적 탁월성'을 의미하는 개념이다. 그래서 희랍적 사유에서는 인간 고유의 아레테라 할 수 있는 윤리적 덕목을 인식한 상태, 즉 인간이 유덕함을 성취했음은 숙달된 기술을 지닌 장인의 경지에 이른 것에 비유되곤 한다. 플라톤은 여러 곳에서 유덕함을 기술에 빗댄다. 의사, 항해사, 장인 등의 전문가는 의술, 항해술, 제조술 등의 기술을 통해 질병을 치유하여 건강을 회복시켜주거나, 배를 안전하게 목적지로 인도하고, 다양한 도구들을 만들어 생활을 편리하게 한다. 그와 같이 유덕한 자는 도덕적 덕목 또는 인간적 탁월성에 의해 자신의 삶은 물론 타인의 삶을 보다 좋고 행복하게 만들 수 있다. 인간의 아레테는 훌륭한 삶을 위한 탁월한 기술이다.

소크라테스는 선악에 대한 객관적 기준이 존재함을 확언하고 있다.*Apology*, 47a 나아가 전문가의 비유가 시사하듯이, 삶의 실용적 분야에 대해 전문가가 있을 수 있다면, 삶 전체에 대해서는 더욱 더 전문가가 있을 것이라고 확신했다.*Apololgy*, 47b 소수의 지혜로운 자나 인문학자들이 그런 전문가들이다. 소크라테스는 이런 주장을 통해 삶의 길에 대한 탐구 활동을 하나의 학으로서, 즉 윤리학으로 확립하게 되는 것이다. 소크라테스가 탐구적 대화를 통해 윤리학의 이념을 제시했다면, 플라톤은 형상의 이론을 개진하여 그것의 학문적 기초를 다졌다.

4 서구 학문관의 기초적 영향

자연철학자들은 철학자라기보다는 예언자나 현자이다. 이들은 그들 시대에 진리를 독점하는 전문가들이었다. 진리가 만인의 것이 될 수 있다는 혁신적 사고는 소크라테스에 의해 비로소 가능해졌다. 그 이전에 소피스트들은 진리의 신성성을 비판하기는 했으나, 이들에게는 객관적 진리의 개념과 학문적 대상의 개념이 없었다. 소크라테스는 진리의 세계를 아테네 모든 시민들에게 개방했으며, 지혜에 대한 사랑이란 바로 이런 진리를 탐구하는 것임을 선언함으로써, 학문으로서의 철학을 정초했다. 나아가 그는 경험적 특수 사례들과 이들을 포섭하는 것으로서의 보편적인 것을 구분함으로써 학문적 대상의 성격을 명확히 했다. 사가들은 통상 서양 철학사를 자연철학자들에서부터 시작하지만, 엄격히 말해서 철학적 사유는 소크라테스에서 비롯한다.

이제 남은 작업은 소크라테스, 더 넓게는 희랍적 학문관의 전제 또는 배경을 살펴봐야 할 것이나, 여기서는 간략히 소묘하는 것으로 그친다. 고대 희랍에서 진리 개념의 형성에는 실재가 배후에 있다, 은폐되어 있다는 희랍의 인식적 비관주의가 어느 정도 영향을 주었을 것이다. 서구적 이성을 발달시키고, 모두가 합의 · 수용할 수 있는 객관적 차원으로서 에이나이einai의 지평을 전개하게 한 것은 아고라에서의 경쟁적 토론 문화이다. 진정 객관적인 진리는 감각 경험이 알려주는 것이라기보다는 이성적 탐구를 통해서 인식되는 것이다. 이성적 사유의 대상은 마음속에 있다기보다는 경험계와는 다른 세계에 존재한다. 우리의 이성적 추론은 새로운 존재계를 개시한다. 언어, 사유, 이성에 의해 드러나는 비감각적 존재자들에 존재론적인 지위를 부여하고, 이들의 특징을 부여하려는 노력은 추상적인 것, 보편적인 것, 정신적인 것의 개념을 형성하게 했다. 희랍어의 음성문자적 특색이나 술어적 구문, 그리고 정관사는 가령, 아름다운 것들ta kala과 아름다움 자체to kalon의 구분을 용이하게 하여 추상적인 존재의 개념을 형성케 하는 데 기여했을 것이다.[52]

학문관이란 한 문화에서 가장 기초적이고 주축적인 것이기에, 단지 인식이나 진리에 대한 견해에 그치는 것이 아니라, 문화 전반의 다양한 국면에 폭넓은 영향을 끼치며 다양한 입장을 형성하게 한다. 대략 정리해보면, 이는 반영적 인식관, 토대주의적 인식론, 심신 분리의 경향, 정신주의 윤리학, 의미론의 발달, 감각과 이성 간의 관계에 대한 문제, 인식과 사유 주체의 개념 형성, 정신과 신체의 구분, 나아가 문학과 미학관 등에 이르기까지 다양한 분야에 기초적인 파급 효과를 낳았다. 그리고 이런 효과는 동아시아의 사유와 비교해볼 때 더욱 분명하게 드러날 수 있다. 동아시아적 사유는 실천적 인식관, 총체주의적 사유, 심신 일체론, 예禮의 윤리학, 의미론의 부재, 유비적 사유, 근인애近人愛의 윤리 등 차별적 특징을 지닌다. 양자 간의 비교는 앞으로의 과제다.

4

존재
플라톤의 형상과 철학적 최상급

1 최상급에의 여정

진리와 함께, 서양 철학사와 정신사를 주재하고 인도한 것은 다양한 종류의 철학적 최상급들이다. 서구의 철학자들은 철학의 과제가 바로 최상급을 발견하거나 실현하는 것이라고 믿었으며, 이런 점에서 서양 철학사, 나아가 정신사는 최상급을 추구한 역사이다. 형용사에는 비교급과 최상급이 있다. 서구 사상가들은 비교급적 표현은 물론 최상급적 표현에 상응하는 이념, 나아가 최상급적 표현을 술어로 하는 존재자가 있다고 상정했다. 비교급적 존재자는 우리가 일상에서 접하는 경험적 세계의 구성원들임에 비해, 최상급적 존재자는 철학적 탐구나 윤리적 노력을 통해서 발견하거나 접근할 수 있는 철학적 사실들이라고 믿었다.

철학적 최상급은 비트겐슈타인이 어휘의 의미 이해와 관련하여 언급한 개념이기는 하나,[1] 그는 무엇이 '최상급적 사실' 또는 '철학적 최상급'이며, 왜 '최상급'이라는 표현을 사용하는지에 대해 아무런 설명을 제공하지 않았다. 주석가들 역시 이 개념에 별로 주목하지 않으며, 더구나 이 개념의 철학사적 의의는 전혀 논의하지 않고 있다.[2] 하지만 이는 서양 철학사에 등장하는 존재론, 인식론, 윤리학 등의 여러 분야에서 주축적인 역할을 수행했던 중심 개념들의 구조를 이해하기 위한 개념 틀이 될 수 있다.

철학적 최상급의 원형을 우리는 형상 또는 이데아에 대한 플라톤의 기술에서 발견할 수 있다. 그에 의해 제시된 형상의 이념은 후대의 주요 철학자들에 의해 계승되어 중세의 신학자들, 근대의 정치철학자들, 데카르트와 칸트, 현대에서는 논리적 원자론, 나아가 신학, 정치이론, 예술과 역사의 전개에서 핵심적인 역할을 한다. 이 장에서는 플라톤, 데카르트, 칸트 등 서양의 주요 철학자들이 그들의 이론 체계 안에서 중심 개념으로 제안했던 사유들이 일종의 철학적 최상급들임을 살펴보기로 한다. 나아가 이들 개념의 논리를 분석함으로써 이를 중심으로 한 주요 서구적 사유 범주가 지닌 문제점을 지적할 것이다.

2 철학적 이상향

의미 이해와 최상급

최상급의 개념은 서양에서 주요 철학자들의 사유를 이끌어온 가장 기초적인 사유 범주였다. 서양 여러 철학자들 간의 차이는 그들이 어떤 방식으로 그리고 어떤 종류의 철학적 최상급들을 추구하고 상정해왔는가에서 갈린다. 이들이 상정한 철학적 최상급에는 어떤 것이 있는지 그들의 저술에서 찾아보기로 한다.

먼저 비트겐슈타인의 말을 들어보자. 그는 이 개념을 등식이나 어휘의 의미 이해와 관련하여 언급하고 있다.

> (가) 다음과 같이 말할 수 있다: …… '그것은 마치 한 어휘의 총체적 사용법을 순간에 파악하는 것과 같다.'……

(나) 당신은 이런 최상급적 사실을 위한 모델을 가지고 있지 않다.[3] 그러나 당신은 이런 최상-표현을 사용하도록 유혹을 받는다.(그것은 철학적 최상급이라고 불릴 수 있다.)[4]

위의 구절에서 비트겐슈타인은 어휘의 의미에 대한 전통적 믿음을 염두에 두고 있다. 우리는 한 어휘의 의미를 이해하면, 그 어휘의 모든 사용법을 알 수 있으리라고 기대한다. 한 어휘의 의미란 그 어휘의 사용례들과 구분되는 것이다. 후자는 경험적으로 숙지되는 것임에 비해 전자는 지적으로 인식 · 이해되는 것으로 믿어진다. 어휘의 의미란 어휘의 사용 규칙과 같은 것이며, 따라서 의미를 이해하거나 인식하면 그 의미를 지닌 어휘를 무한한 사례에서 언제나 정확하고 완벽하게 적용 · 사용할 수 있다고 여기는 것이다.

철학자들뿐 아니라 일반인들도 한 어휘의 사용례를 경험하여 기억함과 그것의 의미를 이해하고 인식함을 구분해왔다.[5] 사용례들을 접하고 기억하는 것은 그 사용례의 수가 아무리 많아도, 그것의 의미를 인식 · 이해하는 것에 미치지 못한다. 전자는 그 어휘 사용의 유한 사례를 아는 것에 불과함에 비해, 후자는 모든 상황에서 그 어휘의 사용 방식을 아는 것, 그래서 앞으로 이루어질 그 어휘의 무한한 사용법을 미리 아는 것이다. 한 어휘의 의미를 인식한다면, 앞으로 전개되는 무한하고 다양한 상황에서 그 어휘를 별 장애 없이 정확하게 적용할 수 있을 것임을, 즉 무한한 사례에서의 사용법을 알아야 한다는 것이 전통적인 의미관의 가정이었다.

한 어휘 사용의 유한 사례를 경험함과 그 어휘의 의미를 인식함 간의 차이는 유한과 무한, 또는 비교급과 최상급 간의 차이와 같다. 한 어휘의 몇몇 적용 사례들을 아는 것이 비교급적이라 할 수 있다면, 이와 대조적으로 어휘의 의미를 인식함은 최상급적이다. 정의적 의미나 의미체는 최상급적 인식의 대상으로 상정되는 것이며, 이런 이유에서 이들은 최상급적 존재라는 것이다.

플라톤의 형상과 최상급의 원형

서양 철학사에서 우리는 좀더 분명한 모습의 최상급을 발견할 수 있다. 비트겐슈타인이 염두에 두었던 바는 의미론적 최상급이라 할 수 있는데, 서양의 주축적 철학자들은 존재론, 인식론, 윤리학의 분야에서도 최상급적 존재자들을 상정 또는 제안하곤 했다. 이들 후자는 모두 의미론적 최상급에 근거하고 있다. 우선 존재론적 최상급의 예로 플라톤의 형상idea을 지적할 수 있다. 실로 플라톤의 형상 개념은 존재론적 최상급이자 동시에 의미론적 최상급이며, 서양 철학사에 등장한 모든 철학적 최상급의 원형

이다.[6]

플라톤은 여러 곳에서 술어 규정의 기준, 비교적 평가의 준거, 모든 속성의 전형으로서 자체적인 것, 즉 형상 또는 이데아가 존재한다고 논한다. 『파이돈*Phaedon*』에 나오는 다음 문장들을 보자.

> (가) 같음은 항상 같게 보임에 반해서, 우리 주위의 같은 것들은 어떤 사람에게는 같게 보이나, 다른 사람에게는 같게 보이지 않는다. 이런 점에서 같음과 같은 것들은 다르다.[7]
>
> (나) 우리는 실제로 주변의 같은 사물들을 보면서 그들이 같음 자체에는 미치지 못한다고 생각한다.[8]
>
> (다) 그러므로 우리는 '같은' 사물들이 같음에 이르기를 지향하나 그에 미치지 못한다고 평가하기 전에, 같음 자체를 인식했었음이 틀림없다.[9]

위의 구절들은 영혼이 불멸함을 상기설想起說에 의해 논증하는 과정에서 나온다. 이 구절들에서 플라톤은 주변의 같은 두 사물과 이들이 함께 지니고 있는 속성인 같음 자체를 구분한다. 둘의 차이는 후자는 "항상 같게 보임"에 반해서, 전자는 "어떤 사람에게는 같게 보이나, 다른 사람에게는 같게 보이지 않는다"는 것이다. 이런 점에서 우리는 "같은 사물들은 같음 자체에는 미치지 못한다"라고 평가한다. 같음 자체는 완전하게 같다고 할 수 있음에 반해[10], 주위 같은 것으로 보이는 사물들이 지닌 같음의 속성은 불완전하다. 다시 말하면, 주변의 같은 두 사물이 지니고 있는 같음의 속성은 비교급적임에 비해, 같음 자체가 지니고 있는 같음의 속성은 최상급적인 것, 완벽한 같음, 같음의 완전한 전형이다.[11] 여기서 최상급은 경험적인 사물들이 지닌 속성들을 비교하고 평가하기 위한 준거의 역할을 한다. 최상급적인 것에 대한 상념이 있기에 "미치지 못한다"고 평가할 수 있으니, 이 상념은 비교와 평가적 발언의 기준 역할을 한다.

플라톤의 형상은 경험적 사물들이 지니고 있는 속성들을 완전한 형태로 지니고 있는 속성의 전형, 일종의 미터원기와 비슷한 존재라는 점에서 존재론적 최상급이다. 이런 최상급적 존재는 독립적이어야 한다. 그것은 다른 무엇에 의존하거나 그의 일부로 존재하지 않고 스스로 존재하는 자체적인auto kath' auto 존재라는 점에서 진정한 실체이다. 이런 특성으로 하여, 형상은 서양 철학사만이 아니라 서양 정신사에서 지향점으로 삼았던 모든 종류의 최상급적 존재자, 가령 절대자, 이상, 궁극 목적, 완전선의 원형이다. 그것은 최상위 단계의 인식 대상이 되는 인식론적 최상급으로 학문적 인식의 대상이다. 이런 생각은 『국가』의 선분의 비유에서, 『파이돈』 등의 정관적 인식의 개념에서 표현되어 있다.

형상은 동시에 윤리적 최상급이다. 가령, 정의의 형상, 절제의 형상, 용기의 형상 등 다양한 윤리적 덕목의 형상들은 모든 윤리적 행위의 지향점이자, 윤리적 판단의 준거가 된다. 플라톤은 좋음의 형상이 실로 모든 존재와 인식의 근거가 된다고 선언하며 존재계의 최상위에 그것의 자리를 마련한다. 형상은 미적 최상급이기도 하다. 『향연』이나 『파이돈』에서는 아름다움의 형상이 모든 아름다운 것을 아름답게 하는 바의 것이라 규정하고 있다.

형상은 의미론적 최상급이기도 하다. 위 인용문의 논리를 따르면, 다음과 같은 흥미 있는 추론이 가능하다. 플라톤에 따르면, 같음의 형상은 같음의 속성을 완벽하게 지니고 있기에, '같음의 형상은 진정으로 같다', '아름다움의 형상은 완전하게 아름답다'고 서술할 수 있다. 이에 비해, 경험적 사물에 관한 서술문은 제약적이다. 가령 '우리 주변의 같은 사물들은 완벽하게 같다고는 할 수 없다.' 전자의 자기 서술 문장은 참으로 진리인 문장, 즉 의미론적으로 완전히 충족되어 있는 문장이나, 후자의 일반 서술문은 불완전하게 진리라는 것, 즉 불완전 문장이다. 말하자면, 형상은 의미론적 최상급이라고 할 수 있다. 우리는 대화를 하거나 사실기술을 하면서 주위의 경험적인 사물만이 아니라, 그 이상의 어떤 존재를 사념하고서 또는 마음의 눈으로 주시하면서 대화하고 서술한다는 것이다. 그 대상이 명료히 인식되어 있을 때 우리는 전자와 같은 완전 문장을 서술할 수 있을 것이나, 그렇지 않을 때 후자의 문장을 완전한 진리로 착각한다는 것이다. 형상은 대화와 술어적 진술의 근거이다. 최상급의 이념은 후대에 계승되어 인식과 학문, 실천과 윤리 분야의 서구 정신사에서 핵심적 역할을 하게 된다.

데카르트의 인식론적 최상급

어떤 위상을 지닌 존재자를 대상으로 하느냐에 따라 인식의 종류가 달라질 것이다. 인식에서도 최상급적 인식과 비교급적 인식이 있을 수 있다. 존재론적 최상급을 앎의 대상으로 하는 인식은 최상급적 인식이다. 인식론적 최상급은 데카르트가 방법적 회의를 전개하는 데 원리로서 작동한 개념이다. 그는 인식의 토대, 즉 모든 지식의 기초가 되는 아르키메데스Archimedes의 지점으로서 절대 확실한 명제를 확보하고자 한다. 인식론적 최상급은 우리가 이제까지 지식이라고 여겨왔던 모든 의사擬似 지식들을 제거하기 위한 기준의 역할을 하며, 그러하기에 그의 방법적 회의를 정당화하는 개념이다.

(가) 학문에서 언젠가 확고부동한 것을 세우려 할진대, …… 아주 처음부터 토대를 쌓기 시작해야 한다. …… 전적으로 확실하고 의심할

수 없는 것……[12]

(나) '나는 생각한다, 그러므로 나는 있다'라는 이 진리는 아주 확고하고 확실하여, 회의론자들이 제아무리 터무니없는 상정들을 모두 합치더라도 이것을 흔들어놓을 수 없음을 주목하고서, 나는 주저없이 이것을 내가 찾고 있던 철학의 제1 원리로 받아들일 수 있다고 판단하였다.[13]

절대 확실한 명제만이 모든 지식 체계의 토대 역할을 하며, 그것은 마치 지구를 들어 올릴 수 있는 아르키메데스의 지렛대 지점과 같은 것이다.[14] 그는 그런 명제로서 '나는 생각한다. 고로 존재한다Cogito, ergo sum'를 제시한다. 이는 절대 확실하여 의심의 여지가 조금도 없는 것, 데카르트 자신이 추구한 절대 지식의 기준을 충족하는 명제라는 것이다. 감각적 지식이나 자연과학적 지식은 실질적으로 오류의 가능성을 내포하고 있다. 심지어 수학적, 기하학적 지식도 실질적으로는 아니라 해도 논리적으로 허위일 가능성이 있다. 이런 허위의 가능성 때문에 이들 지식은 비교급적 확실성만을 지닌다는 것이 데카르트의 평가다. 이와 달리 '코기토cogito'는 절대 확실한 것, 절대 오류의 가능성이 없는 것으로서 100퍼센트 확실한 인식론적 최상급이다. 학문의 목표는 지식이나 진리의 탐구에 그치는 반면, 제1 학문으로서 철학은 절대 확실한 최상급적 지식을 발견하여 모든 지식 체계를 위한 기초를 마련하는 것이다. 인식론적 최상급에 대한 염원은 데카르트가 방법적 회의를 시작하게 된 계기이고, 그 회의의 마지막 단계에서 발견한 코기토는 바로 그런 최상급적 존재였다.

칸트의 윤리적 최상급

인식적 활동은 인식론적 최상급에 대한 지향에 의해 추동된다. 윤리적 실천은 다른 종류의 최상급, 즉 윤리적 최상급을 발견하여 실현하고자 하는 의지를 동력으로 한다. 모든 윤리적 의지와 실천의 정점에는 윤리적 최상급이 있다는 것이 많은 서구 윤리학자들의 믿음이었다. 아마도 칸트는 서양 철학사에서 후대에 이르기까지 가장 영향력이 큰 윤리 이론가 중 하나일 것이다. 그는 여러 종류의 최상급적 가치를 설정한다.

> (가) 세계 안에서뿐만 아니라 세계 밖에서도 일반적으로 어느 곳에서나 무제한적으로 선으로 간주될 수 있는 것은 오직 선의지를 제외하고는 아무것도 없다.[15]
>
> (나) 이성이 독자적으로, 그리고 모든 현상과 관계없이 무엇이 일어나야 할 것인가를 명령한다. …… 세계가 지금까지 단 하나의 실례를 보인 적이 없었던 것과 같은 행위에 관해서는 모든 것을 경험에

의거시키는 사람이면, 그런 행위의 실행성을 의심할 것이겠지만, 그럼에도 그러한 행위는 이성에 의해서 가차 없이 명령되고 있다는 것이다. 이를테면 성실한 친구란 이제껏 한 사람도 있었던 예가 없었다 하더라도, 우정에서의 순수한 신의라는 것은 모든 사람으로부터 액면 그대로 요구될 수 있다.[16]

인용문 (가)는 『도덕철학 원론』 1장의 첫 문장이다. 칸트는 선의지에 대한 이런 규정을 통해 선의지야말로 윤리적 가치의 근원, 실로 유일한 근원임을 선언하고 있다. 선의지가 현실적으로는 존재하지 않더라도 선의지에 대한 이념은 모든 윤리적 행위의 기초라는 것이다. 이런 생각은 인용문 (나)에서 더 구체적으로 표현된다. 완전한 우정이란 현실적으로 찾기 어려울 수 있다. 그러나 그 이념은 이성의 사실로서 우리의 행위에 영향을 끼친다는 것, 실로 그런 이념은 우정 관계에서 우리에게 최상급적 행위를 하도록 '가차 없이 명령하면서' 우리 행위의 방향을 주재한다는 것이다. 최상급적 우정을 실천하느냐는 단지 우리의 의지 강약의 문제이기에 경험적인 것으로, 순수 이념의 유효성과는 상관이 없다는 주장이다. 칸트에 따르면, 순수하며 완전한 우정의 이념은 의미 있는 것으로 존재하며, 우리의 우정 관계에 심중한 영향을 끼친다. 아니 칸트는 윤리학의 토대나 윤리적 실천의 기초는 이런 선험적 이념에서 구해야 한다고 주장한다. 우리는 윤리학의 토대를 필요로 하기에, 순수 이념은 당위적으로 존재해야 한다고, 그는 그런 이념이 이성의 사실이라고 논하고 있다. 그의 윤리적 저서는 순수 이념을 토대로 윤리학을, 실로 윤리 형이상학을 정초하려는 시도이다.[17]

우리는 이런 이념의 존재를, 나아가 그 이념이 우리의 행위를 제약한다는 데 동의할 수 있다. 그러나 이념이 존재한다는 사실과 이념이 과연 선험적이며 합리적인지는 별개의 문제다. 윤리적 최상급은 위에서 언급한 의미나 본질의 이념과 연관되어 있다. 순수하고 완전한 우정은 '우정'이라는 가치의 본질을 구성하며, 그런 본질은 '우정'이라는 어휘의 의미 기반으로 요청되는 것으로 보인다. 다른 예를 들면, 우리는 '용기'라는 어휘의 의미 근거로서 용기의 본질, 견인불발堅忍不拔의 용기, 어떤 위험에도 물러서지 않는 완전하고 단단한 용기, 100퍼센트 용기의 전형을 상정할 수 있는 것으로 보인다. 설혹 완벽한 용기를 가진 사람을 이 세상에서 만날 수 없다 해도, 그런 용기의 본질은 '용기'라는 어휘의 의미 기반으로 존재해야 할 것으로 믿어진다. 본질은 용기 그 자체, 어떤 위험에도 물러서지 않는 완전하고 확고부동한 용기의 전형이다. 그러므로 윤리적 최상급의 타당성 문제는, 윤리적 덕목의 본질이나 술어의 의미가 사용례와 별개로 존재하는가의 문제이기도 하다. 그러나 과연 어휘들의 의미는 그런 본질, 우정 자체, 용기 자체를 필요로 하는가? 이는 의미론적 문제인데, 곧 논의하도록 하겠다.

플라톤, 데카르트, 칸트의 사례에서 존재론적, 인식론적, 윤리적 최상급을 각각 살펴보았다. 이 밖에도 우리는 언어철학적 최상급으로서 이상 언어, 절대미, 순수미 등 다양한 최상급적 이념을 서양 철학사나 정신사에서 접할 수 있다. 가령 논리실증주의자들의 이상 언어ideal language는 일상 언어의 애매모호함이 철저히 제거된 언어이다.[18] 그러나 이상 언어는, 아래에서 논할 바이지만, 다른 모든 최상급과 같은 논리적 문제점을 안고 있다.

3 철학적 최상급의 논리

비교급의 논리

플라톤, 데카르트, 칸트, 나아가 현대 철학자들이 상정한 최상급은 종류가 다르고 문맥에서도 차이가 있으나, 그 논리는 일반화할 수 있다. 그것은 일상적 논리, 즉 비교급이 가능하면 최상급도 가능하다는 지극히 단순하고 일견 자명하게 보이는 논리이다. 95퍼센트 순도의 금이 있으면 100퍼센트 순도의 황금이 있을 수 있다. 불확실한 믿음이 있는 이유는 확실성의 기준이 있기 때문이며, 적어도 이념적으로는 그런 기준을 충족하는 인식이 있을 수 있다. 70, 80퍼센트 행복한 사회나 정의로운 사회가 있고 80, 85퍼센트 완전한 우정이 있다면, 현실적으로는 아니어도 논리적으로 100퍼센트 완전히 행복하고 정의로운 에덴동산이나 이상국이, 금강석처럼 단단한 우정이 있을 수 있다는 믿음은 지극히 자연스러운 듯하다.

최상급적 존재는 논리적 가능성에 그치는 것이 아니라, 당위적으로나 논리적으로 요청되는 것으로 보인다. 95, 97퍼센트의 비교가 가능한 것은 최상급적 존재가 비교를 위한 기준으로, 일종의 미터원기와 같은 원형으로 존재하기 때문이라는 것이 위에서 언급한 철학자들의 추론이다. 이 지상의 모든 비교급적 존재자들은 최상급적 존재자가 있기에 서로 비교될 수 있다. 우리가 주위의 사물이 지닌 성질을 95, 97퍼센트라 평가 · 규정할 수 있는 것은 100퍼센트의 최상급적인 존재나 상태를 준거로 하기에 가능하다. 이 세상의 1미터인 것들, 가령 키가 1미터인 나무, 키가 1미터인 아동, 높이가 1미터인 책상 등은 정확히 말하면, 완벽하게 1미터는 아니다. 완벽한 1미터라 할 수 있는 것은 이런 측정치들의 최종 표준인 미터원기뿐이다. 이런 이유에서 미터원기는 1미터의 전형이며, 이 세상의 모든 1미터인 것들은 미터원기에 기대어 '1미터이다'라는 술어 규정을 받고, 1미터라는 양적 속성을 구비하게 된다고 믿는다. 우리는 서로 간의 행복이나 여러 사회의 정의의 상태를 비교하고 평가하는데, 이는 적어도 완전한 행복이나 정의의 상태를 사념하며 희망하기에 가능한 일이라 추론한다. 그러므로 최상급은 비교급의 의미 근거이자 존재 근거라는 것이다.

인간 의식의 이상적 목표

윤리적 활동이나 인식적 활동은 지향적이다. 우리는 지향적 활동의 최종 목표나 이상으로서 최상급적 존재를 상정할 수 있다. 칸트가 지적하듯이 이념에 상응하는 존재자가 현실 세계에 없다고 하더라도, 이념이 우리를 인도하고 이끌기에, 우리의 윤리적 활동이 지향적인 경향을 띤다는 것이다. 우리의 실천적 의식이 지향적이라는 사실은 최상급적 이념이 존재함을 증거한다. 윤리적 실천을 가능하게 하는 윤리적 최상급들, 가령 정의 그 자체, 절대선, 선의지, 궁극 목적, 니르바나, 이상국, 완전한 자유 등의 이념은 우리의 실천적 활동, 실로 인간 삶과 역사의 추동력을 제공해왔다.

데카르트의 방법적 회의는 절대 확실성의 이념이 있었기에 전개될 수 있었다. 비단 데카르트의 경우만이 아니라, 모든 철학자들의 진리 탐구 활동, 실로 학문적 활동이 수천 년 동안 지속될 수 있었던 것은 진리라는 인식적 최상급의 이념이 우리를 인도했기 때문이다. 이런 지향성은 에로스, 예술적 창조에의 열망, 지적 호기심 등 다양한 모습으로 나타난다. 진리나 절대 확실한 것이 과연 있는지, 없는지와는 상관없이 그 이념 자체는 의미 있으며, 그 이념이 의미 있기에 학적이거나 철학적 활동 역시 정당화 될 수 있다고 믿어진다.

서구 정신사에서 2,500년 넘게 진리 탐구의 노력이 경주되어 왔다. 그럼에도 만인이 합의할 수 있는 보편타당한 진리를 누구도 발견하지 못했다. 동아시아에는 진리 개념이 없거나 이차적이다. 이런 사실들은 진리의 존재는 물론 인식적 최상급의 이념 자체가 문제 있는 것은 아닌지 회의하게 한다. 최상급적 가치는 인류에게 화해, 조화, 평화보다는 갈등, 대립을 야기하고, 어느 경우에는 순결주의, 완벽주의, 극단주의, 극한적이고 과격한 사고를 정당화하여, 가혹한 종교재판이나 피의 숙청을 위한 빌미를 제공하고, 심지어 전쟁의 도화선이 되기도 했다. 이런 사실들은 최상급을 지향하는 서구적 사고방식에 문제가 있을 수 있음을 시사한다.

속성의 전형

최상급적인 것의 존재에 대한 서구 철학의 믿음은 일상적인 언어활동을 하면서 우리가 전제하는 믿음의 지지를 받는 것으로 보인다. 우리는 통상 명사나 형용사 사용의 준거 역할을 하는 표준적 빨강색, 빨강의 본질, 빨강의 전형을 상정한다. 이런 표준, 본질, 전형 등이 있기에, 아니 적어도 그런 것의 존재를 상정하거나 사념하고서 '빨강'이라는 어휘를 사용한다는 것이 통상적인 믿음이다. 그것은 '빨강'이라는 어휘를 사용하기 위한 규칙과 같은 것이다. 소크라테스가 보편자를, 플라톤이 형상을 상정한 것은 우리의 일상적 사유 경향을 통찰한 결과다.[19] 이런 믿음이 [이름-대상] 모델의 전통적 언어관을, 적어도 기초적 어휘들은 대상의 이름이라는, 그런 고로 어휘는 대상을 지칭함으로써 의미를 지닌다는 언어관을 형성하게 했다. 이는 비트겐슈타인의 그림 이론이나 논리적 원자론의 토대가 되는 입장이다.[20] [이름-대상] 모델의 언어관은 존재적 차원에서는 전형적 속성이나 속성 자체 또는 논리적 원자 등을 상정하게 한다.

[이름-대상] 모델의 언어관을 수용하는 경우, 명사나 형용사들의 의미 근거가 되는 것은 일정한 속성가령 빨강인데, 이 속성과 이 어휘들의 적용 대상가령 빨간 사과 간의 관계는 어떻게 규정되는가? 빨강이라는 속성과 빨간 사과, 아름다움의 속성과 아름다운 미인 간의 관계는 어떻게 되는가? 빨간 사과가 지닌 빨강색은, 플라톤이 지적한 대로, 빨강의 전형에 미치지 못한다. 빨간 사과는 빨간 색을 지니고 있기는 하나, 약간의 연두색이나 노란색이 섞여 있는 것이기에, 완전한 빨강이라기보다는 비교적 빨간 것, 불완전한 빨강이라고 말할 수 있다. 우리가 주위에서 보는 아름다운 미녀들, 가령 세계 미인 대회의 우승자들의 경우 역시 아름

답기는 하나, 이상적 미인 또는 완전한 미인이라고 말하기는 어려울 것이다. 어느 한 해의 우승자가 완전한 미인이었다면, 매년 미인 대회가 열릴 필요는 없을 것이다. 그녀들은 다른 평범한 여자들에 비해서는 비교적 아름답다고 할 수 있을 것이나, 피부가 다소 거칠다거나 코가 약간 높다거나 하는 등의 결점을 지니고 있는 불완전 미인일 것이다.

어떤 형용사에 의해 기술되는 우리 주변의 대상들은 그 형용사가 기술하거나 지칭하는 속성을 가령 80~90퍼센트만을 지닌 불완전한 것임에 비해, 그 어휘가 지칭하는 속성 그 자체는 그 속성을 100퍼센트 지니리라는 것이 통상의 믿음이다. 용기 있는 어떤 용사를용기 있다'는 술어를 받는 사람 완벽한 용기의 화신이라 추켜세우기 주저될 것이나, 용기의 본질이 있다면, 그것은 100퍼센트의 용맹함을 구현하고 있는 것, 용기의 기준을 제시하는 것이라고 해야 할 것이다. 모든 어휘들은 아니어도 적어도 언어의 기초가 되는 토대적 또는 원초적 어휘들이 지칭하는 대상이나 속성은그 어휘의 의미를 전형적으로 구현하고 있는 것 100퍼센트 속성 그 자체일 것이라고 생각된다. 이렇게 보면 주변 대상들이 지니고 있는 속성과 속성의 본질 또는 속성의 전형 간의 관계는 불완전과 완전, 비교급과 최상급의 관계로, 의존적 존재와 원형적 또는 전형적 존재의 관계로 규정할 수 있다.

의미에 관한 믿음

속성의 이념과 긴밀하게 연관되어 있는 것이 의미에 관한 믿음이다. 우리는 의미에 대한 완전한 인식과 불완전한 인식을 구분할 수 있다. 명사나 형용사는 그 어휘들의 의미를 올바로 인식할 때, 정확하게 사용될 수 있다. 이 의미는 어휘 사용을 위한 일종의 규칙으로 작용한다. 그래서 어휘의 의미를 인식함은 그 어휘의 적용 사례 몇몇을 아는 것과는 차원적으로 구분된다고 믿어진다. 어휘의 의미를 인식함은 어떤 경우에라도 그 어휘를 정확하고 완전하게 사용할 수 있게 한다. 한 어휘가 적용될 수 있는 외연이 아무리 넓어도, 그 어휘의 의미를 확실하게 이해하면, 그 어휘를 그 외연에 의해 포섭되는 모든 개별자들에 정확하게 적용할 수 있을 것으로 기대된다. 한 어휘의 의미를 인식함은 그 보편자가 예화된 무한한 사례들을 인식할 수 있게 하며, 그 어휘를 그 무한 사례들에 적용할 수 있게 한다. 이에 반해, 한 어휘가 적용되는 구체적 특수 사례들은 아무리 많이 경험하더라도, 유한수의 사례들에 대한 인식이기에, 무한한 사례에 적용하는 일을 지원하지 않는다.

비교급과 최상급 간의 차이는 시간성과 영원성의 차이와 비슷하다. 수천수만 년을 산다 해도 언젠가는 죽을 것이기에 영원한 삶과는 질적인 차이가 있다. 한 어휘의 의미를 안다는 것은 그 어휘를 사용할 수 있는 일반적이고 보편적인 규칙을 아는 것이므로, 그 의미를 인식함으로써 우리는 그 어휘를 언제든지 정확하게 구체적인 사례에 적용할 수 있다는 것이다.

어휘에 관한 의미의 인식과 사용례의 경험 간의 차이는 질적 차이다. 한 어휘의 의미를 인식함은 최상급적인 것에 대한 인식이라 할 수 있으며, 그 의미는 최상급적인 존재라 할 수 있다. 이에 비해 어휘 적용의 사례를 경험함은 비교급적,.개연적 인식에 머무른다. 감각적 경험은 비교급적인 것들을 앎의 대상으로 함과는 달리, 이성적 사유는 그와는 질적으로 차원이 다른 존재로서 최상급적 존재를 인식할 수 있다고 생각한다.

4 최상급적 사유의 문제점들

최상급의 이념과 논리는 어떤 문제를 안고 있는가? 우선 다음을 명확히 하자. 우리의 주장은 그런 이념에 상응하는 존재자가 없다는 것 이전에, 그런 이념 자체가 논리적으로 문제가 있거나, 문제가 없는 경우라도 그 이념은 논리적으로 비교급적 개념에 선행하기보다는 의존적이라는 것이다. 비교급적 판단이나 평가가 최상급적 이념이 있어 가능한 것이 아니라, 역으로 후자의 이념 자체가 전자에 의존하여 형성될 가능성이 있다.

보편 규칙 상정의 역설

우선 비트겐슈타인이 시사하는 것으로 여겨지는 두 가지 비판을 검토하기로 하자. 이미 언급한 바와 같이, 그는 철학적 최상급을 언급하기는 했으나 이를 본격적으로 논의하지 않았던 만큼, 이 개념에 대한 비판 역시 명시적으로 제시하지 않았다. 그러나 그는 자신의 후기 저서 여러 곳에서 서구의 전통적 사유에 대해 다양한 반론, 반문, 사유 실험, 비판 등을 여러 방식으로 개진하고 있다. 이들은 최상급을 포함한 서양의 주요 사유 범주들을 논박하기 위한 것으로 이해되며, 이들 중 최상급과 직접 관련되는 것으로 해석될 수 있는 것은 미터원기에 대한 논의[21]와 규칙 준수의 역설[22]이다. 이들은 각각, 위에서 언급한 의미 규칙론이나 전형적 속성론과 관련이 있다.

우리는 구체적이고 특수적인 행위가령 윤리적 규범이나 법적 규칙의 준수를 할 때, 통상 어떤 보편적 규칙이나 의미를 염두에 두고 그와 같은 행위를 수행한다고, 그러므로 그런 보편적 규칙이나 의미가 존재한다고 상정한다. 그런데 비트겐슈타인의 논리에 따르면, 이런 가정은 논리적 역설을 일으킨다. 이것이 규칙 준수의 역설이다. 비트겐슈타인이 개진한 논변의 핵심은 다음이다. 구체적 사례나 행위들의 계열이 보편적 규칙 R에 따른다고, 그를 준거하여 수행된다고 해보자. 그러면 역설적이게도 그 계열은 R에 부합할 수도 부합하지 않을 수도 있다. 구체적으로 다음과 같은 수의 계열을 생각해보자.

Γ=[1, 2, 3, 4, 5, ……].

이러한 수의 계열을 제시한 후 5 다음에 오는 수를 말하라 하면, 사람들 대부분은 6을 제시할 것이다. 사람들은 이 수의 계열이 일정한 보편 법칙에 의해 주재되는 것이라고, 즉 그 보편 법칙의 예화라고 간주한다. 그래서 위 감마Γ 수의 계열을 주재하는 법칙은 다음과 같은 함수 R1이라고 생각한다: 'R1=정수의 계열을 따라 정수 1을 더해가라.' 즉 감마의 계열을 전개한 사람은 규칙 R1에 대한 사념의 인도에 따라 그리될 것이라 추론한다.

R1: 1, 2, 3, 4, 5, 6, 7, 8, ……

그러나 좀더 생각해보면 감마는 R1만이 아니라, 다른 여러 규칙들, 가령 R2, R3, 또는 R4에 의해 주재되는 수의 계열일 수도 있다.

R2: 1, 2, 3, 4, 5, 5, 4, 3, 2, 1, 1, 2, 3, 4, 5, ……

R3: 1, 2, 3, 4, 5, 2, 4, 6, 8, 10, 3, 6, 9, 12, 15, ……

R4: 1, 2, 3, 4, 5, 2, 3, 4, 5, 6, 3, 4, 5, 6, 7, ……

감마는 규칙 R1의 예화임은 물론, R2나 R3, 또는 R4의 예화일 수 있다. 이런 식으로 생각해보면, 감마는 무수히 많은 규칙들의 예화일 수 있다. 이 같은 가능성은 일련의 유한 수의 사례들을 일정하게 묶을 수 있는 보편 법칙이란 원리적으로 없거나 확정할 수 없음을 함의한다. 무수히 많은 규칙의 예화일 수 있는 것은 그 어느 한 규칙의 예화도 아니다. 그 어떤 유한 수의 사례도 수많은 규칙의 예화일 수 있는 만큼, 그것은 일정한 하나의 보편 규칙의 예화가 아니다. 그러므로 감마는 R1에 부합하는 것일 수도, 부합하지 않는 것일 수도 있다. 이를 일반화하면, 감마는 일정한 보편 규칙에 부합하는 것일 수도, 그와 어긋나는 것일 수도 있다.

우리가 일련의 구체적이고 특수적인 활동, 가령 윤리적 실천이나 어휘의 사용 등과 같은 활동을 할 때, 우리는 이 활동이 어떤 보편 규칙을 사념하고서, 이들의 인도를 받아 그런 행위를 수행한다고 믿는다. 윤리적 실천의 경우는 신약의 산상수훈이나 칸트의 정언명령과 같은 보편적 윤리 규범을 염두에 두고서 윤리적 행위를 실행하며, 어휘 사용의 경우는 그 어휘의 의미를 규칙으로 삼아서 어휘를 사용한다고 믿는다. 그런데 이런 믿음은 잘못된 통념이다. 일련의 구체적이고 특수적인 행위를 하면서 그를 어떤 일정한 규칙의 예화라, '규칙 준수적' 행위라 생각하는 것은 훈련, 습관 등 사회적 실천praxis의 결과라는 것이 비트겐슈

타인의 설명이다.[23]

규칙적으로 행위를 하거나 어휘를 사용하면서 우리가 준거하는 것이 전혀 없는가? 우리는 아마도 비트겐슈타인의 설명을 다소 보완해야 할는지 모른다. 우리의 '규칙 준수적 행위'에서 사념하는 바가 전혀 없다고는 할 수 없을 것이나, 그래도 그것은 보편적인 어떤 것, 철학적 사실이나 철학적 최상급, 즉 그를 인식하게 되면 무한 사례에 적용이 가능해지는 그런 것이 아니다. 그것은 과거의 사례들에 대한 기억, 현재 수행할 행위나 발화의 상황과 가족 유사적 관계에 있는 과거 사례들에 대한 기억, 또는 그 기억을 기초로 하여 형성된 어떤 관념일 것이다. 윤리적 행위의 실천은, 칸트의 주장과는 달리, 어떤 보편적 행위 규범이나 가치의 인도를 받아 이루어지는 것이 아니다. 같은 논리로, 명사나 형용사 등의 일반적 어휘를 사용하거나 문장을 구성하면서, 그것이 선재하는 보편적 의미나 문법을 준거로 한다고 생각하는데, 이 경우 역시 사념된 것은 그런 것과는 전혀 다른 것이리라. 그것은 아마도 가족 유사적 관계에 있는 과거 사례들의 패턴이나 이에 대한 기억뿐일 수 있다. 좀더 자세히 말하면, 아마도 동일한 술어에 의해 기술되는 사례들 간의 어떤 공통적 유사성이나 전체적 패턴이 그런 준거의 역할을 했다는 것이 비트겐슈타인의 입장이다.[24]

환원주의와 측정 단위

서구 철학의 주류적 방법은 분석과 환원이다. 경험계의 물상들을 분석하여 궁극적 실체, 단순자, 원자, 아르케 등을 발견하려는 것이 서구 존재론의 전형적 방법론이다. 분석은 논리적, 물리적, 의미론적, 현상학적, 인식론적, 개념적 등으로 다양하게 이루어질 수 있으며, 그 방식에 따라 다채로운 존재론적 단순자나 원자가 제안되곤 한다. 그 어느 경우건, 이들 분석의 방법은 근본적으로 우리가 경험하는 세계란 현상계이거나 이차적인 세계에 불과한 것으로, 이들의 저편에 궁극적 존재 근거가 있다는 환원주의적 입장을 공유한다. 근거가 되는 것들은 일차적이고 원초적이며 기초적인 존재자들인 반면, 우리가 일상의 삶에서 접하는 경험적 존재자들은 이차적이거나 현상적인 존재자들이라는 것이다. 환원-분석적 사고법의 대표적인 결과가 현대 물리학의 원자론이나 생물학의 유전자 환원주의다.

환원주의적 사고법에 대해 우리는 우선 논리적인 문제점을 지적할 수 있다. 우리는 길이를 지닌 것들, 가령 100미터 길이의 것들은 100단위의 1미터들에 의해 구성되어 있다고 생각한다. 이 세상에 양적 크기를 지닌 무수히 많은 것들은 일정한 단위로 환원될 수 있다고, 그 단위들에 의해 구성되어 있다고 생각한다. 그런데 길이를 지닌 것들과 측정 단위 간의 관계, 가령 1미터 길이를 지닌 것들'길이가 1미터다'라고 기술되는 것들과 미터원기 간의 관계를 생각해보자. 위에서 지적한 바와 같이, 통상적 믿음은 주위의 1미터인 것들이 '1미터다'라는 술어로 규정되는 이유는 그것들이 궁극적으로는 미터원기에 의해 인증되었기 때문이라는 것이다. 주위 경험적인 것들이 '1미터'라는 규정성을 갖게 된 것이나 '1미터'라는 술어가 의미를 지니는 것은 미터원기가 있기 때문이며, 그런 점에서 미터원기는 1미터인 것들의 존재 근거이고, '1미터'의 의미 근거라고 추론하곤 한다. 이를 존재론적으로 표현하면, 일정한 측정량을 지닌 것들은 측정 단위들로 환원될 수 있다는 것이다. 그리하여 원자들은 이 경험계의 물질들을 양화하고, 이들의 양적 크기를 재는 측정 단위 역할을 한다고 할 수 있다.

이런 논리는 재고될 필요가 있다. 주변 대상들의 길이는 미터법으로도, 척관법으로도, 야드법으로도 측정될 수 있다. 길이 측정을 위해 미터와는 다른 측정 단위를 채택하기로 사회적 합의가 이루어진다면, 미터원기는 존재하지 않을 것이다. 미터법이나 미터원기는 1미터의 길이를 지닌 주변의 대상들, 그리고 이들을 측정하기 위한 사회적 합의의 방식 때문에, 그 합의의 결과로 존재하는 것이다. 측정되는 것들이나 이들의 양적 모습이 측정 단위인 미터원기 때문에 존재하는 것이 아니라, 역으로 후자가 전자들 때문에, 전자를 미터법에 의해 측정하고자 했기에 등장한 것이다. 무엇을 '1미터'라 부르는 것은 무엇을 명명하는 것이 아니라 특정한 방식의 언어놀이를 위한 준비에 불과하다.[25]

같은 논리로, 우리는 통상 비교급적 규정과 비교급적 술어 문장의 의미가 최상급에 의존한다고 여긴다. 그러나 실제로는 그 반대일 수 있다. 우리는 비교급적 사태들을 경험적으로 접할 수 있기에, 비교급적 술어의 의미를 구체적으로 이해할 수 있다. 그러나 최상급적 사태는 경험적으로 접할 수 없으므로, 최상급적 술어의 의미 내용은 비교급적 사태로부터 유추하여 또는 추상하여, 간접적으로 이해할 수 있을 뿐이다. 최상급의 이념은 비교급적 사태에 대한 인식을 기초로 하여 비교급적 이념으로부터 유추하여 형성된 것이며, 그런 고로 최상급적 이념에 대한 이해는 비교급에 의존하는 이차적인 것이다.

인식의 논리

근대로 이행하면서 철학자들의 관심은 고대, 중세 시대의 형이상적 존재나 절대 신에서 인간의 인식 능력과 그 한계에 대한 반성으로 이동한다. 철학자들의 관심은 고대, 중세에서와는 달리, 궁극적 존재, 절대자 등의 존재론적 최상급이 아니라, 인식론적 최상급을 모색하는 것이 된다. 데카르트가 행한 방법적 회의의 목표는 그런 인식론적 이상, 즉 절대 확실성, 무류의 지식, 모든 지식 체계를 떠받칠 수 있는 학적 토대를 찾는 것이었다. 그러나 이런 최상급 역시 존재론적 최상급과 유사한 논리적 문제점을 안고 있다.

'절대적 확실성'이나 '무류의 지식'이라는 것이 과연 존재할 수 있는가? 더 이전에 그런 개념이 논리적으로 유의미한 개념이며, 우리 지적 활동의 준거로서 유효한 것인가? 데카르트의 기준에 따르면, 절대 확실한 지식은 오류일 수 있는 현실적 가능성은 물론 논리적 가능성조차 없어야 한다. 그는 주장하길, 우리가 천재적 악마의 존재를 생각할 수 있으므로, 수학, 기하학도 허위일 수 있는 논리적 가능성이 있다는 것이다. 따라서 그는 논하기를, 수학적, 기하학적 지식까지를 포함한 모든 지식들이 허위일 수 있다는 전면적 회의를 품을 수 있다는 것이다.[26]

총체적 허위나 전면적 회의가 가능한가? 전면적 회의가 불가능함은 이미 데이빗슨이 해석의 원리를 원용하여 논한 바 있다.[27] 그의 논변의 핵심은, 모든 것이 허위라면, 그것들이 무엇에 관해 허위인지조차 알 수 없다는 것이다. 우리는 전면적 회의의 가능성 이전에 데카르트의 목표 자체, 즉 그가 확보하려 한 절대적 확실성의 개념 자체에 문제가 있음을 지적할 수 있다. 오류로 드러날 논리적 가능성조차 없는 그런 지식이, 소위 '절대적으로 확실한 지식'이 존재할 수 있을까? 아니 그런 개념이 논리적으로 의미를 지닐 수 있는가?

절대 확실한 지식이 가능하다고 해보자. 그러면 절대 지식은 데카르트 자신의 정의에 따라 오류의 가능성이 전혀 없을 것이므로, 그런 지식을 획득한 자, 즉 절대 인식의 지평에 있는 자에게는 오류의 개념조차 의식되지 않을 것이다. 그렇다면 절대적 '진리'나 '지식'은 진리나 지식으로서 인지조차 되지 않는다. 진리나 지식 개념은 허위 개념과 상관 관계에서 의미를 지니고 의식되는 것이기 때문이다. 더 근원적으로 '진리'나 '지식'으로 인식되지 않는 지식이란 '절대 확실하다'라고 의식되지도 않는다. 무엇을 '확실한 것'으로 의식한다 함은 그것이 오류일 수 있는 가능성을 염려한다는 것, 적어도 그것이 논리적으로 오류일 수 있는 가능성을 생각할 수 있다는 것을 함의하는데, 그런 지식은 데카르트의 정의에 따르면, 절대 확실한 지식이라고 할 수 없다.

오류의 개념이 없다면 인식의 개념도 무의미하다. 인식의 개념은 오류의 가능성이 있기에 형성되는 것이다. 회의의 대상이 되는 것은 오히려 데카르트가 추구했던 절대 확실성의 상태나 절대 무류적 인식 상태의 존재 여부일 수 있다. 그런 상태는 과연 의미 있는 인식의 상태일 수 있을까? '코기토'의 명제는, 역설적이지만, 데카르트가 회의하는 사유 주체로 머무는 한에서만, 즉 절대 확실한 지식이 아닌 한에서만 확실한 명제일 수 있다.

이상의 논의는 절대 확실성의 개념이 논리적으로 문제가 있는 개념임을 알려준다. 오류의 가능성이 전혀 없는 것은 진리가 아니며, 인식이란 일상적 속견의 세계를 떠나서 존재하는 것이 아니라 그에 의존하여, 그것과 연속적 관계에서 존재한다. 이 같은 결론은 인식의 논리에 이미 함축되어 있는 것이었다. 인식이란 항상 인식자의 인식이고, 인식자는 어떤 관점에 서 있는 자이기에, 인식이란 항상 일정한 관점에서의 인식이다. 그런 고로 인식은 인식자 의존적이고, 이런 한에서 모든 인식이 어떤 유한성이나 오류 가능성을 내포하고 있음은 불가피하다.

가능성의 논리: 의미와 진리

플라톤의 형상론에 따르면 윤리적 덕목의 형상이 존재한다. 정의 자체, 용기 자체, 아름다움 자체 등이 존재하며, 이들은 말하자면 윤리적 최상급으로서 윤리적 실천의 지향점이고 윤리적 평가의 기준 역할을 한다. 플라톤의 형상론은 윤리적으로는 일종의 의무론이다. 아리스토텔레스는 스승의 이론을 비판하면서 목적론적 존재론을 제안했지만 윤리적 최상급의 이념은 수용한다. 그에 따르면 우리의 삶은 목적론적 행위의 계열로서, 이 계열의 종점에 삶의 궁극 목적이 존재한다. 궁극의 목적으로서 그는 행복 또는 잘 삶eudaimonia을 제안한다. 궁극 목적이 존재하기에 우리의 삶은 완성될 수 있다. 기독교 지배의 중세에서도 인간의 삶과 행동을 최종적으로 주재하고 인도하며 평가하는 것은 윤리적 최상급이었다. 그러나 이들은 고대에서와는 달리 종교적 신성성의 광휘를 발하는 것이었다. 그것은 절대적 존재인 신의 명령이었다. 모세의 십계나 예수의 산상수훈 등은 우리 인간에게 단언적이고 무조건적으로 우리의 행위를 지령한다.

근대에 들어서 형이상학의 성채는 와해되고, 기독교의 종교적 권위는 더 이상 힘을 발휘하지 못하게 된다. 이런 변화와 함께, 절대적이며 궁극적인 가치나 목표, 원리와 같은 것은 이제 더는 존재할 수 없는 것으로 여겨진다. 이들 최상급적 존재에 대한 불신은 형이상학과 종교의 위기에 그치는 것이 아니라, 인간 삶의 위기 또는 인간 존재의 위기로 여겨진다. 절대 축을 더 이상 갖지 못하는 인간은 부유하는 현상의 일부에 불과할 것이기 때문이다. 최상급적인 것은 철학적 활동의 존재 이유에 그치는 것이 아니라, 인간의 삶을 존엄하게 하고 인간의 삶과 행동, 인간 전체를 비교급적 세계에서 차원을 이동하여 신의 영토에 입국하게 할 수 있는 비자visa와 같은 것이었다. 인간의 삶은 최상급적 존재와 관여하므로 차별적인 것이며, 철학은 바로 그런 대상을 탐구 대상으로 하기에 존재 이유가 있는 것, 나아가 다른 학문과는 다른 위상을 누릴 수 있는 것이었다.

윤리적 최상급의 이념은 보존되어야 한다. 문제는 이를 위한 후견인을 어디에서 찾느냐는 것이다. 형이상학적 이론이나 기독교의 절대 신은 더 이상 비판적 이성의 도전을 감내할 수 없다. 이런 딜레마 상황에서 칸트는 철학과 인간을 구하는 프로메테우스적 과업을 떠안는다. 그의 해법은 선험성의 차원을 도입하는 것이다. 윤리적 최상급, 인간을 현상계의 다른 미물들과 차별적이게 할 윤리적 최상급은 형이상학적 성채를 구축하거나 절대자의 성전을 참배함으로써가 아니라, 인간의 선험적 실천이성에서 구할 수 있다는 것이다. 이런 논리에 따라 그는 정의와 같은 윤리적 가치의 이데아, 삶의 궁극 목적, 모세의 율법 또는 산상수훈의 절대 명령을, 다양한 '인간적' 개념들로, 즉 선의지, 인격성, 정언명령, 목적의 왕국 등의 개념으로 대체한다. 이들은 근대적 형태의 윤리적 최상급들이다. 정언명령은 모세적 율법의 다른 이름이며, 플라톤이 제시한 윤리적 덕목의 형상들, 가령 정의의 형상, 용기의 형상 등이 근대적 의상을 입고 다시 등장한 것이다.

키르케고르는 절대적 정언명령의 지엄성은 물론, 선의지, 인격의 왕국 등 칸트의 윤리적 최상급들을 비판한다. 이들은 인간의 현실적이고 구체적인 삶으로부터 너무 멀리 있기에, 인간의 위의를 더하기보다는 오히려 구체적이고 현실적인 인간들을 소외시켜 실존적 절망으로 이끈다는 것이다.[28] 우리는 키르케고르가 지적한 것보다 더 근원적인 문제점을 지적할 수 있다. 칸트가 제시한 최상급들은 공허한 이상에 불과하다. 왜 그런가? 논리적으로 현실화될 수 없는 것, 단지 이념으로만 존재하는 이상이란 실질적으로는 물론 논리적으로도 무의미한 이상이다. 그것은 우리 인간과는 전혀 무관한 것일 수 있기 때문이다. 인간의 윤리적 삶에서 의미 있는 이념이나 가치는 우리가 현실의 삶에서 실현할 수 있는 것이어야 한다. 그것이 단지 사념될 수 있다는 사실만으로는 의미를 지니지 못한다. 그와 같은 사념은 어휘의 주술이 빚어낸 환영일 수 있기 때문이다.

칸트 역시 이런 점을 감안하여 당위는 가능성을 함의한다고 첨언하기는 했다.[29] 그러나 그가 수용한 가능성은 논리적 가능성이다. 그는 완전한 우정의 사례가 현실적으로 전혀 발견되지 않더라도, 그런 이념은 선험적 이성에서 발견할 수 있으며, 논리적으로 가능한 우정이기에, 의미가 있다고 주장한다.[30] 완전성의 이념이 현실화되느냐는 오로지 경험적이고 우연적인 문제다. 윤리의 기반은 이런 우연성에 의존할 수 없기에 논리적 가능성만 있으면 된다는 것이 그의 논리다.[31]

윤리적 가치가 진정으로 실질적인 것이기 위해서는 그 가능성은 논리적인 것을 넘어서 현실적이어야 한다. 현실적 가능성이란 대부분 실현될 수 있는 그런 가능성이다. 오직 소수만이 행할 수 있고 다수에게 이상으로만 존재하는 가능성이란, 실질적으로는 우연이나 상황에 기대어서만 현실화될 수 있는 행운과 같은 것이며, 그런 것은 '가능성'이라기보다는 '우연성'이라 부르는 것이 논리적으로 올바르다. 사람들 대부분에게 우연적으로만 현실화될 수 있는 그런 것이 인간에게 당위적인 윤리적 가치일 수 있다면, 윤리의 세계는 운과 우연의 세계, 신의 은혜나 기적에 의해서만 가능한 세계일 것이기 때문이다.

이제 어떤 윤리적 술어가령 F: 'x와 y는 우정 관계에 있다'와 이를 술어로 하는 문장가령 '오성과 한음은 우정 관계에 있다'의 의미와 이것의 진리치 간의 관계를 생각해보자. 칸트의 주장대로, 완전한 우정이란 경험적으로 전혀 발견할 수 없다고 하더라도 그런 우정의 이념은 의미 있는 것, 논리적으로나 당위적으로 가능한 것이며, 우리의 현실적 우정 관계를 인도하는 것이라고 해보자. 달리 말하면, 현실세계에서 우정 관계에 있는 그 어느 두 사람도 엄격히 말해서 완전한 우정을 맺지 못하고 있으며, 금강석과 같이 영원하고 단단한 우정을 맺는 것이 현실적으로는 아예 불가능하다고 해보자. 이를 언어적으로 표현하면, F를 술어로 하는 모든 경험적 문장들이 허위이거나 오직 불완전하게만 진리일 터인데, 그렇다고 하더라도 그들 문장은 의미를 지닐 수 있다는 것이다.

이런 사태가 논리적으로 가능하려면, 논리적 문장 Fab'a와 b는 우정 관계에 있다'의 유의미성 기준과 진리 검증 기준이 달라야 한다. 이것이 전통 존재론이나 진리론의 논리였으며, 비트겐슈타인은 이런 입장을 그의 전기 저서에서 명료히 정리했다. 그에 따르면, 한 문장이 의미를 갖느냐의 기준은 세계를 구성하는 논리적 원자들의 내적 또는 논리적 형식에 의존하는 만큼 논리적으로 결정될 수 있음에 비해, 그 문장이 진리일지 허위일지는 세계 내 사실을 반영하느냐에 따라 결정되므로 우연적이다.[32] 전자는 세계와의 접촉 이전에 사전에 확인할 수 있으나, 후자는 세계를 경험해봐야 한다. 의미 기준은 그 문장을 구성하는 원자적 언어 요소, 또는 그에 대응하는 존재론적 원자들의 논리적 형식임에 비해, 진위 판정의 기준은 세계 내의 사실과의 부합 여부다.

이렇게 진리 기준과 의미 기준을 구분하기 위해서는 언어 밖에 객관적으로 존재하는 세계, 언어와 독립적으로 자신의 모습을 구비하고 있는 대상과 사실들의 세계가 존재해야 한다. 이는 진리 대응론Correspondence Theory of Truth이 지니고 있는 여러 논리적 문제들에 봉착하게 한다. 가장 기본적인 문제로 우리가 언어 밖으로 나갈 수 있어야 하는데, 그것이 가능한지도 의문시되지만, 설혹 언어의 밖으로 나갈 수 있다고 해도, 우리는 언어의 밖에서 본 대상이나 사실을 언어적으로, 즉 타인은 물론 자신이 객관적으로 인지할 수 있는 방식에 따라 기술할 수 없으며, 그런 대상이나 사실의 정체성이나 모습을 객관적으로 확인할 방도도 없다. 그러므로 언어 밖에 있으면서 객관적으로 존재하는 세계라는 개념은 실질적으로는 공허하다.

이상의 논의는 윤리적 술어를 지닌 문장이나 그 술어의 의미가 그 문장들의 진리성에 의존하며, 그것도 그런 문장들이 대부분 진리여야 함을 시사한다.[33] 이것이 데이빗슨이 논한 바, 의미는 진리에 의존한다는 주장,[34] 그리고 어휘나 문장의 의미는 그 사용use이라는 비트겐슈타인의 의미 사용론이 함의하는 바다.[35] 사용론의 함의는 술어 F의 의미가 이 술어의 실제 사용례들, 즉 이 술어가 실제 사용된 문장들의 진리성에 의존한다는 것이다.

의미론적, 존재론적, 인식론적, 윤리적 최상급이 지닌 문제점들을 감안할 때, 최상급의 개념은 주요 철학적 사유 범주의 지위를 유지하기 어렵다. 이들 개념을 철학적 사유에서 완전히 퇴출시키는 것은 어렵다 하더라도, 이들이 철학적 담론을 주도해서는 안 되며, 이와 함께 이제까지와는 전혀 다른 철학적 담론의 패러다임을 모색해야 하리라 생각된다.

5 비교급적 사유의 패러다임

이제까지 철학은 자신의 특권적 지위를, 진리를 발견하는 작업, 진리들 중의 진리라 할 철학적 사실이나 철학적 최상급을 탐색하는 과업에서 찾았다. 이런 이유에서 철학의 여러 분야 가운데 존재론과 형이상학이 주축적인 위치를 차지해왔으나, 이상의 논의는 다양한 종류의 철학적 최상급들이 논리적으로 부조리함을 보여준다. 이들 최상급적 존재자들은 철학자들이 멀고 막막한 사막에서 인간의 정신이 가야 할 길을 열어가는 과정에서 피로에 지쳐 보게 된 신기루에 불과함을 알려준다.

우리가 사는 세계는 최상급의 바벨탑이 해체되고 오직 비교급만이 존재하는 평평하거나 연속적인 공간이다. 이런 시대에 극적 비상을 하여 최상급적 존재자에 도달하려는 철학자의 날갯짓은 이카로스Icaros의 비상과 같이 추락할 수밖에 없는 무모한 도전이거나, 아예 신기루를 향해 달려가는 헛수고일 수 있다. 그렇다고 한다면, 혹자가 선언하듯이, 형이상학이나 윤리학의 종언과 함께 모든 철학적 사유의 종언 역시 수용할 수밖에 없는가, 평평한 시대, 비교급적 시대에 철학은 퇴출을 감수해야 하는가?

최상급이란 언어의 주술에 걸린 철학자들의 정신이 본 신기루라 진단한다면, 그와 함께 인간 정신에 대한 우리의 생각도 수정되어야 한다. 인간의 정신이란 처음부터 세계를 일의적 모습으로 파악할 수 있는 태생적 인식 능력도, 선험적 범주를 갖추고 능동적으로 세계를 구성하는 인식적 건축가도 아니며, 명경지수明鏡止水와 같이 세계를 반영하는 거울도 아닐 것이다. 인간 종種이 진화의 소산임을 수용한다면, 인간의 정신 역시 진화적 과정을 거쳐 점진적으로 형성되어온 것이다. 철학의 역할이란 이 과정에서 인간 정신의 기본 틀을 구성하는 주요 사유 범주, 사유 틀, 총체적 시각, 지향해야 할 가치 등을 개념적으로 정리 · 고안 · 제안함으로써 정신 형성을 선도하는 일이다. 순자荀子가 말한 바, 성명成名 또는 제명자制名者의 역할,[36] 삶을 위한 개념을 창출하며 개념도를 그리는 일, 이것이 비교급적 세계에서 철학이 할 일로 생각된다. 인간 정신은 새로운 개념과 가치의 등장에 의해 정리되면서 풍요해지고 깊어지며 방향성을 갖게 되는 것이다. 개념이나 가치들이란 인문학자들, 특히 철학, 사상가 등의 제명자에 의해 창출된다. 그것도 거시적이고, 지향적이며, 개념적인 어휘들은 철학, 종교, 사상에 의해 만들어진다. 새로운 개념과 어휘는 돌발적으로 튀어나오는 것이 아니라, 언어의 연기적 흐름을 조망하는 자에 의해 제명制名되고 주조된다. 인간은 자신의 길을 헤쳐가기 위한 개념도나 항해도 등을 필요로 하며, 이 지도는 수시로 수정 · 보완되어야 할 것이다. 가치, 범주, 개념 등은 이런 개념도나 항해도에서 주요 표지가 될 것이다.

우리가 사는 현실의 비교급적 세계는 넘어서야 할 가상이 아니라 우리의 실재다. 이런 세계관은 다양한 가치들에 개방적이고 관용적인 태도를 취하게 한다. 관용적 태도는 윤리적으로 요구되는 것이 아니라, 우리의 언어와 사고의 논리가 요청하는 것이다. 우리의 마음은 의사소통의 과정에서 형성되며, 의사소통은 위에서 지적한 바와 같이 이해와 해석적 태도를 요청한다. 이와 관련하여 동아시아에서는 인간의 마음을 교육이나 수양의 과정을 통해 지속적으로 형성되는 것으로 보았다는 사실을 유념해야 한다. 최상급의 개념이 발달하지 않았으며, 유추적 사고법, 일종의 비교급적 사고가 중시되었다는 사실, 나아가 유가의 이理는 분석적 · 환원주의적 · 비판적인 서구의 이성 개념과는 달리, 종합적 · 패턴 인지적 · 총체주의적 · 수용적 함의를 내포하고 있다는 사실에 주목할 필요가 있다. 의미와 가치의 형성에서는 모든 것들 간의 상관 관계나 관계망이 중요해지기에, 서구 전통의 비판적 이성보다는 수용적이고 공존적 이성을, 분석적이기보다는 융합적인 이성 개념을 모색해야 한다. 우리는 동아시아적 관점을 도입하여 이성을 타자와의 공존 관계, 말들의 결, 즉 공존하는 말들 간의 관계요 문법으로서의 결로 재정의할 수 있다.

5

윤리

희랍의 영혼관과 서구의 윤리적 사유

1 생사관과 윤리학의 관계

우리에게 중요한 것은 삶이지 죽음은 아니다. 우리 인간 삶에서 중요한 것은 어떻게 살아야 하는가의 문제이다. 그러나 인간은 시간을 의식하며 살아가고 자신의 미래 모습을 미루어 생각하기 마련이다. 인간은 시간의 긴 과정을 거치면서 형성되는 존재이며 시간 의식을 지닌 존재로서, 미래나 죽음을 예기할 수 있다. 따라서 이러한 예견은 삶에 대한 태도에 심중한 영향을 끼친다.

삶을 모르는데 죽음을 어떻게 알 수 있겠는가? 역으로 죽음에 관한, 또는 삶의 종식에 대한 태도 정립 없이 어떻게 훌륭한 삶을 살 수 있겠는가? 우리가 죽음에 대해 관심을 갖는 이유는 바로 삶에 대한 올바른 태도를 취하기 위해서다. 자신의 몸이 노쇠해가고 타인들의 신체가 소멸해가는 것을 수없이 목격하고 있음에도, 삶 이후 인간의 운명에 관해 문제의식을 갖지 않는다는 것은 삶에 대한 직무유기일 테고, 그를 논하지 않으면서 삶의 길을 운위한다면 공허한 일일 터다. 우리 삶의 신체적 기반이 수십 년 지나면 쇠락해감이 분명함에도 그런 종말론적 사실에는 눈을 감고서 윤리나 삶의 가치를 논한다는 것은 삶에 대한 전망이 없는 것이다. 가치란 삶 전체에 대한 전망에서 오는 것이며, 그런 전망은 삶의 밖에서만 가능하다.

그러나 죽음이란 예기의 대상조차 되지 않는 것이기에 우리의 진정한 미래라 할 수 없는 것은 아닐까? 그것은 시간의 종식이라는 점에서 논리적으로 시간의 일부인 미래적 사태이거나 시간의 연장선에서 일어나는 어떤 일이 아니라, 우리가 운위할 수 없는 어떤 현상이거나 사건 등이지 않을까? 그래서 그를 논하는 것은 오히려 비윤리적이거나 윤리 외적인 일이므로, 오히려 죽음의 문제를 제외시킬 때 윤리적 가치와 규범과 삶에 대한 담론이 건전하고 합리적일 수 있는 것이 아닐까? 윤리란 삶의 테두리 안에서, 사회적 담론의 장 안에서 이루어져야 하는 것은 아닐까?

현대인들은 윤리를 논하면서 죽음의 문제를 운위하는 경우가 매우 드물다. 죽음에 관해 알 수 없다고 해도 인간적 삶의 길은 논의할 수 있으며, 삶의 가치와 규범이 정립될 수 있다고 믿는다. 현대인들의 윤리관이 죽음에 대한 어떤 견해를 전제하는 것으로 보이지는 않는다. 혹자는 안락사, 호스피스 제도, 사형 제도, 낙태 등에 관한 논의는 죽음에 대한 논의라고 주장할지 모르나, 이들 문제는 죽음의 문제라기보다는 고통의 문제, 생명의 문제 등 우리가 이미 상당히 많은 것을 알고 있는 사태에 관한 것이기에 논의할 수 있는 것이다. 이들 소위 '죽음의 문제'는 삶의 저편이 아니라 이편에 대한 지극한 관심에서 제기된 것들이다.

죽음의 강을 건너면 되돌아올 수 없다. 죽은 자는 되돌아오지 않고, 그렇다고 죽음의 저편에서 사후의 세계에 관한 통신문을 보내오는 바도 없다. 이런 점을 감안하면, 죽음과 윤리에 대한 현대인들의 태도는 논리적으로 일관된 것일 수 있다. 윤리는 철저히 현세적인 것이어야 할지도 모른다.

그 어느 경우건 죽음에 대한 견해는 윤리적 사유법이나 삶의 문제의 성격을 규정한다. 서구 윤리학의 주요 특색은 고대 희랍인의 생사관과 긴밀한 관계에 있다. 이 장에서는 희랍인의 생사관 자체보다는 그것이 서구의 윤리적 사유 형성에 어떤 영향을 끼쳤는가를 살피려고 한다. 우리의 관심사는 윤리학, 특히 서구의 윤리적 사유다. 서구 윤리학에 기초를 제공한 것이 여럿 있으나, 가장 영향력을 끼친 것은 죽음에 대한 태도 또는 사후에 맞게 되는 영혼의 운명에 대한 믿음이다.

고대 희랍 시대는 상당히 길뿐더러, 서구 정신 형성에서 초기 단계에 속하는 시간이기에 그 과정은 매우 역동적이고 다양한 변화를 거치며 전개되었다. 근대가 300~400년 정도라 한다면, 고대 희랍의 시기는 호메로스 시대부터 헬레니즘기까지만 해도 700~800년이며, 호메로스의 문헌은 오랫동안 형성되어 전승된 믿음을 담고 있는 만큼, 그 시작은 더욱더 멀리 거슬러 올라갈 수 있다. 시기 규정에 어려움이 있지만, 이 장에서는 희랍의 생사관에 관해 개략적 일반화를 시도하겠으며, 이를 통해 서구 윤리적 사유의 원형을 모색해보고자 한다. 고대 희랍에서 논의 대상 시기나 사상가는 호메로스 시대, 자연철학자 그리고 플라톤에 국한한다.

희랍적 생사관은 인간 삶이나 생명의 원리를 어떻게 파악했느냐에 상당히 많이 의존한다. 고대 희랍인들은 아직은 생명 원리와 정신성, 그리고 자아의 기반 간의 차이를 구분하지 못하고 있었기에 이 여러 측면들을 하나의 원리에 의해 설명하려 했다. 고대 희랍인들은 인간에게 생명력을 공급하는 것이, 동시에 다양한 정서들의 거주지이면서 정신적 활동을 가능하게 하며 자아를 형성한다고 보았다. 이런 통합적 또는 미분화된 원리를 그들은 대체로 프시케psychē라 보았다. 프시케라는 어휘는 '숨쉬다', '바람이 분다' 등을 의미하는 프시코psychō라는 희랍어 동사를 어원적 뿌리로 하나, 개념적으로는 피시스physis와 연관되어 있다.[1] 피시스는 자연계 전체에 스며들어 있는 바, 자연계 전체로 하여금 성장하고 생명력을 지니게 하는 일종의 생기나 힘과 같은 것을 의미했다. 근대적 사고는 자연계의 구성원을 생물과 무생물적인 것으로 이분하지만, 고대인들은 자연 전체를 통합적으로 이해하여, 자연이란 하나의 생명 원리 피시스에 의해 주재되는, 생명을 지닌 것들의 총체로 이해했다. 고대 희랍인들에게 통합적인 자연은 살아 있는 존재였으며, 모든 생명체들에 생기를 공급하는 거대한 저수지와 같은 존재였다. 이런 자연이 인간에 내재하여 생명력을 부여하는 프시케의 고향이었다.

2 호메로스 문헌에서 프시케와 죽음

호메로스의 서사시는 최고最高 수준의 문학이기도 하지만, 서양 최고最古의 문헌이기도 하다. 우리는 호메로스의 서사시를 통해서 가장 오래된 서구적 사유 틀을 문헌적으로 추적할 수 있다. 그의 문헌에서 '프시케psychē'라는 어휘는 오직 죽음과 관련해서만 언급된다.[2] 그것은 사람이 죽으면 떠나는 것으로 기술되었다. 이런 기술에서 그것이 일종의 생명의 원리라고 추론할 수 있으나, 흥미로운 사실은 호메로스의 문헌에서 프시케를 삶의 활동과 관련하여 언급한 경우가 전혀 없다는 것이다. 고대 희랍인들은 살아 있는 동안에는 삶이나 생명의 원리를 파악하지 못했다.[3] 삶 또는 생명의 원리는 그것이 현재하는 때보다는 부재하는 때에 자신의 존재를 알리는 것이다. 이는 역설적인 듯이 생각되지만, 조금 더 생각해보면 자연스러운 일이다. 어둠 속에서 태어나 어둠 속에 평생 있으면 어둠을 알 수 없다. 삶 속에 태어나 삶을 영위하는 동인은 삶의 원리에 대해 관심을 가질 리도 없으며, 그것이 무엇인지 알기도 어렵다. 어둠에서 빛의 세계로 나와야 자신이 거했던 곳이 어둠인 줄을 알며, 죽음을 접해야 삶과 생명의 원리가 무엇인지에 대해 관심을 갖게 된다. 고대 희랍인들이 프시케의 존재를 상정하게 된 이유는 죽음의 현상을 설명하기 위해서였다. 그들에게 죽음이란 프시케가 신체를 떠나는 사건, 즉 생명성을 가능하게 했던 어떤 원리가 사라지는 사건이었다.

호메로스의 문헌에서 전거를 찾아보자. 가령 펠라기온Pelagion이 트로이의 용사 사르페돈Sarpedon의 허벅지에서 창을 뽑아내자, 그의 프시케가 그를 떠나고 안개가 그의 눈 위로 내려 깔렸다.Il. v.696[4] 헥토르Hector가 아킬레우스Achilleus에게 마지막 말을 건네자, 죽음이 그를 덮치고 그의 프시케가 사지四肢에서 날아 떠나면서, 그는 하데스로 갔다.Il. xvi.856; xxii.362 입을 통해서 몸을 떠나다.Il. xvi.409 또는 상처를 통해서 떠나다.Il. xvi.518 이와 같이 프시케는 몸 전체에 퍼져 있는 어떤 것이다. 프시케는 나아가 죽음의 순간만이 아니라 꿈, 혼절 또는 다른 종류의 무의식상태에서도 개인을 떠난다.Od. xxiii.68; Od. xi.222; Od. iv.796 그래서 잠에서 깨어나는 것이란, 몸을 떠나 있던 프시케를 자신의 고향으로 되불러 오는 것이다.Od. xx.94 프시케는 말하자면 "그런 상태꿈, 혼절에서 개인의 비물질적 존재 방식"[5]이다.

개인이 죽음을 맞으면 신체는 소멸하고 프시케만 남는데, 그렇게 남게 되는 프시케는 일종의 환영eidolon, 거울에 비추어진 거울상과 같은 양태로 존재한다. 그것은 손으로 잡을 수는 없으나 희미하게나마 볼 수 있는 존재, 마치 꿈속의 이미지 또는 유령과 같은 존재다.[6] 그래서 아킬레우스가 그의 (죽은) 친구 파트로클로스Patroclos를 잡으려 했을 때, 또는 오디세우스Odysseus가 고인이 된 그의 어머니를 잡으려 했을 때, 그것은 연기나 그림자처럼 손에서 빠져나갔다.Il. xxiii.99; Od. xi.204~208 프시케들은 생명력을 지니지 않는 그림자나 연기와 같은 존재며, 의식마저도 결여한 존재다.[7] 어두운 동굴 속에서 박쥐가 날개를 퍼덕이듯이 영혼들은 그림자처럼 퍼덕인다.Od. x.495; xi.207; xxiv.6~9

호메로스 문헌 어디에서도 감각, 정서, 의지 등의 능력을 프시케에 귀속시킨 곳이 없으며,[8] 프시케란 신체를 떠난 후에는 거의 의식조차 없는 무력한 존재이니, 그것은 생명의 원리라거나 생명 물질이라고 하기도 힘든 존재였다.[9] 그 당시에는 생시의 여러 생명적 기능이 놓여 있는 곳은 프시케라기보다는 신체라고 믿었다고 한다.[10] 그래서 신체를 떠난 다음에는, 프시케란 살아 있다고도 말하기 힘들다.[11] 더구나 인간이 살아 있는 동안에 삶을 주도하고 생기를 공급하는 원리, 사유 주체 또는 인격체로 프시케가 언급되는 경우는 호메로스의 문헌에서 전혀 찾을 수 없다는 것이 연구자들의 보고이다.

이러한 문헌적 전거에 비추어 볼 때, 호메로스 서사시에 나오는 프시케를 '영혼'으로 번역하는 것은 오도적이다. 프시케는 근현대의 정신이나 심적인 것은 물론 윤리적 인격체도 아니고, 감각과 사유의 담지자도 아니다. 그 당시에는 아직 윤리적 인격체의 개념이 형성되어 있지도 않았다. 정신적 활동의 통합성이 인지되기 위해서는 좀더 시간이 흘러야 했다. 사유의 활동 등이 파편적으로 인지되기는 했으나, 이들 활동을 통합하는 것으로서 내면적 주체나 사유 주체 등의 개념이 등장하기 위해서는 상당한 시간을 기다려야 했다. 스넬B. Snell의 연구에 따르면, 호메로스 시대에는 정신의 통합성은 물론 신체의 통합성에 대한 인식도 없어서, 현대적 의미의 '신체'에 해당하는 어휘도 없었다고 한다. 플라톤 시대에 신체를 의미하게 되는 소마sōma는 그 당시에는 시체를 의미했다.[12]

그러나 호메로스 시대에 근현대적 의미의 정서나 사유 등의 정신적 활동이 인지되지 않은 것은 아니다. 우리는 그런 활동이 인지되었음을 보여주는 증거들을 발견할 수 있다. 살아 있는 동안에 생명이나 의식의 여러 양태 또는 활동과 관련하여 호메로스가 사용하는 어휘들이 있는데, 브레머J. Bremmer는 이를 통칭하여 자아 영혼ego-soul이라 부른다.[13] 다음의 구절들을 보자.

아킬레스가 트로이인들을 격파할 때, "그의 용감한 티모스thymos가 그를 자극했다."Il. xx.174 "데이포보스Deiphobus는 그의 티모스에서 불같은 메리오네스Meriones의 창을 두려워했다."Il. xiii.163 헥토르는 파리스Paris에게 말하기를 "그대는 바보같이 그대의 티모스에 울분을 품고 있다." 이런 구절들에서 티모스는 신체가 깨어 있을 때 활동하며 용기, 두려움, 울분이 솟아나오게 하는 요인으로서 가슴에 존재한다. 이들은 근대적 관점에서는 분명 심적인 것이기는 하나, 고대 희랍인들은 이런 것들을 아직은 그런 식으로 분류하지 않았다. 그것은 오히려 신체적인 것일 수도 있다.

지적인 활동과 관련된 것으로는 누스nous와 프레네스phrenes라는 어휘가 사용되었다. 파트로클로스가 무엇을 하건 간에, "제우스의 누스는 인간들의 그것보다 강력하다."Il. xvi.688 여기에서 누스는 일종의 지적 능력을 의미한다. "그는 그의 형제의 프레네스를 설득했다"Il. vi.61; 62, "(돌로네이아는) 많은 것들을 그의 프레네스에서 숙고했다"Il. x.4는 등의 어구에서 프레네스는 기쁨, 슬픔, 두려움, 분노 등을 느끼는 곳이면서, 지적 능력도 지니고 있다고 말해진다. 누스는 인지적 측면이 강조된 어휘임에 비해, 프레네스는 인지된 바를 헤아리는 능력이다.

티모스, 누스 또는 프레네스는 프시케와는 달리 오직 생시에만 활동하고, 그때에만 그것의 존재가 인지되며, 사후에는 사라진다고 생각되었다. 영혼의 여러 부분들 중에서 사후에도 존속하며 개인을 대표하는 것으로 여겨지는 것은 프시케뿐이지만, 개인의 사후 신체를 떠나면 프시케는 어떠한 심리적 기능이나 요소도 결여하게 된다는 것이다.[14] 호메로스 시대의 희랍인들은 한 인간이 죽은 후에 그의 거의 모든 것이 사라지지만, 그럼에도 개인의 음영이나 반영상과 같은 것은 남아 있다고 믿었으며, 그들은 이를 프시케라고 한 것이다.

3 프시케와 자아의 그림자

이상의 논의에서 추론할 수 있는 호메로스적 프시케의 특징을 지적해보면 다음과 같다. 1) 그것은 몸에 위치한다. 2) 신체가 활동적일 때는 언급되지 않거나 인지되지 않는다. 3) 기절하거나 꿈을 꾸는 동안에는 몸을 떠나 있다. 4) 신체적이거나 심리적 기능과 관련하여 언급된 바가 없다. 5) 그러나 죽음, 또는 신체의 기능 정지와 함께 신체를 떠나는 것으로 믿어진다는 점에서 삶의 지속을 위한 전제 조건이다. 6) 개인의 신체적 소멸 후에도 남는 것으로, 개인의 사후 흔적과 같은 것이라고 볼 수 있으나, 여하간 기능도 활력도 없다. 하데스지하의 명계에 있는 프시케는 하프나 피리 소리를 들어도 즐거움을 느낄 수 없는 존재이다.[15] 7) 신체의 소멸 후 개인의 프시케는 지상을 떠나 하데스로 가며, 이들은 개인의 그림자 내지는 거울상과 같은 존재로서 생기도 의식도 없다.

이러한 특징들은 호메로스 시대의 희랍인들이 산 자와 죽은 자가 서로 거의 완벽히 단절되어 있다고 믿었음을 시사한다. 그들은 죽음에 대한 두려움도 없지만, 내세에 대한 희망이나 기대도 지니고 있지 않았다. 죽은 후 인간의 영혼은 거의 실체성이나 실재성을 지니지 못한 미약한 존재여서, 실질적으로 보상과 처벌을 의미 있게 받을 수 있는 그런 존재가 아니다.[16] 죽음 후에 징벌이나 보상적 복을 받는 영혼들의 거주지에 관한 신화가 있기는 하나,[17] 대체적으로 죽음의 세계는 삶의 세계와는 무관하다는 것이 호메로스 시대 인간들의 일반적인 믿음이었다.

고대 희랍인들은 죽음을 삶의 대립항으로 간주하지 않았다. 흔히 우리는 삶과 죽음을 존재와 무와 같이 모순 관계에 있는 것으로 간주하는 경향이 있다. 존재와 무는 외연은 넓으나 내포가 일의적인 단순 개념으로서 양자 간의 관계는 명료할 수 있다. 삶과 죽음은 그러나 전혀 양상을 달리한다. 삶은 다채로운 국면을 지니며, 기술하는 어휘는 하나이나, 그 어휘가 포착하려는 바는 다기적이고 다양하다. 호메로스 시대 희랍인들이 우리 인간의 생애를 '삶'이라는 하나의 어휘에 의해 파악했는지도 확실하지 않다. 아마도 그들에게 삶의 통합성에 대한 개념이 없었다고 보는 것이 정확할 것이다. 이미 논한 바와 같이 '생명'에 해당하는 어휘나 '신체'에 해당하는 어휘도 없는 상황에서 '통합적 전체로서의 삶이나 살아 있음'에 해당하는 어휘가 등장하기는 어려울 것이다. 우리가 현재 체험하는 삶을 하나의 전체로서 파악함이 이렇게 어렵다 한다면, 체험의 대상이 되지 않는 죽음이 일의적 규정성을 지닌 것으로 개념화되리라 기대하는 것은 더욱 무리일 것이다. 고대 희랍인들에게 죽음은 알 수 없는 것, 아니 앎이나 체험의 대상이 되지 않기에 관심을 둘 필요도, 둘 수도 없는 사태였다.[18] 그것은 그저 그림자와 같은 것, 생명력이 없는 세계다.[19] 그렇다고 해서 걱정해야 할 그런 상태도 아니었다.

그럼에도 흥미로운 것은 희랍인들은 인간이 죽은 후에도 남아 있는 무엇이 있다고 믿고, 이것을 '프시케'라고 불렀다는 점이다. 그들은 죽음이 모든 것의 종식이 아니라 신체의 소멸일 뿐이며, 개인의 어떤 것은 신체의 소멸 후에도 남아 하데스로 간다고 믿었다. 프시케라는 개념은 나중에는 정신, 인식 주체, 사유 주체, 윤리적 주체 등의 의미를 지닌 어휘로 발전해가며, 서구 사유들에서 중심 범주로 자리 잡게 된다는 것은 주지하는 바이다. 고대 희랍의 생사관에서 가장 특기할 만한 것은 바로 이런 사실, 서구 정신사에서 가장 중요한 어휘가 죽음에 대한 체험과 함께 등장했다는 사실이다. 여기에서 우리는 호메로스 시대의 서구인들이 프시케라 부른 것의 실체를 올바로 이해하기 위해 몇 가지 후보적 해석들을 검토할 필요가 있다.

1) 첫 번째는 당시의 프시케를 사유나 인식의 주체 또는 윤리적 주체로 볼 수도 있다. 프시케를 주체로 보는 견해는 프시케를 흔히 '영혼'이라 번역하는 데서 기인한다. 프시케는 종국적으로 삶이나 행위의 주체를 의미하게 되지만, 그런 의미 내용을 지닌 어휘로 성장하기까지는 더 오랜 시간을 필요로 한다. 자아나 주체의 개념이 형성되기 위해서는 우선 삶의 통합성, 행위의 연속성, 기계적 운동과 자발적 행동의 구분, 행위의 원인 등에 대한 관념이 있어야 한다. 그러나 호메로스적 개인의 삶이란 통합성을 갖기는커녕 집단의 삶으로부터 분리조차 되어 있지 않았다. 개인은 신체적으로는 존재할 수 있을지 모르나 고유한 내면 세계나 의식을 지닌 개별적 자아나 주체가 아니었다. 더 근원적으로 그 당시에는 아직 개인의 개념조차 형성되어 있지 않았다.

당시의 개별적 인간들은 아직 가치를 선택하고 규범에 따라 행위할지를 숙고하고 결단할 수 있는 위치에 있지 않았다. 고대 사회에서 윤리적 가치와 규범은 항상 사회적 문맥에서 운위되고 규정된다. 정의가 내면적으로 규정되는 것은 플라톤에 와서다.[20] 호메로스 시대에 정의나 용기 등의 덕목들은 사회적으로 평가할 수 있는 가시적이고 구체적 행위 양식이며, 개인들에게 당위적 선택의 대상이라기보다는 항상 사회적 관계에서 명령되고 지시되는 것, 한 사회의 구성원이 되기 위해서는 거부할 수 없는 필연이었다.[21] 용기, 정의, 절제 등은 전투 시에나 일상의 삶에서 도시국가를 구성하기 위해 수행해야만 하는 필수적인 행위규범들이었다. 의자 등의 도구적 사물들이 기능적 탁월성arete이 없으면 쓸모가 없듯이, 시민이 아레테를 갖추지 못하면 그는 도시에서 불필요하거나 주변적 존재로 간주되었다.[22] 그래서 윤리적이거나 올바른 행위의 개념은 있었으되, 윤리적 주체, 인격적 주체, 윤리적 영혼, 훌륭한 영혼이나 정신 등의 개념은 미약했다. 자신의 의지력을 발휘하여 주체적으로 행위할 수 있는 개인은 근대에 이르러 비로소 개념화된다.

고대 사회에서 자아는 역사와 전통의 일부이고 공동체의 구성요소로 존재하며, 아직은 능동적 존재라기보다는 수동적 존재였다. 우리는 개인의 성장 과정에서도 유아들에게는 자아의식이나 자아가 없다는 사실을 유념할 필요가 있다. 유아의 의식은 학습한 바, 체험한 바, 들은 바 모두를 흡수하는 단계에 있거나 흡수된 것들의 집적체로 머물러 있어, 자신 주위의 것, 보고 들은 바, 학습 내용 등으로부터 자아를 구분하지 못한다. 미구분 상태에서 유아는 아직 능동적이거나 주체적인 의식을 확보할 수 없다. 이것이 호메로스 시대가 속한 구술문화 시대 인간상의 특징이

다. 사유하는 자아가 등장하는 것은 구술문화를 벗어나면서부터 다.[23]

2) 프시케는 정신적이거나 심적인 존재인가? 위에서 인용한 호메로스의 구절들은 흥미 있는 사실을 알려준다. 이미 지적한 바와 같이, 프시케는 오직 죽음이나 위기의 순간과 관련해서만 언급되고 있을 뿐, 삶이나 정신적 활동과 관련해서 언급되는 적이 없다. 오히려 우리가 흔히 정신이나 의식의 활동으로 여기는 분노, 두려움, 헤아림 등의 활동은 프시케가 아니라 티모스, 프레네스, 누스 등의 어휘들로 지칭되는 요소들에 의해 발휘된다고 여겨졌으며, 나아가 이들 어휘에 의해 기술되는 바는 죽음과 함께 사라진다고 말해졌다는 점이다. 이런 식의 기술들은 근현대인들이 정신적 활동의 한 양태로 여기는 바가 호메로스 시대에는 프시케보다는 오히려 신체적 기능의 일부로 간주되고 있음을 시사한다.[24]

인간의 여러 심적인 활동들이 통합되어 정신의 개념이 형성된 후, 심적 측면이 신체적인 측면과 완전히 분리되고, 나아가 인간의 삶에서 보다 중요한 측면이라는 믿음이 형성된 것은 소크라테스에 이르러서다. 우리는 그런 정신사적 발전의 모습을 아낙사고라스Anaxagoras에 대한 소크라테스의 논평에서 엿볼 수 있다.[25] 소크라테스는 아낙사고라스가 누스 개념을 언급하기는 하였으되, 그것을 지적하거나 사유적 활동의 주체로 논의하지 않았다고 불평한다. 이 논평은 자연철학자들의 시대에 이르러서도 아직은 주체적으로 사유하는 인간의 개념이 자리 잡지 못하였음은 물론, 심적인 것이 신체적인 것으로부터 완전히 독립되어 있지 않았다는 추론을 가능하게 한다.

3) 프시케를 이해하기 위한 더 유력한 접근 방식은 이를 생명의 원리, 또는 생명 물질로 보는 것이다. 희랍인들에게 프시케는 인간이 죽으면 신체를 떠나는 무엇이었다. 아니 이것이 인간의 신체를 떠났기에 죽음을 맞게 되는 것이다. 희랍인들은 죽음이란 프시케가 없어서 생기는 현상으로 간주했다고 추론할 수 있으며, 이런 식의 추론이 정당하다면, 프시케란 그들에게 생명의 원리나 생명 물질로 여겨지는 것으로 볼 수도 있다. '죽음이란 프시케의 떠남이다'라는 믿음으로부터 '생명이란 프시케의 관여에 의한다', 나아가 '생명적 활동이란 프시케의 활동이다'는 믿음까지는 두어 단계의 추론만 거치면 되는 듯하다. 단지 죽음의 사태에서 생명의 활동에로 눈을 되돌리기만 하면 되는 것이다. 나아가 프시케psychē는 프시코psychō라는 동사에서 온 명사이며, 후자가 '숨쉬다', '바람 불다' 등을 의미한다는 점에서 프시케가 생명과 연관이 있는 숨이나 생기라고 이해될 수 있는 어원적인 근거도 있다. 프시케는 피시스에서 왔다는 컨포드F. M. Cornford의 입장 역

시 생기론을 지지하는 것으로 보인다.[26] 고대 희랍에서 피시스는 살아 있는 자연 전체를 의미했다. 이에 더하여 희랍 정신의 다음 단계라 할 수 있는 자연철학의 시대에 이르러 생명 물질의 개념이 확립된다는 사실도 생기론을 위한 논거를 제공한다. 이런 이유에서 여러 문헌학자들이나 지성사가들은 프시케에 관해 생기론 또는 생명 원리론을 취하고 있다.[27]

생기론적 해석은 중요한 난점을 지닌다. 프시케가 생명 물질 또는 생명 원리라고 한다면, 신체를 떠나서도, 아니 오히려 신체를 떠남으로써 프시케는 더욱 생기를 찾아야 할 것이다. 그런데 호메로스는 프시케가 신체를 떠난 후에는 생기는 물론 거의 의식조차 없는 것으로 전락한다고 기술하고 있다. 따라서 프시케는 쾌락이나 고통을 느낄 수 없는 존재이며, 고대 희랍인들은 이들을 구태여 징벌하거나 이들에게 보상을 내린다는 것이 무의미한 일이라고 간주했다. 더욱 중요한 것은 프시케가 생기나 생명 물질과 같은 것이라 한다면, 신체를 떠난 후에는 그와 함께 개인성을 상실할 법한데, 그것들은 항상 특정 개인의 프시케파트로클레스의 프시케, 오디세우스 어머니 프시케로 기술되어 있다는 점이다. 프시케에는 소유주가 있다. 심지어 그것은 개인의 그림자, 개인의 환영, 거울상과 같은 것이어서, 희미하지만 생전 개인의 모습을 지니기에 볼 수도 있다는 것이다.[28]

희랍인들은 아마도 생명 현상에는 신체적 기반이 있어야 한다고, 그런 기반이 없이는 활력을 발휘할 수 없다고 본 것으로 추정된다. 생명이란 구체적이고 가시적인 현상이므로, 호메로스 시대의 사고는 생명력을 신체로부터 완전히 분리시킬 수 없었다. 구체적 기반을 떠난 존재가 생명력을 지닐 수 있다는 생각은 마치 그림자나 거울상이 홀로 존재하며 활동할 수 있다는 생각처럼 부조리한 것으로 여겨졌을 것이다. 프시케는 인간의 생시에는 개인 신체의 어느 곳엔가 거하면서 그의 삶에 어떤 기여를 했을 것이다. 그러나 이제 신체를 떠난 것이기에, 즉 생기를 발휘할 수 있는 거처나 근거지를 잃은 존재이기에, 프시케는 그 자체로서는 더 이상 활력을 지닐 수 없다.

우리는 죽음과 프시케의 떠남 사이의 인과관계를 정리할 필요가 있다. 호메로스에 따르면 프시케가 떠났기에 한 개인이 죽음을 맞았다고 생각하기 쉬우나, 정확한 관계는 그 개인이 죽음을 맞았기에, 또는 신체가 소멸했기에 프시케는 자신의 거처였던 신체를 떠날 수밖에 없게 된 것이다. 호메로스의 입장이 전자라고 한다면, 우리는 호메로스 시대의 프시케를 생명의 원리나 조건으로 생각해볼 수 있을 것이나, 후자라고 한다면, 프시케가 인간 삶의 한 요인이나 조건일 수는 있을지라도 생명 물질이나 원리일 필연성은 없다고 할 수 있다.[29] 죽음, 즉 신체의 소멸과 함께 더는 이 지상에서 자신이 거주할 곳이 존재하지 않기에, 프시케는 삶의 공간을 떠나 그림자의 세계인 하데스로 가는 것이다.

4) 그렇다면 대체 호메로스의 프시케는 어떤 존재인가? 우리는 사후에 프시케가 어떤 개인의 것으로 존재하기에 그 개인의 고유한 모습을 지니고 있고, 그림자 또는 거울상과 같은 존재로 기술되었다는 사실에 주목할 필요가 있다. 이런 기술을 고려할 때 호메로스 시대의 희랍인들은 개인적 자아, 특수적 자아라는 것이 있다는 생각을 희미하게나마 하고 있었던 것으로 보인다. 하지만 호메로스적 자아는 근현대적 자아, 고유한 감정, 정서, 믿음 등의 내면세계를 지니고 있으며, 의지를 발휘할 수 있는 행위 주체가 될 수 있는 그런 자아는 물론 아니다. 프시케는 다만 사람이 죽으면 떠나는 어떤 것일 뿐이다. 그것은 자신을 지탱하던 생명적, 신체적, 정신적 기능 등이 중지되거나 소멸되어 빈껍데기, 그림자 같은 상태로 남게 된 것, 특수적 개인의 징표만을 지닌 내용 없는 자아와 같은 것일 수 있다. 우리는 이를 징표적 개인, 모습으로서의 개인, 생시 자아에 속하던 것을 모두 담았던 그릇과 같은 것 등으로 이해해볼 수 있다. 죽은 자 또는 신체를 잃은 개인은 완전히 사라지는 것이 아니라 새로운 세계로 가는데, 산 자로서 가는 것이 아니라 산 자를 대신하는 자, 즉 대역double으로 간다.[30] 그것은 사자死者의 세계에 합당한 신분을 새로 얻어 하데스

에서 떠도는 그런 존재이다. 이를 희랍인들은 프시케라 한 것이다. 호메로스 시대의 사람들은 막연하게나마 인간의 삶에서 고유명사의 담지자와 같은 것이 있다고 본 듯하며, 그런 것은 사후에 다른 세계로 간다고 생각한 것이다.

좀더 적극적으로 해석하면, 우리는 프시케란 개인의 삶을 통합하고 있었던 어떤 틀과 같은 것이라 이해해볼 수 있다. 그것은 일종의 자아의 담지자이지만, 실질적 내용과 힘을 잃은 형식과 같은 것이다. 프시케는 아직은 주체나 자아 개념의 단계에 미치지 못하나, 자연철학자들의 단계에 이르러 질료적 기반을 얻으면서 실질적 실체성을 확보하게 되는 것이다. 이 프시케는 신체와는 다른 것이기는 하나 독립적으로 존재하고 활동할 수 있는 존재자로 승격하게 된다. 그리고 소크라테스, 플라톤에 이르러서는 완전히 사유하는 주체, 행위하는 주체로서의 위상을 확보하면서 인간의 본질을 구성하게 된다.

베르낭Vernant은 '고대 희랍에 개인적 자아의 개념이 있었는가'라는 물음을 제기하면서 그에 대해 부정적으로 답한다.[31] 분명 그 당시에 내면적 자아, 사고와 행위의 원인으로서의 주체, 또는 사유하고 인식하는 주체로서의 개인은 부재했다고 볼 수 있다. 그러나 개인성에는 여러 층위가 있을 수 있다. 고대 희랍에서 정치적 개인이 있었음은 분명하다. 희랍의 민주주의는 이를 기초로 하여 등장한 것이다. 호메로스 시대에도 명확히 개념화는 되어 있지 않았지만, 싸우고 전리품의 공정 분배를 주장하는 시민군사로서의 개인, 경제적 소유자로서의 개인은 있었다고 인정해야 할 것이다. 그리고 신체적 또는 생명체의 단위로서의 개인적 자아에 대한 상념 역시 어렴풋이 자리 잡고 있었던 것으로 보이며, 이런 생각이 죽음에 대한 체험에 전이되면서 희랍인들은 프시케라는 개념을 형성한 것으로 생각할 수 있다.

호메로스 시대의 생사관과 관련하여 가장 중요한 것은 다음이다. 그들은 죽음을 체험하면서 신체가 소멸한 후에도 신체로부터 분리되어 있는 어떤 존재, 프시케라는 것이 남아서 존재한다고 믿었다. 이런 분리는 이후에 감정과 사유의 원리, 행위 주체의 개념들을 형성할 수 있는 토대를 마련해주면서, 서구 윤리학이나 윤리적 사유의 기본 틀을 구성하는 데 결정적인 영향력을 행사한다.

4 자연철학자들에서 프시케의 질료적 기반

자연철학자들을 '자연적'이라 규정할 수 있게 하는 사상적 특징은, 그들이 사물의 질료적 측면에 관심을 가졌다는 사실이다. 그들은 사물들을 구성하는 질료는 경험적으로 확인할 수 있는 것으로 보았는데, 이런 경험주의적이고 유물론적인 경향은 그림자나 거푸집과 같았던 프시케에 질료를 부어넣어 실체적인 존재로 변신케 했다. 그러나 그 질료는 신체의 질료와는 다르며, 나아가 이와는 독립적인 것이었다. 그래서 '영혼 물질'이라는 특이한 물질 개념, 근대 이후의 관점에서는 일견 자기모순적인 개념이 등장한다.

플라톤 이전까지 인간은 생각하는 갈대가 아니었다. 프시케는 아직 행위 주체는 물론 사유 주체로도 성장하지 못했다. 그것은 단지 개인의 그림자 또는 생명 원리의 수준에 머물러 있었으며, 이런 경향은 자연철학자들에까지 지속되었다. 프시케가 '숨'이라는 호메로스 시대의 시각은 크세노파네스Xenophanes에게로 계승된다.[32] 아낙시메네스Anaximenes, 아낙시만드로스Anaximandros, 아낙사고라스는 모두 유사한 입장을 공유하며, 프시케가 공기B2라고 여긴다.[33] 헤라클레이토스에 따르면, 프시케란 불과 같은 것이므로 인간이 죽으면 프시케는 물이 된다B36. 다원적 세계관을 전개한 엠페도클레스Empedocles는 프시케를 여러 요소들의 집합체로 보아 흙, 공기, 불, 물의 혼합체라 규정했다.B109 소크라테스로 하여금 새로운 세계 설명에 대한 기대를 품게 한 누스의 개념은 아낙사고라스에 의해 도입되었다. 그러나 소크라테스는 이것이 매우 섬세하기는 하나 아직은 물질B12의 단계에 머물러 있어 원래 기대했던 그런 개념의 수준에는 이르지 못하는 것이라고 불만을 털어놓는다.[34] 히폰Hippon에 따르면 프시케는 머릿속에A3 있고, 피타고라스학파인 필롤라오스Philolaus는 심장에B13, 프로타고라스Protagoras는 가슴에A18 있다고 보았고, 데모크리토스Democritus에 따르면, 그것은 혈액처럼 몸 전체에 퍼져 있는 것이다.A104a

자연철학자들에게 생명의 원리인 프시케는 결국 물질이므로, 이것이 죽음의 과정을 거치면서 겪게 되는 사태는 단지 신체와의 결합 관계를 벗어나 다시 우주로 되돌아가는 것뿐이었다. 자연철학자들은 대체로 유물론적 입장을 취하고 있으나, '유물론적'이라는 규정은 그리 중요한 의미를 지니지 않는다. 왜냐하면 그 당시에는 존재론적으로 물질에 대조되는 성질이나 차원으로서 정신이나 심적인 것의 개념이 형성되어 있지 않았기 때문이다. 그들에게는 부정해야 할 '심적인 것'이라는 것이 존재하지 않았다. 중요한 것은 여하간에 그들이 프시케의 질료적 특징을 규정하려 했다는 점이다. 이런 노력이 경주되었다는 사실은 프시케의 개념이 그들의 철학적 담론에서 확고히 자리 잡고 있었음을 알려준다. 이들은 프시케에 점차 생명 활동만이 아니라 감정, 정서, 지성 등의 기능을 부여하기 시작한다. 이런 기능들에 주목하면서, 프시케가 신체 등의 다른 존재자들과 같이 물질적인 것이며, 심지어 소마sōma; body라고 주장하면서도,[35] 그들은 어떤 개념적 장치를 이용하여 물질적인 프시케를 다른 물질적인 것과 구분하려 했다. 가령 이들은 프시케를 '섬세한 물질이다', '순수하다', '온도나 습도에서 다르다'는 식으로 차별화함으로써 프시케로 하여금 생명성, 감각, 사유 등의 특별한 기능을 수행할 수 있는 여지를 마련하려 했다.[36] 이를 통해 희랍인들은 정신적 활동이 물질적, 신체적 사건과 다른 특성을 지닌다는 것을 서서히 인지하는 단계로 진입하기 시작한다.

5 움직이게 하는 것과 움직여지는 것

프시케의 차별성을 인지하게 한 핵심적 계기는 운동 원인에 대한 물음이다. 호메로스 시대에는 프시케가 생명과 관련되어 있기는 하나, 생명의 활동은 프시케가 아니라 신체에서 연유하는 것으로 믿어졌으며, 그래서 그것은 신체와 분리할 수 없는 것이었다. 자연철학자들의 시대에 접어들면서 생명 원리가 생명체로부터, 그리고 운동 원리가 움직여지는 것으로부터 분리된다. 엠페도클레스는 만상의 아르케archē, 만상의 구성 요소가 4원소라는 원자론을 제안하면서도, 이들에 더해 추가의 두 요소가 있어야 한다고 논한다. 4원소들이 스스로 결합하거나 분리될 수 있는 힘을 지니는 것은 아니므로, 이를 가능하게 하는 요소가 있어야 한다는 것이다. 그는 이런 힘으로서 '사랑'과 '미움'이라는 영혼 물질을 존재계의 새로운 구성 요소로 추가했다. 그가 결합 또는 분리시키는 힘이 별도로 있어야 한다고 본 이유는, 운동 원인이 되는 것과 움직여지는 것은 구분되어야 한다고 믿었기 때문이다. 사랑과 미움이라는 영혼 물질은 운동 원인이 되는 물질임에 비해, 4원소는 이들 원인 물질에 의해 움직이면서 만상을 산출하는 질료적 물질이다. 아낙사고라스는 한 걸음 더 나아가 누스라는 개념을 도입하여 우주의 운동 원리에 지성적 성격이 있음을 확인한다. 이런 시도들에 의해서 서서히 운동이나 생명과 정신의 원리는 자연 세계로부터 분리되기 시작한다. 자연계에서 능동성과 생명성의 원리가 제거 · 분리되면서, 이들 원리는 자연 이상의 존재에 귀속하는 것으로 여겨지게 된다. 자연계는 이제 더 이상 스스로 움직이거나 자라나는 것이 아니다. 자연철학자들의 경험주의적 사유는 역설적이게도 자연을 넘어서는 존재자를 등장시킨다. 그들은 자연계에서 물리적 사물들이란 스스로 움직일 수 있는 것이 아니기에, 이들을 움직이는 다른 요소나 원리가 있을 것이라 추론했다. 이런 추론은 사유나 인식과 같은 정신 현상이 자연적 물질들의 수동적 운동과는 달리, 자기 운동성이나 자동성과 연관되어 있다는 믿음을 형성하는 데 기여한다.

프시케를 질료적 물질로부터 구분하려는 노력은 피타고라스 학파에 이르러 절정에 이른다. 그들은 인간이 죽은 후에도 프시케가 고통과 쾌락을 느낄 수 있으며, 나아가 윤리적 삶을 누릴 수 있다고 주장하면서, 프시케를 신체와는 차원이 다른 존재로 승격시켰다. 생전에 정하의 수련을 철저히 쌓은 자의 프시케는 윤회의 굴레를 벗어나 세계 영혼world-soul에로 귀환한다. 필롤라오스는 프시케가 신체에 결박되어 있으며, 신체는 프시케의 굴레라는 주장까지 개진한다.B14 그렇다고 그들이 심적인 것의 개념을 확립하고 프시케를 물질과 질적으로 구분되는 것으로 보았느냐에 대해서는 단정하기 힘들다. 그런 구분이 가능하기 위해서는 일정한 여건이 조성되어 있어야 하기 때문이다. 즉 물질이 존재하는 경험적 세계와는 전혀 차원이 다른 공간의 개념, 가령 추상적이거나 보편적인 존재자가 거주하는 시공 초월적인 차원과 같은 공간의 개념이 없다면, 물질과 다른 것으로서의 프시케가 거주할 거처가 없을 것이기에, 그것이 물질이나 신체와 다르다는 주장이 실질성을 갖기 어렵다. 시공 초월적 공간, 보편과 추상의 공간에 대한 사념은 플라톤에 이르러 서서히 개념화된다.

호메로스 시대에서 진일보하여, 자연철학자들이 다른 것의 운동 원인이 되며 스스로 움직일 수 있는 존재, 나아가 지성적이고 윤리적인 프시케의 개념을 형성하고 이를 신체나 물질로부터 확연히 분리했다는 사실은 매우 중요하다. 이를 단초로 하여 희랍적 사고는 플라톤적 영혼관을 준비한다. 자연철학자들에게 프시케는 여전히 물질적인 성격을 지닌 것에 머물고 있었다. 그러나 그들은 운동 원인을 움직여지는 것으로부터 분리시키고 일부는 이를 프시케에 귀속시켜, 행위 주체, 나아가 사유 주체의 개념 형성을 위한 기반을 제공했다. 이는 서구 정신사에서 획기적 사실이다. 능동성과 수동성의 구분을 기반으로 하여, 인간의 현상에서도 두 이질적 요인이, 즉 움직여지는 것과 운동을 가능하게 하는 운동 원인이 명확히 구분되기 시작한 것이다. 이런 구분은 서구적 사유 틀에서 주축을 이루는 심신 간의 배타적 이분법을 위한 기초가 된다.

자연철학자들에게 아직 '심적인 것'의 개념이 없었다는 점을 다시 확인할 필요가 있다. 자연철학자들에 의해 프시케는 지성을 지닌 것으로 인식되기 시작했으나 이들에게 프시케는 아직도 일종의 물질이나 숨이었다.[37] 신체와 배타적 관계에 있는 심적인 것이 등장하는 시기는 운동 원인의 개념을 터전으로 하여 사유 활동이나 행위 주체성 등의 개념이 형성된 이후다.

기원전 5세기 말부터 사유와 인식 개념이 형성되고, 인식 주관과 인식 대상이 분리된다. 이와 함께 프시케는 생명의 원리나 생기에서 행위 주체, 나아가 인식의 주체로 변모하기 시작한다. 프시케는 자율성을 지닌 자아나 인격적 존재로 여겨지며, 일종의 실체적 존재로 발전해간다. 그것은 더 이상 대기나 우주적 생기의 파편이 아니다. '앎의 주체'라는 의미 내용을 지닌 것으로서의 프시케 개념이 희랍 일상어의 일부가 된 것은 4세기 말에 이르러서라고 한다.[38] 이런 개념의 발견 또는 형성에 핵심적 기여를 한 사상가는 소크라테스라는 것이 다수 학자들의 평가다.

6 플라톤에서 영혼의 신체 독립성

플라톤은 인간 삶의 다양한 측면에 대해 본격적이고 방대한 규모의 철학적 사유를 전개한 철학자다. 그의 다양한 주제들에는 영혼의 구조나 사후 운명 등이 포함되어 있다. 그의 스승 소크라테스는, 인간이 다른 존재와는 달리 사유와 인식이라고 하는 특유의 활동을 한다고 통찰했다. 플라톤은 스승의 생각을 발전시켜 사유와 인식 활동의 주체는 프시케라 규정하고, 이런 프시케에 신체와는 전혀 다른, 그리고 우월적인 존재론적 지위를 부여함으로써 우리가 '정신' 또는 '영혼'이라고 부르는 영역을 확보했다. 근현대인들이 '정신', '영혼' 등의 어휘를 자연스럽게 사용할 수 있는 것은 그가 이룬 정신사적 혁신에 힘입은 바다. 그런데 이런 혁신적 사고의 계기가 된 것은 죽음에 대한 그의 성찰이었다.

플라톤은 대화록『파이돈』에서 스승 소크라테스의 최후를 기록하고 있다. 그는 이를 통해 죽음과 영혼의 불멸성에 대해 본격적인 논증을 최초로 시도한다. 그 이후의 철학자들 중에서 영혼의 불멸성 여부에 관해 그만큼 철저하고 논리적인 증명을 전개한 철학자는 찾아보기 힘들다. 그에 이르러 비로소 우리는 프시케의 역어로 '영혼soul'이라는 어휘를 부담스럽지 않게 사용할 수 있게 된다. 플라톤은 영혼의 구조와 운명, 죽음 이후에 신체를 떠난 영혼의 독립성 여부가 인간 삶의 가장 중요한 문제들 중 하나라고 평가했다. 그의 주저라 할 수 있는『국가』의 중심 주제도 영혼의 정의dikaiosynē; 正義며, 그 저서의 전체 내용은 영혼의 교육이라 규정할 수도 있다. 이곳에서의 영혼론 역시 종말론과 밀접하게 연관되어 있다.[39]

플라톤의 주요 대화록을 중심으로 그의 영혼론을 간략히 정리하고 그것의 의미를 살펴보기로 한다. 그는『파이돈』에서 영혼과 신체를 배타적 관계에 있는 것으로 구분하면서, 철학자는 최대한 감각 경험이나 욕망 등 신체적 요소들을 멀리하고, 영혼의 삶에 관심을 기울여야 한다고 설파한다.*Phaedon*, 64e 일상인들은 신체적 욕망과 쾌락에 탐닉하지만, 철학자는 그런 본능들에 거리를 두고, 지적 사려phronēsis를 통해 진상에 대한 순수한 지혜를 얻도록 노력해야 한다. 순수한 지혜의 상태에 도달하기 위해서 영혼은 자신에게서 신체적 요소를 씻어내어 정화해야 한다. 그렇지 않을 경우 신체적인 것은 그의 영혼을 오염시켜 잘못된 속견을 믿게 할 것이다. 신체적 쾌락은 물론 감각적 경험마저도 신체적 기관에 의존하기에, 인간의 영혼을 홀려 지혜를 추구하는 사람들을 오도하곤 한다.

경험적 현상계의 사물들이 감각적 지각의 대상이라 한다면, 지적 관조의 대상이 되는 것들은 이들과는 다른 차원의 것들로서, 그것은 시공을 넘어서 고정 · 불변하며 하나의 모습을 지니고 있는 자체적인 존재자들이다. 플라톤은 지적 관조의 주체가 영혼이며, 영혼의 인식 대상을 일종의 모습, 형상, 이데아라 했다. 이것이 진정한 실재이다.66e 영혼이 접촉하는 대상들인 형상은 궁극적 실재로서 보다 가치 있으며, 불변하고, 그 자체적인 것이고, 신적이다.

실재자들은 수학적 대상들이 그러한 것처럼 감각적 지각의 도움 없이, 아니 오히려 그런 것의 방해 없이 영혼의 이성적 기능을 통해서만 탐구하고 인식될 수 있다. 감각이 도움을 줄 수 있는 바가 있다면, 단지 보조적인 것으로서, 상기想起를 위한 단초를 제공한다는 정도다. 신체는 우리를 격정, 욕망과 두려움, 모든 종류의 환영과 어리석음 등으로 가득 채워 우리 영혼으로 하여금 실재자들을 사유치 못하게 하는 경향이 있으며, 격정은 그 강렬

함 때문에 우리로 하여금 격정의 지향 대상을 진정한 실재로 착각하게까지 한다. 그래서 영혼은 가급적 신체의 영향에서 벗어나 홀로 사유해야 한다. 철학적 삶의 목표는 자신의 영혼을 신체로부터 분리시키는 것이다. 그래서 죽음이란 영혼이 신체로부터 분리되는 사건을 의미한다면, 철학은 죽음에의 연습이라고64c 정의할 수 있다.

위에서 논의한 운동 원인의 개념은 『파이드로스』에서 영혼의 핵심적 특징으로 부각된다. 플라톤은 이곳에서 영혼의 신체 독립성을 다시 강조하는 한편, 영혼을 자기 운동적인 존재로 규정하고, 이를 영혼 불멸성의 근거라 논한다. 신체와 영혼 간의 차이는 여럿이지만, 운동을 기준으로 새로이 차별적으로 규정할 수 있다; 신체 또는 물체는 동작의 원인이 외부에 있음에 비해, 영혼은 운동의 원인을 자신 내부에 지니고 있다; 영혼의 본질은 자기 운동성이다.*Phaedrus*, 245e 사유와 인식이란 영혼이 자기 운동성을 발현하는 활동으로서, 영혼이 자신의 본성에 충실하고자 하는 활동이다. 더 나아가 자기 운동성은 불멸성의 근거이기도 하다. 모든 영혼들은 불사적이다. 왜냐하면 영혼은 운동의 원인을 내부에 지니고 있어, 외부의 동력 없이도 스스로 항상 움직일 수 있고, 항상 움직이는 것은 불사적이기 때문이다. 이에 반해 타자에 의해 움직이는 것은 그 타자가 운동 원인을 제공하지 않을 때, 운동하기를 그치며, 나아가 생명성을 잃어버리고 소멸해간다. 오직 스스로 움직이는 것만이 그 자신으로부터 벗어나지 않는 한에서 움직이기를 그치지 않으며, 나아가 움직이는 다른 모든 것들의 운동 원인이자 원리가 된다.245c

신체를 떠난 영혼은 두 마리 말이 이끄는 마차를 탄 기수와 같이 신들을 뒤따르면서 우주의 궤도를 순환한다.248 ff 그 궤도의 정점에 이르렀을 때, 그들은 하늘의 궁륭 저 위에서 형체도 색깔도 없으며 만질 수도 없는 바, 진정으로 존재하는 본질을 관조한다.247d 실재자들을 얼마나 많이 보았는가에 따라 영혼들은 각각 지혜를 사랑하는 철학자, 법에 따라 통치하는 왕이나 전사, 또는 정치가나 기업인의 운명을 가지고 태어난다.248c 우리는 실재자들을 인식함으로써 윤리적일 수 있는데, 인식의 정도에 따라 그가 어떤 삶을 살지가 결정된다는 것이다. 이런 주제는 『국가』에 나오는 에르Er의 신화에서도 반복되는데, 영혼들은 전생의 경험에 따라 후생에서 자신의 삶을 선택한다. 그래서 시인이자 음악가인 오르페우스Orpheus는 백조의 삶을, 토로이 전쟁의 영웅 아이아스Aeas는 사자의 삶을 선택한다.*Republic*, 620a ff

7 자기 운동과 사유 주체의 발견

플라톤 영혼관의 가장 중요한 특색은, 영혼을 물체나 신체와는 전혀 다른 존재로 규정한다는 점이다. 그는 영혼이 신체와는 완전히 대립적인 존재라고 한다면, 죽음이란 어떻게 차별적인 영혼이 신체로부터 독립하여 존재할 수 있는지, 그리고 그 존재 양상이 어떠한지를 규명할 수 있는 계기가 된다고 보았다. 그의 결론은 영혼에 긍정적이다. 영혼은 자율적이며 자립적인 존재다. 나아가 신체의 소멸, 즉 죽음 후에도 독립적인 활동을 할 수 있는 존재다. 왜냐하면 영혼은 유일하게 자기 운동이 가능한 존재이기 때문이다.

소크라테스는 인간에게 사유와 인식, 나아가 윤리적 실천이라고 하는 새로운 국면이 있음을 지적하였고, 플라톤은 스승의 생각을 이어받아 그런 활동의 주체는 바로 영혼이라고 논한다. 영혼이 관여하는 대상은 신체나 감각의 그것과 다르며, 그런 고로 영혼을 주인으로 하는 인간은 존재론적으로 물질과는 전혀 다른 차원의 삶을 살 수 있다고 논한다. 영혼은 호메로스 시대에는 허물, 그림자, 거울상과 같은 존재에 그쳤지만, 자연철학자들에 의해 신체와 다르긴 하나 질료적 기반을 가진 운동 원인적 존재로 승격되었다. 플라톤에 이르러, 영혼은 존재의 독립성과 차별적인 거주 공간을 확보하고, 고유의 존재 방식과 활동 영역을 지니는 존재로, 질료적 기반을 필요로 하지 않으며 완전히 자기 충족적인 존재로 신체와는 차원을 달리하게 된다.

자기 운동적 영혼관이 들어서게 된 결정적 계기는 아마도 사유와 인식 활동의 자율성에 대한 자각일 것이다. 소크라테스 이전에는 인간이 무엇을 새로이 발견하거나 인식할 수 있는 인식 주체라고 생각되지 않았으며, 인식의 대상이라는 것도 존재하지 않았다. 소크라테스 이전에도 진리나 규범, 가치로 여겨지는 것들은 있었지만 그런 것들은 시인의 기억, 신관의 신탁, 현자의 통찰을 통해서 하향적으로, 즉 시인 등 현자들에 의해 일반 대중들에게 주어지는 것이었다.[40] 일상의 인간들은 진리나 규범들에 관해서 수동적인 존재였다. 진리란 인간 스스로의 사유 활동이나 인식 노력을 통해 발견할 수 있는 그런 것이 아니었기에, 사유나 인식의 활동이라는 것도 개념화될 수 없었다.

소크라테스에 이르러 비로소 일반 시민들도 진리를 사유하고 인식할 수 있으며, 삶의 규범과 가치를 스스로 모색하여 실천할 수 있는 능동적 윤리 주체로 간주되기 시작했다. 무지의 지의 선언, 문답법, 산파술 등 소크라테스 사상의 주요 요소들은 바로 진리와 인간 정신에 관한 혁명적 메시지를 담고 있었다. 인간의 삶에서 사유와 인식의 활동이 핵심적 국면이라는 믿음이 형성되면, 그다음 제기되는 물음은 대체 인간을 구성하는 부분들 중에서 무엇이 이를 관장하는가, 이런 활동의 주체가 무엇인가 하는 것이다. 인간을 구성하는 것이 대략 영혼과 신체라고 한다면, 인식적 활동의 주체는 신체가 아니라 영혼이며, 사유하고 인식된 바를 토대로 하여 자발적이고 자율적으로 윤리적 가치를 실현할 수 있는 존재라는 주체적 영혼관이 자연스레 형성된다.

인식이 영혼이나 정신의 주요 기능이라는 논제는 현대인들에게는 너무도 당연한 것이어서, 구태여 강조해서 말할 필요가 없는 것이다. 하지만 인간이 태초부터 사유하고 인식하는 능동적 존재, 그리고 그런 역할을 주체적으로 수행하는 영혼을 지닌 존재였던 것은 아니다. 인간이 자율적 존재라는 테제는 서양에서는 소크라테스와 플라톤에 의해 비로소 확립된 것이다. 동양에서는 근대에 이르러 서구적 학문의 이념이 이식되기 전까지도 이런 믿음이 낯선 사유였다는 점을 유념할 필요가 있다.

플라톤에 의해 영혼과 신체는 전혀 다른 것으로 규정되었으나, 그럼에도 영혼은 아직 명확히 근대적 의미의 정신적인 것은 아니다. 그것은 여전히 물질적인 것들이 존재하는 공간과 유사한 장소에 거하는 것으로 이해되었다. 플라톤은 새로운 존재자의 개념, 즉 이데아idea, 에이도스eidos라는 새로운 존재를 진정한 실재라 주장하면서, 이를 감각적 지각이 아니라 사유의 대상으로 규정했으나, 이들은 아직도 물질이나 신체와 명확히 구분되어 있지 않았다. 이데아 또는 형상들은 영혼과 유사한 존재적 위상을 가지나, 그에게 영혼은 일종의 물질과 유사한 형태로 존재한다. 영혼은 신체적 물질에 의해 오염되고, 혼합되며, 그것에 의해 침투될 수 있는 것이기에 물질성을 지니며, 신체의 소멸, 즉 죽음 이후에도 신체와 혼합된 불순한 상태에 머물러 언젠가 다른 신체로 환생하기를 기다린다. 이런 영혼관의 증거로 컨포드는 영혼 물질이 신체와 같이 공간적으로 연장된 것으로 묘사되어 있음을 지적한다.[41]

이런 미흡함에도 불구하고 플라톤의 영혼관은 서양 정신사에서 획기적이다. 그에 의해 영혼 또는 정신이 신체와는 전혀 다른 방식으로 활동하며 존재한다는 생각, 나아가 이런 정신이 인간의 삶에서 보다 중요한 부분이라는 믿음이 서구인들의 의식 속에 확고하게 자리 잡았기 때문이다. 이후 서구의 정신사는 영혼과 신체의 배타적 이분법을 주축으로 하여 전개된다. 서양의 존재론, 인식론, 윤리학에서 사유 범주를 구상하는 모든 이분법, 즉 현상과 실재, 허위와 진리, 감각과 이성, 믿음과 인식, 구속과 자유, 피안과 차안, 현실과 이상, 악과 선 등의 모든 서구적 이분법들이 이에 기반하고 있다. 대표적으로 소마신체로부터 프시케영혼의 분리는 서양철학에서 중세 기독교 신학의 영혼관, 근현대 데카르트의 심신 이원론, 그리고 현대 영미권의 심리철학에서 심신 문제 논의의 기초가 된다.

프시케와 소마 간의 배타적 구분은 갑자기 이루어진 것이 아니다. 이미 살펴본 바와 같이, 엠페도클레스 등은 자연계를 움직여지는 것원소 물질과 움직임의 원인이 되는 것사랑과 미움을 구분했고, 아낙사고라스는 우주의 구성 요소로 누스지성를 도입한 바 있다. 플라톤은 이런 믿음들을 계승하여 타동적 존재와 자동적 존재를 구분하면서, 영혼을 자기 운동 하는 유일한 존재로 차별화한다. 자기 운동성을 본질로 하는 존재는 운동 원인이나 행위의 책임이 자신 안에 있는 존재인데, 이런 존재를 근대 이후의 철학자들은 '행위 주체agency'라 부른다.

이와 밀접하게 관련되어 있는 것이 고대 희랍의 자연관이다. 고대 희랍인들은 자연피시스을 살아 있는 것, 생기로 가득 찬 것으로 보았다. 프시케는 이런 피시스에서 발전된 것으로 모든 생명체의 원리였다. 프시케는 인간은 물론 동물도, 더 나아가 식물을 포함한 모든 자연계의 구성원들이 지니고 있는 것으로 여겨지는 생기, 또는 생명체 전체에 관류하며 생기를 불어넣는 생명 혈액과 같은 것이었다. 희랍인들의 과학주의적 사고가 발전함에 따라 생기론적 자연관은 서서히 물러서게 된다. 희랍인들은 이제 자연계를, 더 이상 스스로 성장하고 움직일 수 있는 신비한 존재로 간주하지 않게 된다. 과학적 태도가 진전됨에 따라 그들은 자연 세계에서 스스로 움직일 수 있는 힘을 모두 제거해버린다. 그러나 그렇다고 해서 자동적인 힘, 생명의 힘이 우주에서 완전히 퇴출되는 것은 아니다.

과학주의적 사고는 희랍인들로 하여금 인간과 자연적인 존재를 구분하면서, 자연 세계에서 거두어들인 자동적인 힘 또는 생명의 원리를 인간의 프시케와 세계 영혼에[42] 귀속시킨다. 원래는 피시스의 자식이자 부분이었으며, 그로부터 영양과 생명력을 공급받던 프시케가 부친 살해를 감행하고, 피시스의 생명력을 혼자서 독점하게 된 것이다. 이제 자연, 즉 피시스는 더 이상 자체적으로 홀로 움직이고 성장할 수 있는 그런 존재가 아니다. 자동성을 지닌 유일한 존재의 지위는 프시케에로 양위된다. 프시케가 스스로 움직일 수 있는 힘을 독점함에 따라 자연 세계는 서서히 타자에 의해 움직이는 기계적 존재로 격하될 준비를 해야 하는 것이다.

능동적이고 독립적인 사유 주체로서의 영혼 개념이 형성되기 위해서는 운동 원인에 대한 반성 외에도 또 하나 중요한 조건이 갖추어져야 한다. 그것은 사유하는 자아가 집단의식으로부터 분리되어야 한다는 것이다. 호메로스에서 자연철학자들의 시대에 이르기까지 프시케는 아직도 생기나 숨의 수준에 머무는 것으로 자연, 즉 피시스의 일부였다. 영혼이란 자연에 편재한 숨이나 생기가 개인적 신체에 들어와 있는 존재 양태이고, 개인의 삶이란 우주 자연을 고향으로 하는 생기가 신체와 결합되어 이루어지는 것이니, 엄격히 말해서 개별적 독립성을 지닌 것이 아니다. 개인은 말하자면 자연적 생기가 지구상에 마련한 거주지로서만 존재 이유가 있다. 의식의 차원에서도 영혼은 순전히 수동적인 것이다. 개인의 영혼은 공동체의 문화와 전통을 흡수하여 집단의식의 일부가 되는 것을 교육과 지적 성장의 목표로 하므로, 개인은 집단의식으로부터 거의 분리될 수 없었다. 구술문화적 단계의 개인의식이란 그가 암기하여 기억하는 가치와 전범, 서사적 이야기들의 일부로서 또는 그를 배경으로 해서만 존재할 수 있다. 호메로스 시대 개인의 의식에 들어 있는 것은 기껏해야 호메로스의 서사시의 내용이 전부였다. 그러므로 그 시대에는 나의 영혼과 타인의 영혼은 대체적으로 동질적인 것, 분화되고 차별화될 수 없는 것이었다.

도시국가의 시민참여적 정치체제와 민주주의, 소피스트 운동이 조성한 토론과 논쟁의 분위기는 고대 희랍인들이 개인성의 의식을 갖게 하는 데 기여한다. 소크라테스는 이렇게 개별화된 개인들의 영혼에 철학적인 지위와 의미를 부여했다. 이제 개인들은 자기주장을 하며 자신의 권리를 쟁취하는 정치적이고 경제적인 개인에 그치지 않고 스스로의 사유에 의해 진리와 규범을 모색할 수 있는 사유 능력과 주체성을 지닌 철학적, 윤리적 존재로 인지되기 시작한다. 소크라테스가 아테네의 시민들에게 그들 스스로 삶의 문제에 대한 답을 추구하라고 요청할 수 있었던 것은 이런 의식을 배경으로 해서다.

8 희랍의 생사관과 서구의 정신주의 윤리

사고와 인식 활동의 개념이 형성됨에 따라, 이런 활동들이 우리 삶에서 어떤 의미를 지니는가, 그것의 윤리적 의미는 무엇인가에 대한 반성적 물음들이 제기된다. 인간의 영혼은 사유하고 인식하는 한에서 능동적이고 주체적인 존재가 된다. 인간은 영혼의 주체적이고 지적인 활동을 통해서 스스로 자신의 삶을 개선할 수 있으며, 자신의 영혼을 구원할 수 있는 존재다. 서구적 학문의 개념은 이런 인간관에 기반한다. 그래서 학문의 최초 형태는 윤리학이었다. 윤리학이란 삶의 가치나 원리를 주체적인 탐구 활동을 통해 인식하고, 이를 지침으로 삼아 자신의 삶을 개선할 수 있다는 믿음에 다름 아니다. 고대 희랍에서 윤리학은 인식론과 뗄 수 없는 관계에 있다. 이런 점에서 인식보다는 수양과

훈련을 중시하는 동아시아의 윤리학과 차별적이다. 그럼에도 그 당시의 앎은 서구의 근대적 인식 개념과 달리 실천과 긴밀하게 연관되어 있었다. 앎을 위한 앎, 진리에 대한 정관적 인식의 이념은 서구적 학문 정신에 특유한 것이지만, 서구에서도 학문의 초기 단계에서는 '앎 그 자체를 위한 앎', '진리 그 자체'란 낯선 개념이었다. 앎이란 영혼의 자기 운동성, 즉 자신의 삶을 위해 수행하는 능동적 실천이었다.

인식 활동의 발견은 인식 대상의 존재론적 위치에 대한 물음을 제기한다. 지적 인식은 감각적 지각과는 다른 것이기에, 그 대상 역시 감각을 넘어서는 것이다. 초감각적인 것들의, 가령 수학이나 논리적 대상들의 존재론적 지위에 대한 논의가 전개되면서, 플라톤은 형상의 존재론을 제안하게 된다. 근현대인들은 앎, 믿음, 감각적 지각은 동일한 것을 대상으로 하되, 인지된 내용에서 다르다고 구분한다. 하지만 플라톤에 따르면, 이 서로 다른 앎의 활동들은 아예 대상이나 주제를 서로 달리한다. 왜냐하면 감각기관은 신체에 얽혀 신체의 상태에 의존하며 그의 영향을 받으나, 인식 주체인 프시케는 신체의 영향을 벗어나 인식하기에 그 대상도 달라야 한다고 믿었기 때문이다. 플라톤에 이르러 감각적 지각과 영혼의 지성적 인식은 확연하게 구분된다. 전자는 경험적 특수자들을, 후자는 추상적 보편자들을 인식 대상으로 한다. 앞선 장에서 논의한 바, 희랍어에서 관사의 사용은 추상적 존재를 언어적으로 표현할 수 있는 장치를 제공함으로써 프시케의 인식 대상을 차별화하고 구분해내는 데 적극적인 기여를 한다. 경건한 사물과 행위들ta hosia; the pious things은 감각적으로 경험할 수 있지만, 경건함의 성질이나 경건성to hosion; the pious은 오로지 프시케의 이성적 사유를 통해서만 인식된다.[43] 플라톤의 형상론이 영혼론과 긴밀한 관계를 갖는 이유는 여기에 있다.

호메로스 시대에서 플라톤에 이르기까지 프시케 또는 영혼과 신체의 관계는 극적인 변화를 겪는다. 호메로스 시대의 프시케는 자신이 얹혀 있던 신체가 소멸하게 되면 활기와 의식마저 상실하고 정처없이 떠도는 무력한 존재였다. 자연철학자들에 의해 영혼은 질료적 기반을 지님으로써 신체와 불가분의 존재가 되었다. 플라톤에 이르자 영혼은 오히려 신체의 소멸을 희구하는 존재, 신체로부터 독립함으로써 자신의 삶을 살 수 있는 존재가 된다. 호메로스의 영혼은 신체의 죽음과 함께 하데스에서 떠도는 그림자로 전락하지만, 플라톤의 영혼은 오히려 신체의 죽음을 살며 형상계로 비상한다. 플라톤의 역설적인 생사관은 서구 정신사의 전 기간 동안 다양한 영역에서 주축적인 영향력을 행사해왔다. 서구 윤리학에서는 가급적 영혼 주도의 인식과 사유의 삶을 살며, 진리와 가치를 추구하고 정관하면서 사는 것이 인간 삶의 이상이라는 입장, 정신적인 것, 이성적인 것, 감각과 신체를 넘어선 것, 초개인적인 것 등이 더 중요하고 가치 있다는 정신주의적 입장이 주류를 이룬다. 이런 경향은 현대까지도 지속된다. 플라톤의 영혼의 신체 독립론은 중세 기독교의 금욕주의, 데카르트의 심신 이분법, 칸트가 주장한 선의지와 성향 · 현상계와 예지계 · 목적의 왕국과 사물의 왕국 간의 구분, 근현대의 자유주의 인격 개념 · 인격의 존엄성이라는 가치 개념으로 이어진다. 이는 아직도 플라톤적인 교설이 여전히 영향력을 발휘하고 있음을 보여준다.

쾌락을 윤리적 삶의 원리로 하는 공리주의마저도, 이런 입장을 배경으로 해서 의미를 지닌다. 쾌락은 개인적 주관이 향유하는 바이며, 사회적 관계나 대타적 관계와는 적어도 직접적인 관계가 없는 사적인 것이다. 이런 점에서 공리주의가 추구하는 윤리적 삶이란 사회성과는 무관하다.[44] 공리주의 관점에서는 신체성도 이차적이라 할 수 있는데, 신체란 주관이 쾌락을 취득하고 향유하기 위한 도구에 불과할 뿐이기 때문이다. 현대의 실존주의는 신체의 질서라 할 시간성, 역사성, 우연성 등을 강조하고 본질과 실존을 대조하면서, 서구 전통의 윤리학을 비판하고 있다. 그러나 실존의 거처는 인간의 의식이나 정신 세계 또는 내면적 주관이다. 실존철학이 관심을 갖는 것은 타인과의 사회적 관계라기보다는 개인의 내면적이고 고독한 의식 세계다. 이런 점에서 실존철학 역시 의식의 윤리학이거나 영혼의 윤리학이라 할 수 있다.

서구의 정신주의 윤리는 타인과의 적절한 사회적 관계, 사회적 행위로서의 예를 윤리의 근간으로 하는 동아시아적 사유에서는 전혀 이해하기 힘든 것이다. 나아가 서구의 윤리적 사유에서는 대체적으로 인식, 윤리적 가치나 규범 등의 인식을 필수 조건으로 하는데, 이 역시 유가의 윤리적 사유와 대조적이다. 유가에서 중요한 것은 실천, 말과 행위를 통한 실천이며, 이런 실천은 인식보다는 선대의 전범을 모방 · 훈련 · 연습함으로써 이루어진다고 믿는다.

서구의 윤리적 사유법이나 강령들을 구성하는 기본 개념이나 사유 범주들은 다양하나, 이들은 모두 마음과 몸, 영혼과 신체의 구분에 기초하며, 이 구분과 개념들은 자연적인 것이나 신체적인 것으로부터의 해방, 또는 직간접적으로 죽음에의 지향성을 담고 있다. 서구 윤리적 사유의 가장 중요한 특색은 신체성의 소멸이나 극복이라 할 수 있다. 윤리적 실천을 통해 성취하려는 정신의 자유란 다름 아닌 신체의 죽음을 통해서, 적어도 자연적이고 신체적인 것의 제어를 통해서 가능하다고 보기 때문이다.

희랍 생사관이 서구 정신의 형성에서 기여한 가장 중요한 바는 아마도 다음일 것이다. 죽음에 대한 고대 희랍인들의 체험은, 생명의 원리를 분리해내고, 나아가 이를 사유 주체로, 사유 능력을 지닌 주체로 발전시켰다. 프시케영혼를 소마신체로부터 분리함은 서양철학이나 서구 사유 틀의 중심축을 이루게 된다. 죽음의 현상은 고대 희랍인들, 특히 플라톤에게는 모든 것의 종료, 아무것도 아닌 것이 아니라, 가장 심각한 철학적 사색의 계기를 제공한다. 플라톤은 스승 소크라테스의 죽음을 계기로, 죽음의 의미, 영혼과 신체 간의 관계를 사색한다. 호메로스는 프시케가 신체를 떠나서는 무력한 존재가 될 것이라고 우려했으나, 플라톤은 오히려 신체로부터 독립하여 영혼이 자신의 삶을 살 수 있는 가능성을 검토했다. 스승의 죽음은 슬픔을 안기지만, 다른 한편으로 영혼의 운명에 관한 치열한 사색의 계기를 제공한다. 그의 잠정적인 결론은 인간의 프시케는 신체의 방해가 없어야, 본연의 모습을 드러내며 독립적인 삶을 영위할 수 있다는 것이다. 인간의 영혼은 데카르트 이전에 이미 플라톤에 의해 실체적 지위를 확보한 것이다. 그러하기에 살아 있는 동안 영혼의 정화를 힘써야 인간의 프시케는 죽음 저 너머에 있는 실재계로의 고공비행을 할 수 있게 하는 견고한 날개를 얻어 진정한 실재자들을 투시하거나 정관할 수 있다는 것이다.

죽음은 검은 심연, 아무것도 보이지 않는 어둠의 세계다. 그러나 플라톤은 오히려 그 심연 속에서 영혼의 운명을 투시해 보려 한 것이다. 과연 철학적 죽음은 플라톤의 영혼에 날개를 달아준 것으로 보인다. 그의 영혼은 2,500년의 서구 정신사의 긴 역사를 거치면서 현대에도 살아 서양인들의 정신 세계 위를 비상하고 있다.

6

정치
민주주의와 아리스토텔레스

1 희랍의 데모크라티아

인간은 모두 국가의 일원으로 살아가며, 국가는 우리의 개인적 삶에 넓고 심중한 영향력을 행사한다. 우리는 이상적이며 완전한 정치체제 하에서 살고자 하는 열망을 품고 있다. 우리가 갖는 정치체제의 형태에 따라 개인의 삶은 크게 제약되거나 신장될 수 있다. 민주주의는 현대 국가들 대부분에서 정치, 경제, 사회, 심지어 이데올로기의 차이에도 불구하고, 이상적인 정치 형태로 간주되고 있다.[1] 민주적인 국가는 이상 국가의 현대적인 동의어다. 현대 국가는 그 구성원을 개인들로 하며, 국가의 목표는 이들 개인의 삶의 질을 향상시키는 데 있다.

현대에서뿐 아니라, 서양의 근대나 고대에서도 민주주의는 정치의 이상이었다. 루소는 근대의 이런 견해를 반영하여 신들의 국가가 있다면 그것은 민주주의의 국가일 것이며, 이와 같이 완전한 국가는 불완전한 인간에게는 적합지 않다는 말로 민주주의의 이상적 성격, 그리고 그 이상의 비현실성을 주장했다.[2] 이런 이견에도 불구하고 민주주의는 서구의 정치적 사유에서 오랫동안 이상적 체제로 평가되어왔던 만큼, 고대 희랍의 민주주의를 검토하는 일은 서구 정치적 사유의 원형을 이해하는 데 도움이 될 것이다.

민주주의는 고대 희랍에서 유래하여 기원전 5세기에 그 전성기에 이르고 페리클레스Perikles에 의해 최선의 정치 형태로 찬양되었다. 민주주의 원형은 고대 희랍에서 형성되었는데, 이에 대해 희랍의 철학자들, 특히 아리스토텔레스는 어떤 견해를 갖고 있었으며 그 논거는 무엇이었을까? 이 물음에 답하기 전에 먼저 지적할 사항이 있다. 민주주의democracy라는 개념은 희랍어 데모크라티아demokratia에 그 어원을 두고 있다. 이 표현은 우리 삶의 세계와는 다른 시간과 공간 속에서 사용되었으므로 이들 표현의 내포와 외연이 일치하는지는 먼저 확인되어야 한다. 고대 희랍의 데모크라티아는 '데모스demos'에 의한 지배를 의미한다. 고대 희랍에서 데모스는 원래 지방행정 단위의 거주민을 의미하다가, 나중에는 시민 전체를 의미하게 된다. 그래서 민주주의는 소수가 아니라 다수의 시민에 의한 지배이다. 고대 희랍에서 시민은

20세 이상의 자유민이면서 아테네 성인 남자에 국한된다. 미성년, 여자, 외국인, 노예는 제외된다. 현대의 민주주의는 모든 인간들 간의 윤리적이고 형이상학적인 평등성모든 인간은 인격적 존재로서 동등하다에 기반한 체제다. 이에 비해, 아테네의 민주주의는 정치적 민주주의이며 자유와 평등을 핵심 가치로 하기는 하되, 주로 공동체 구성원 일부들에만 타당한 정치적 권리에서의 평등, 좀 더 구체적으로 정치적 집회에서 말할 권리, 법 앞에서의 평등을 의미한다. 현대의 민주주의 체제 대부분은 대의민주주의임에 비해, 아테네의 민주주의는 직접민주주의다. 나아가 고대 희랍에서 민주주의에 비판적인 귀족들이나 철학자들에게 데모스는 시민 전체라기보다는 특정의 계층, 평민 또는 도시 빈곤층을 의미하는 것으로 여겨진다. 그래서 현대 사회에서는 민주주의가 이상적인 정치체제로 여겨짐에 반해, 고대 희랍의 철학자들은 민주주의를 결함이 많은 체제로 평가한다.

이러한 차이점에도 희랍의 민주주의는, 자유와 평등을 기본 가치로 하며, 시민의 자격이 있는 모든 사람들에게 정치적 참여에서의 평등성을 인정한다. 이 점에서 희랍 민주주의는 현대 민주주의의 원형이라 할 만하다. 이런 원형적 민주주의에 대한 철학자들의 견해, 특히 알렉산더 대왕의 스승이었고, 대표적인 정치철학자라 할 아리스토텔레스의 견해를 들어보는 것은 의미 있으리라 생각된다. 이를 통해 민주주의 원형의 특징을 살펴볼 수 있고, 이상적 정치체제가 갖추어야 할 기본 원리나 가치가 무엇인지를 생각해볼 수 있다.

이 장에서 논의의 중점은 아리스토텔레스의 견해 개진 과정에서 드러나는 그의 정의관과 국가관이 될 것이다. 이곳에서는 아리스토텔레스의 입장을 옹호하거나 비판하기보다는 그의 핵심적 생각을 확대 · 심화하여 해석하는 데 주력할 것이다.

2 정치체제의 분류와 희랍 민주정의 특징

아리스토텔레스의 분류에 따르면1279a ff,[3] 고대 희랍에서 데모크라티아는 여섯 가지 폴리테이아politeia 중 하나다.[4] 폴리테이아는 폴리스polis의 직책 일반, 특히 모든 분야에서 최고의 통치권을 발휘하는 그 직책의 분배와 조직 방식이라고 아리스토텔레스는 정의한다1278b 9~10. 폴리테이아의 분류를 위한 아리스토텔레스의 기준은 폴리스의 통치권이나 이를 행사하는 조직to kyrion이 어디에, 보다 구체적으로 어느 계층에 있느냐는 것이었다.[5] 그러므로 폴리테이아는 정치적 권위나 권력의 분배 형태, 통치 형태, 또는 정치체제라고 번역될 수 있다.[6] 다른 한편으로 아리스토텔레스는 폴리테이아를 삶의 방식이라고 기술하고 있으며1295a 25; 1265b 1,[7] 이 규정은 그가 어느 계층이 폴리스의 통치권을 장악하느냐와 그 폴리스의 삶의 방식 사이에 중요한 함수관계가 있다고 보았음을 시사한다. 이는 마치 한 인간 영혼의 어느 부분이 그의 삶을 통어하느냐에 따라 그의 삶의 방식이 달라짐과 유사하다.[8]

데모크라티아는 어떤 형태의 정체인가? 아리스토텔레스는 위에 말한 통치 계층에 따라 세 종류의 폴리테이아를 구분한다.[9] 통치권의 소유자가 1인일 경우 그것은 군주정이 되고, 소수 계층일 경우 귀족정과 중산정中産政이 생겨난다.[10] 전자의 두 정체는 이해하기에 별 문제가 없으나, 세 번째 정체는 약간의 설명을 요한다. 중산정은 아리스토텔레스가 현실적으로는 가장 이상적인 정치형태로 본 것으로, 바로 그런 이유에서 한 종류의 폴리테이아임에도 불구하고, 그는 유적類的 표현을 그대로 사용하여 그냥 폴리테이아라고 불렀다. 이는 영어로는 polity, constitutional goverment라고 번역되며, 한국어로는 '입헌민주정체'[11] 또는 '혼합정체'[12]라고 번역된다. 내용적으로는 자유와 평등을 권력 분배의 원리로 삼되 중산계층이 다수가 되고, 이 다수의 중산층에 의해 지배되는 안정적인 국가를 지칭한다. 이 국가 형태에 관하여는 뒤에 다시 논의하고자 한다.

위와 같은 분류 다음에 아리스토텔레스는 또 하나의 기준을 도입하여 다시 세 종류의 폴리테이아를 더 구분한다. 그 기준은 위의 각 통치 집단이 국가의 올바른 목적을 성취하려 하느냐, 즉 그 집단이 국가 구성원 모두의 이익 증대를 도모하느냐, 아니면 자신들의 이익만을 취하려 하느냐는 것이다. 전자의 경우, 올바른 정체들이 등장하는데, 이들 정체의 모습은, 위에 언급한 바와 같이, 어떤 계층이 통치 집단이 되느냐에 따라 위의 세 종류의 폴리테이아로 나타난다. 다른 한편으로 통치 집단이 자기 집단의 이익만을 취하려 할 때 그릇된 정체가 탄생하는데, 그것은 위의 세 정체에 상응해, 각각 참주정, 과두정, 그리고 데모크라티아다. 이 마지막 정체는 우리가 통상 '민주정또는 중우정 또는 빈민정'이라 번역하는 체제다. 데모크라티아는 직역하면, '아티카Attica의 데모스에 의한 지배'를 의미한다. 이미 언급한 바와 같이,원래 데모스는 도시asty의 거주민인 아그로스agros에 대응하는 집단으로 도시 주변 시골의 행정구역 또는 그곳의 거주민을 의미했다. 그러나 점차 데모스는 도시 거주민까지도 포함하는 개념이 된다.[13]

데모크라티아는 아리스토텔레스가 두 가지 기준에 의해 분류해낸 여섯 종류의 폴리테이아 중 하나로, 아테네 시민의 다수를 점유하는 데모스 집단에 의한 통치 형태이되, 아리스토텔레스의 평가에 따르면, 데모스들이 전체 시민의 이익이 아니라 자기 집단만의 이익을 증대시키는 편파적 또는 당파적 정치형태라는 것이다.

체제 분류의 주요 기준이 된 통치자의 수, 또는 어느 계층이 통치자가 되느냐는 국가의 비본질적이거나 외형적인 측면이다. 국가 분류에서 본질적 기준은 국가의 존재 이유, 근거, 목적일 것이다. 좀더 철학적인 의의를 갖는 정치형태의 분류는 각 국가가 설정하는 목적에 따른 분류일 터이고, 이에 따라 우리는 국가 형태를 경찰 국가, 복지 국가, 재분배적 국가, 윤리적 국가, 종교 국가로 구분할 수 있다. 이에 비해, 아리스토텔레스가 제안한 분류 기준은 국가 본질의 관점에서 볼 때 외적이고, 자의적이며, 상황 의존적인 분류이다. 아리스토텔레스는 보다 구체적인 기준을 채택하고자 했을 수 있으며, 나아가 통치자의 수나, 이에 의해 결정되는 통치 계층에 따라 국가 내에서 삶의 방식, 국가의 본질, 지향 목적이 달라진다고 보았을 수도 있다. 이 같은 해석이 타당하다면, 아리스토텔레스는 통치자의 수가 결과적으로는 국가 분류의 본질적 기준이 된다고 본 것이다.

다수의 데모스에 의한 지배로서 데모크라티아를 정당화하는 원리는 무엇인가? 그것은 자유와 평등의 가치이다. 민주정에서 정치권력을 분배받기 위한 기준은 자유시민이라는 정치 · 사회적 신분이었다.[14] 이 정체 하에서 자유로운 신분을 지닌 자들은 모두 평등하게 통치에 참여할 수 있다. 이에 견주어 소수의 지배 형태인 과두정을 정당화하는 원리는 경제적 부다. 과두정에서 정치권력의 분배는 소유 재산의 다소에 비례하며, 그 결과 지배력은 소수의 부유 계층에 의해 장악된다. 다른 한편으로 귀족정의 정당화 원리는 귀족들의 고결한 인품과 능력이다.

위와 같은 정당화 논거에 비추어 볼 때, 희랍의 민주정은 자유주의적 평등주의를 실현하고 있는 듯이 보이나, 실상은 그렇지 않다. 희랍 민주정이 지향하는 평등성은 평등한 정치 참여, 모든 시민들이 통치와 피통치를 교대하는 정치권력 참여에서의 기회 균등을 의미한다 1317b 3.[15] 기회 균등을 위한 자격 요건이 되는 자유는 자유인들의 자손들만이 얻을 수 있는 출생 신분적 지위였다. 고대 희랍에서의 자유와 평등은 현대의 정치·윤리적 가치로서의 자유와 평등과는 사뭇 다른 개념 내용을 담고 있다. 전자가 정치사회적, 더 정확히는 신분적 개념이라 한다면, 후자는 철학적·윤리적 지위에 관한 것이다. 현대적 평등은, 인간을 인격적 존재 또는 도덕적 행위 주체로서 파악할 때의 평등함이며, 바로 이런 평등성이 현대 민주주의의 기초가 되어 있다. 현대적 자유는 도덕적 행위 주체로서의 개인이 갖는 자율성이나 타인에 의한 불가침성을 의미한다.

고대 희랍에서 자유와 평등은 출신 성분에 의해서만 취득할 수 있었다. 희랍 사회에서 모든 성인들이 통치에 참여할 수 있었던 것은 아니다. 통치 참여의 기회는 오직 자유 시민이라는 신분 계층에만 주어졌으며, 자유 시민의 수는 폴리스 전체 인구에서 오히려 소수다. 그래서 어떤 평자들은 고대 희랍의 민주정은 일종의 확장된 귀족정이라고까지 규정한다.[16] 희랍 민주정이 갖는 제약에도 불구하고, 현대 민주주의와 공유하는 중요한 공통점이 있다. 민주정은 아테네의 데모스들이 소수의 부유 계층에 대항하여 평등한 정치 참여를 주장하면서 도입되었다. 데모스들이 이런 주장을 한 근거는, 폴리스의 운영에는 경제적 부보다 더 중요한 요인이 관여하며, 그 점에서는 빈자나 부자나 평등하다는 생각이었을 것이다. 이 점에서 희랍의 민주정은 현대적 민주주의의 평등 이념에 근접한 것으로 볼 수 있다.[17]

한 가지 더 언급할 것은 민주정의 두 특성, 즉 데모스에 의한 지배와 자유 신분에 따른 평등주의라는 원리 사이의 관계이다. 전자는 사실적 · 현상적 특징임에 반해, 후자는 규범적 · 이성적 특성이다. 어떤 학자들은 고대 희랍 민주정에서 자유와 평등의 가치가 이차적이고 부수적이라고 평가하는 경향이 있다.[18] 희랍 사회의 계급적 이해 갈등의 과정에서, 민중 계급이 자신들의 계급적 이해를 추구한 결과로 민주정이 등장한 것이며, 자유와 평등이라는 가치는 단지 그런 추구를 위한 외적 명분에 불과하다는 것이다. 고대 희랍에서 민주주의 등장은 계층 간의 갈등이나 투쟁의 결과이지, 보편적 · 윤리적 가치를 추구한 결과가 아니라는 논리다. 이런 입장과는 달리 후자의 규범적 가치가 민주정 등장의 주요 동기로 해석할 수도 있다. 즉 자유에 근거한 평등에의 요구가 민주정을 결과했으며, 그 결과 다수의 민중 지배 및 민중 이익의 신장이 뒤따르게 되었다는 해석도 가능하다.

이 두 해석은 역사의 발전을 전혀 다른 관점에서 이해한다. 전자는 역사 발전의 동기를 특정 개인이나 계층의 이해와 욕망으로 보는데, 후자는 역사 발전의 동기를 윤리적인 가치 추구에서 찾는다. B보다 적은 몫을 갖고 있는 A가 단지 B보다 더 많이 갖기 위해 자신의 이익 증대를 위한 노력을 경주하되, 이런 이기적 노력을 외적으로 분식하기 위해 윤리적 명분을 내걸었다면, 전자의 입장이 타당할 것이다. 반면 A가 자신의 열악한 상황이 불공정, 불평등, 불의의 결과라는 가치 판단을 내리고, 이런 판단을 동기로 투쟁하여, 자신이 B만큼 이익을 획득하고자 노력한다면, 후자의 이해가 타당할 것이다. 이 상황에서 A의 불의에 대한 자각은 도덕적 감정으로서 의분을 유발한다. 그의 노력은 단순한 사욕의 충족이 아니라 도덕적 가치의 실현 행위로 타자에게 인식되기에, 보편적 설득력을 지니게 된다. 전자는 단순히 자연적 상태임에 비해, 후자는 도덕적 상황이다. 전자는 인간의 역사란 결국 자연 상태의 연장이되 타산적이고 합리적인 이성이 주도한다는 점에서만 자연 상태와 차별적인 것으로 파악함에 비해, 후자는 인간의 삶과 역사의 전개는 자연 상태에서와는 달리 윤리적 동기를 주요 동인으로 한다고 차별화한다.

민주정이 등장하게 된 주요 계기가 경제적이고 계층 간의 이해의 갈등이라고 하더라도, 자유와 평등의 가치가 명분으로라도 등장했음은 정신사적으로 중요한 의의를 지닌다. 아리스토텔레스도 지적했듯이1301b 30; 1302a 25 아테네 반란stasis의[19] 원인은 데모스가 품게 된 불평등에 대한 의식이었다. 이런 의식이 형성됨에 따라, 민주정과 과두정의 투쟁이 단순한 계급적 이해의 갈등이 아니라 도덕적 원리의 선택, 정의 개념에 대한 서로 다른 두 해석 간의 선택 문제로 바뀐다. 이런 변화는 두 계층 간에서 일어나는 갈등의 성격을, 어느 계층이 더 강력하냐가 아니라 어느 쪽이 옳으냐의 윤리적 문제로 변모시키며, 따라서 그 갈등이 해소되기 위해서는 자신의 입장을 도덕적으로 정당화하고, 타방을 설득함으로써 윤리적 승리를 거두어야 한다.[20]

아리스토텔레스가 이해한 당시 민주정의 특색을 정리하여 요약하면 다음과 같다. 민주정에서 정치권력 배분의 원리는 자유시민이라는 사회적 신분을 준거로 하는 평등이었다. 당시의 상황에서 이들의 대부분은 경제적 빈한 계층이었으며, 이 빈한한 계층이 아테네 자유 시민의 다수를 점유하고 있었다. 따라서 자유인의 신분을 기준으로 하여 통치권을 평등하게 분배할 때, 민주정은 다수의 지배이되, 빈민 계층이 지배하는 빈민정이 된다.

이들은 교육이나 교양에서 열등하였으므로 민주정은 중우정衆愚政이라고도 평가된다. 이 빈한한 다수는 부유한 소수와 경제적 적대 관계에 서게 되는 만큼 후자를 다수의 힘으로 정치권력에서 제외시키려 하며, 그 결과 이들은 모든 시민을 위한 정치가 아니라 통치 집단인 자신만을 위한 파당적 정치를 행하게 된다.[21] 그래서 아리스토텔레스는 민주정을 그릇된 정체의 하나로 분류한 것이다.

3 민주정 비판과 정의론

아리스토텔레스는 민주정의 문제점을 여럿 지적하고 있다1304a ff, 1317b. 우선 쉽사리 인지할 수 있는 현상적이고 경험적인 문제를 제기한다. 첫째, 이런 정체는 빈부 계층 간의 경제적 갈등 요인을 내포하고 있어, 폴리스의 존속과 발전에 절대 필수적인 연대의식을 훼손시키며, 그 결과 와해의 위험을 안긴다. 둘째, 통치 집단인 민중들이 낮은 출생 신분, 빈곤, 통속성의 특성을 지니고 있어 비이성적이다. 셋째, 따라서 선동 정치가의 수중에 장악될 수 있다. 그가 지적한 이런 단점들은 현상적 · 결과적 · 부차적인 것이며, 이런 비판의 기저에는 더 기초적이고 원리적인 비판이 깔려 있다.

아리스토텔레스는 민주정이 근본적으로 잘못된 정의관, 더 궁극적으로는 피상적 국가관을 전제한다고 지적한다. 이 비판은 과두정과 민주정의 차이에 대한 그의 논의 과정에서 개진되어 있다. 그에 따르면, 민주정이나 과두정 모두 정치권력의 배분이 정의to dikaion의 원칙에 따라 이루어져야 하며, 그리고 정의는 일종의 평등임에는 동의한다. 그러나 이 두 정체는 정의와 평등의 내용에 관해서 큰 견해의 차이를 보인다. 민주정은 정치권력 배분에서 가장 중요한, 그리고 유일의 기준이 자유 시민이라는 정치 · 사회적 신분이라고 본다. 나아가 정치적 평등은 정치권력의 배분뿐 아니라 모든 면에서 평등을 함의해야 한다고 주장한다. 반면 과두정은 정치권력 배분의 기준을 경제적 부에서 찾으며, 경제적 차이는 다른 모든 면에서, 특히 정치권력 분배에서 차등을 수반해야 한다고 반론한다.

아리스토텔레스는 이 두 정의관 각각이 산술적 평등 또는 비례적 평등을 주장한다고 평가한다. 이런 점에서 민주정의 정의관을 산술적 평등론to arithmo, 과두정의 정의관을 비례적 평등론to kat' axian, to logo으로 특징짓는다1301b 31, 33, 37; 1302a 8. 전자에 따르면, 시민들 각각은 자유 시민의 신분을 가진 자로서 동등하며, 따라서 한 단위의 비중을 갖는다. 민주정의 정의관은 이들 시민에게서 오직 시민의 신분만을 고려하고, 이들이 이 점에서 대등한 이상, 정치권력도 산술적 동등성을 유지하도록 이들에게 균등하게 분배해야 한다는 것이다. 이에 따르면, 자유 시민의 신분 이외의 다른 특징, 가령 인품, 지도력, 재산 정도 등 그 어느 것도 고려해서는 안 된다.

과두정의 지지자들은 시민들이 시민으로서는 동등하나 소유 재산의 다소에서 차이가 나며, 이 차이는 정치력 발휘에 영향을 줄 가능성이 있으므로, 그 재산 정도에 비례해 정치권력을 분배하자고 논한다. 산술적 평등론은 평등 분배를 받을 자의 특성을 전혀 반영하지 않는 획일적 평등을 주장하는 반면, 비례적 평등은 분배 당사자인 시민의 어떤 특성이나 가치를 고려해 이성적 또는 비례적으로to logo 분배하여 차별적 평등 또는 이성적 평등을 실현하고자 하는 셈이다. 희랍어에서 로고스logos는 비례 또는 이성 모두를 의미한다.

아리스토텔레스는 이 두 정의관이 모두 문제가 있다고 진단한다. 그는 이 둘을 융합한 정의관을 제안하면서, 비례적 배분에서도 재산 아닌 다른 특성이 고려되어야 한다고 논한다. 그는 민주정과 과두정의 정의관을 명시적으로 비판하고 있지는 않으나, 추측컨대 비판의 내용은 다음과 같다. 민주정의 산술적 평등론은 개인이 출생의 연원을 통해 얻게 된 자유 시민의 신분을 분배의 준거로 하나, 이 준거는 분배 대상인 정치권력이나 통치권의 발휘 기회와는 아무런 본질적 관계가 없다. 그러므로 이런 획일적 분배는 이성적 고려에 의해 밑받침된 이성적 평등이라기보다는 비이성적이고 자의적인 평등이며, 그 결과는 열등하고, 천박하며, 파당적인 비집단을 통치자의 위치에 올려놓는다. 단적으로 자유인이라는 사회적 신분은 그 자체로서는 정치적 통치 능력과는 아무 상관이 없다고 그는 평가한 듯하다. 결국 산술적 평등을 사회 정의로 삼는 폴리스는 비이성이 지배하여 와해된다는 것이다.

아리스토텔레스는 대체적으로 산술적 평등보다는 비례적 평등이 올바른 정의의 실체에 가깝다고 논한다. 그러나 그는 과두정 식의 비례적 평등론 역시 비판한다. 비례적 평등론에서 중요한 것은 비례의 기준이 되는 바이되, 이것은 비례적 평등에 의해 분배될 바, 즉 정치권력이나 통치 능력과 본질적 관계를 가져야 한다. 비례적 평등을 실시하되, 그 비례의 기준이 비이성적인 것이 될 때, 결국 그 사회는 그만큼 비이성적이 된다. 과두정의 비례적 평등론자들은 시민의 재산 정도가 통치 능력이나 통치될 폴리스의 목적 실현에 기여한다고 가정하며, 이런 가정 하에서 정치권력을 재산 정도에 비례해 차등 분배해야 한다고 주장한다. 아리스토텔레스의 판단에는 부의 축적 능력이 국가 목적 실현에 기여하리라 기대하기도 어렵거니와, 설혹 어떤 기여를 하더라도 그것은 국가의 진정한 목적 실현과는 아무 관계가 없다는 것이다.

결국 아리스토텔레스의 견해는, 올바른 정의란 획일적 산술적 평등이 아니라, 분배의 유관 사항을 고려하는 비례적 평등이며실질적으로는 정당화될 수 있는 차등 분배, 이 비례적 평등 분배를 위해서는 올바른 기준이 필요한 바, 정치권력 배분에서 기준이 되어야 할 것은 국가의 진정한 목표 실현에의 기여도라는 것이다. 국가 권력 배분에서 정의에 관한 이런 입장은 아리스토텔레스를 국가의 목표에 대한 논의로 이끈다. 그는 민주정과 과두정의 정의관에 대한 비판에 연이어, 그 정의관들이 암암리에 전제하고 있는 국가관에 궁극적인 비판의 화살을 겨눈다.

민주정이나 과두정의 정의관은 국가의 목적 또는 존재 이유를 무엇으로 보는가? 이 두 정의관은 폴리스의 목적을 재산의 축적, 단순한 동물적 생존, 모든 종류의 권리 침해로부터의 상호 방위, 재화의 상호 교환이나 거래라고 가정한다1280a 25 ff. 두 정의관이 전제하는 위와 같은 국가관이 명시적으로 언표되어 있지는 않으나, 우리는 다음과 같은 사실에서 이런 국가관을 추론할 수 있다. 민주정은 자유인이라는 정치적 · 사회적 신분을, 과두정은 재산의 소유 정도를 정치권력 분배의 기준으로 설정한다. 이와 같은 기준 설정은 민주정이 국가의 기능을 주로 경제적 부의 축적, 재화의 교환과 거래에서 찾으려 하며, 과두정이 국가의 역할을 주로 권리 침해로부터 시민의 보호, 상조적 방위에 두고 있음을 시사한다. 아리스토텔레스는 민주정과 과두정의 배후에 전제되어 있는 국가관을 비판하고 있는 것이다.

국가의 목적과 존재 이유를 정치 · 경제 · 사회적인 측면에서만 찾을 때, 국가란 다른 국가와 지역적인 구분밖에 갖지 않는 단순히 실용적인 동맹체symmachia로 전락하며, 법은 계약synthēkē이나 개인 상호 간의 '사법적 권리를 보장하기 위한 담보물'에 불과할 것이다. 실용적 국가는 국민들이 상호 간의 불의를 방지하고 재화의 교환을 가능케 하기 위해 함께 모인 공간의 공동체[22]에 그치며, 함께 모여 살기 위한 군거지1280b 39; 1281a 4; 1280a 32, 맹목적이며 즉자적인 삶을 영위하는 동물의 왕국 또는 노예들의 집단1280a 32과 같을 것이라고 아리스토텔레스는 혹평한다.[23] 이들 국가의 역할이 전혀 불필요한 것은 아니다. 그것들은 생물학적 존재인 인간의 삶을 위해 필수적이며, 따라서 국가는 이런 역할을 수행해야 한다. 그러나 이 역할은 단지 국가 성립의 필요조건이거나 1280b 32,[24] 국가가 실현해야 할 보다 더 고귀한 어떤 목적을 위한 수단1281a 1에 불과하다.

국가의 진정한 목적이나 존재 이유는 무엇인가? 그것은 시민들을 최대로 선하고 정의롭게 함, 완전하고 자족적인 삶을 영위케 함이며1280b 35; 1280a 1, 단지 같은 공간에 함께 모여 삶suzēn이나 동물적 생존이 아니라, 잘 삶1280b 40; 1280a 32, 행복하고 훌륭하게 삶1281a 2, 그리고 훌륭한 행위를 실천하며 삶1281a 3에 기여함이다. 한마디로 요약해서, 폴리스란 잘 삶을 위한 공동체, 개인이 완전하고 자족적인 삶을 영위하기 위해 모인 가족들과 종족들의 공동체이다.[25]

국가의 고유 목적에 기여할 수 있는 능력 또는 기여도가 진정한 시민의 시민으로서의 덕목politikē aretē, 1281a 8, 9; 1280b 7이며, 올바른 정의나 올바른 평등이란 시민적 덕목에 따른1281a 8 분배, 즉 위와 같은 목적 실현을 위한 공동체적 기여에 비례해서1281a 5~6 정치권력을 분배함이다. 요약컨대, 올바른 폴리테이아 즉 정치체제란, 1) 폴리스의 올바른 목적을 정립해야 하며, 2) 그 정치권력을 분배함에서 이 목적 실현에의 기여도를 기준으로 삼아, 3) 이에 비례해 차등 분배함으로써, 4) 산술적 평등이 아니라 비례적 평등, 즉 이성적 평등이자 가치에 따른 평등을 이룬 체제이다.

4 정의론과 국가관에서 이성

이상에서 우리는 민주정과 과두정의 정의관과 국가관, 그리고 이에 대한 아리스토텔레스의 비판과 그 자신의 정의관과 국가관을 개관했다. 여기서는 아리스토텔레스의 비판과 그의 정의관 및 국가관의 기저에 깔려 있는 생각을 살펴보자. 아리스토텔레스가 비례적 평등 또는 불평등 분배를 정의의 이념이라고 파악한 이유는 무엇이며, 그는 왜 비례의 기준이 되어야 할 것이 재산이나 사회적 신분이 아니라, 정치적 덕목이라고 생각했는가? 그는 왜 민주적 국가나 과두적 국가란 진정한 국가가 될 수 없다고 보았으며, 그가 생각하는 진정한 국가를 위한 논거는 무엇인가?

윤리성이란 인간이 자신의 삶과 행위를 반성적으로 검토하면서 등장하게 되는 차원이다. 반성하는 주체의 성격은 여러 가지이나, 대체로 이성적인 것이라 규정할 수 있다. 평등이란 이성의 관점에서 요청되는, 행위의 일관성과 관련된 덕목이다. 그것은 대타對他적 또는 대인對人적 덕목으로서, 행위 주체들 간의 재화 분배, 대우나 대접, 존중, 기회 제공 등과 관련된 가치이다. 같은 것에 대해서는 같은 행동을 취해야 함이 일관성이 있으며 논리적이다. 이런 논리를 확장하면, 같은 것에 대해서는 동등한 대접을 하는 것이 논리적이고 이성적인 행동이다.

우리가 사는 경험 세계를 구성하는 그 어느 특수자도 다른 특수자와 동일하지 않다. 인간들이 여러 측면에서 차별적이며 서로 다른 존재자들임은 논쟁의 여지가 없다. 경험계의 개체들은 진정한 의미의 특수자이다. 공장에서 같은 틀로 찍어내는 제품이라 하더라도 시공적 특수성을 지니고 있다. 경험계의 차별성을 고려할 때, 차별적 대접과 대우가 오히려 합리적이라 말할 수 있다. 서로 다른 개별자들이나 특수자들을 그 차별성에도 불구하고 동등하게 대접함은 오히려 자의적이요 비이성적일 수 있다.

서로 다른 특수자들을 평등하게 대접하려 한다면, 그들을 새로운 관점에서 인식하여 규정해야 하며, 취하고자 하는 행동과 유관한 기준을 정립하여 그 점에서 행위의 대상이 되는 특수자들이 동등함을 확인해야 한다. 즉 두 특수자는 행위자가 취하고자 하는 행위와 관련해서는 대등한 존재자라고 평가될 수 있어야 한다. 가령, 모든 인간들은 남녀, 노소, 빈부, 지위의 고하와 상관없이 '고통받는 존재'라고 한다면, 그들이 처한 고통에 대해 동등한 배려와 공감의 대우를 받아야 한다고 논할 수 있다. 이런 본질적 연관성을 확인함이 없이 임의의 한 기준을 채택해, 그 기준에 비추어 볼 때 두 개체가 동등하다고 해서 평등 대접이나 분배를 행함은 오히려 비이성적이다.

희랍인들이 일찍 자각한 바는 그들이 자유 시민의 신분을 지닌 자로서 한 공동체의 상호 동등한 구성원이라는 것이었다. 이런 자각이 들어서게 되기까지는 여러 가지 정치 · 역사 · 경제적 요인들이 기여했을 것이다. 고대 희랍 사회에서는 도시국가 상호 간의 지속적인 경쟁, 투쟁, 전쟁이 상시적이었다. 갈등적 상황에서는 모든 시민들이 전투에 참여함을 필수적이게 한다. 그들의 정치체제는 소규모 도시국가 형태였으므로 자연스레 만인이 참여하여 도시국가의 운영, 안전과 유지에 참여하게 되었을 것이다. 전시적 상황에서 중장비 보병의 개혁이 결과했고, 이는 발언권에서의 동등, 법 앞에서의 평등의 가치를 제1의 가치로 설정하게 했을 것이다. 평등의식의 형성은 이런 사정들과 유관할 것이다. 그리고 평등이라는 가치의 설정은 민주정의 등장에 주요 계기가 되었다.

민주정은 자유 시민의 신분을 공동체의 핵심적 가치로 삼는다. 아리스토텔레스의 판단은 신분이 중요한 측면이기는 하나, 적어도 정치권력 분배와 관계해서는 우연적이라는 것이었다. 나아가 그는 과두정의 지지자들이 비례적 평등 분배의 기준으로 제안한 재산의 과다 역시 국가의 진정한 목적과는 상관이 없다고 논한다. 그것은 단지 이차적 목적즉 권리 보호, 경제적 복지의 향상에만 연관된다고 평가했다. 민주정에서 평등론의 기초가 되는 출신 성분이나, 과두정에서 차등론의 근거가 되는 재산 정도는 윤리적 관점에서 보면 자의적이요, 우연적이다. 그리고 이 자의적이고 우연적인 기준에 의거한 평등 역시 그 근거가 자의적이므로, 자의적이며 우연적이다. 즉 비이성적이다. 출신 성분은 한 개인의 선택이나 노력, 또는 도덕적 행위의 대가나 결과가 아니기에 우연적이다. 재산의 크기는 소유자가 재산을 획득 · 소유하기까지 겪게 되는 여러 가지 상황적 우연성의 영향을 받는다. 재산 획득을 위한 노력의 바탕이 되는 소유자 자신의 능력, 품성, 기질 역시 그 자신의 선택이나 노력, 또는 도덕적 행위의 대가나 결과가 아니다. 이들은 롤스Rawls의 표현을 빌리면, 도덕적 관점에서 우연적이다. 그러므로 민주정의 평등은 우연적 평등이며, 과두정의 차등은 우연적 차등이므로, 둘 모두 이성적 또는 윤리적 관점에서는 정당화될 수 없다.

정의나 평등이란 이성적 사회 건설에 필수적인 덕목이므로,

정의와 평등의 덕목은 이성적 숙고의 뒷받침을 받아야 한다. 이성적 정의나 이성적 평등은 분배가 분배 대상과 분배받을 사람의 특성 사이에 있는 이성적이거나 본질적 관계에 기초해서 이루어질 것을 요청한다. 산술적 평등은 이성적 고려를 무시한, 획일적일 뿐 아니라 자의적이고 비이성적인 평등일 수 있다. 비례적 평등어떤 기준에 따른 차등 분배의 경우도, 그 기준이 분배 대상과 무관한 것이라 한다면, 그것 역시 비이성적이라는 것이 아리스토텔레스의 생각이었던 듯하다. 과두정은 비례적 평등을 제안하기는 했으나, 정치권력 분배의 기준으로 경제력을 제시했기에 비이성적이다. 올바른 정의는 비례적 평등이되, 비례적 분배의 기준이 분배 대상과 이성적 관계에 있는 것일 때 비로소 그 분배가 이성적일 수 있다는 것이 아리스토텔레스의 논리다. 그가 비례적 평등을 나타내기 위해 사용한 표현1301 b에서 희랍어 어휘 악시안axian과 로고logo는 가치나 비례를 의미할 뿐 아니라 각각 윤리성과 합리성으로 해석될 수도 있다.

민주정과 과두정의 국가관을 비판하는 아리스토텔레스의 논거는 무엇인가? 우선 위에 요약한 그의 비판에서 언급된 국가의 목적에 비추어 비본질적이거나 이차적이라고 평가하는 바는 다음들이다. 1) 생물학적 생존에의 기여, 2) 재화의 축적과 상호 교환 및 거래를 위한 수단, 3) 대내적으로는, 상호 권리 침해의 방지 및 권리 갈등의 해소 조정, 4) 대외적으로는 외침으로부터의 자기 방어를 위한 상호 연합 등이다. 1)과 2)를 목표로 하는 국가는 경제 국가, 복지 국가, 시장적 국가, 3)을 목표로 하는 국가는 계약적 국가, 권리보호적 국가, 사법적 경찰 국가, 4)를 목표로 설정할 때 그것은 군사 국가라고 말할 수 있다.

이런 국가관들이 안고 있는 문제점은 무엇인가? 그것은 첫째, 이들 국가관은 인간 삶이란 본질적으로 경제 · 사법 · 군사적인 특성들로 환원될 수 있다고 본다. 이들은 사실상 인간의 삶과 동물의 삶, 자유인의 삶과 노예의 삶이 본질적 차이가 없다고 간주하는 셈이다. 그러므로 이들 국가관이 그리는 국가는 실질적으로는 동물의 왕국이거나 노예들의 국가이다. 둘째, 이들이 설사 인간 삶에 동물적 생존 이상의 측면이 있음을 부인하지 않는다고 하더라도, 이들은 국가적 삶이 인간의 본질적 측면보다는 단지 경제 · 사법 · 군사적 측면에만 기여하는 것으로 간주함으로써 국가의 역할을 격하시키고 있다. 이런 입장에 따르면, 국가란 인간 삶의 본질 실현을 위한 당위적 존재가 아니라 단지 보다 편리하고 안전한 삶을 위한 도구적 존재에 불과한 것이다. 아리스토텔레스에 따르면, 인간은 동물과 달리 윤리적 삶을 영위하며, 국가는 바로 이 윤리적 삶의 영위를 위해 중심적 역할을 행한다는 것이다.

아리스토텔레스의 비판과 관련하여 주목할 만한 것은 다음이다. 민주정이나 과두정은 권리의 보호, 교환과 거래, 재화 축적에의 기여 등을 국가의 일차적 목표로 설정하고 있는데, 이는 근현대 국가의 일차적 기능이기도 하다는 점이다. 그런데 아리스토텔레스는 이들이 단지 국가의 이차적 역할에 불과하다고 격하하고 있다. 근대나 현대의 정치철학자 대부분은, 특히 사회계약론을 주장하는 철학자들은 국가의 기능이, 인간 삶에서 수단적인 역할을 하는 재산, 재화, 권리, 자유 등의 보호와 신장 그리고 재화의 공정 분배에 있다고 본다. 근대나 현대의 국가들은 윤리적이고 존재론적이기보다는 경제, 경찰, 사법적 기능을 수행하는 존재이다. 이런 유사점에 비추어 볼 때, 민주적 국가론과 과두적 국가론에 대한 아리스토텔레스의 비판은 근현대의 국가론에도 적용된다. 물론 근현대의 국가론자들이, 인간에게 기본적으로 생물적인 생존 이상의 차원이 있음을 부인하지는 않는다. 그럼에도 그들의 견해에 따르면, 국가는 인간 삶의 윤리적 · 존재애적 차원에 기여치 않고 오직 본질적으로 동물적인 삶의 영위에만 관여한다. 아리스토텔레스에게 국가는 본질적으로 윤리적이고 존재애적 삶의 완성을 위한 필수적인 절차요, 방법이요, 과정이다. 국가는 인간 본성이 요청하는 바요, 이성의 삶을 위한 당위적 조건이다.

아리스토텔레스의 보다 근본적인 전제들을 살펴보자. 1) 인간은 생물학적이거나 경제학적인 것 이상의 차원을 갖는 존재이다. 2) 인간은 본질적으로 윤리적이고 존재애적인 삶을 영위한다. 3) 국가는 경제적 삶뿐 아니라 윤리적이고 존재애적인 삶의 영위에 봉사해야 한다. 4) 인간의 본질이 국가를 요청한다. 5) 진정한 국가는 인간의 본질 실현에 기여한다. 그리고 인간은 자신의 본질 실현을 위해 국가나 공동체적 삶을 절대 필요로 한다. 6) 윤리적 삶의 목표는 잘 삶, 행복하고 훌륭하게 삶, 그리하여 완전하고 자족적인 삶을 누리는 것이다. 7) 이는 단지 자연적 욕구의 완전한 충족 상태이거나, 경제적 풍요와 문화적 복지의 삶이 아니라, 이성적 욕구, 영혼의 욕구가 완전히 충족된 상태이다. 8) 국가는 윤리적, 존재론적, 이성적 삶의 완성을 위해 요청되는 수단, 방법, 절차, 과정이다. 인간은 신이 아니므로 타자를 필요로 하며, 이 타자와 국가 공동체를 구성한다.

아리스토텔레스에서 인간 삶의 목표는 자연적 욕구의 관점이 아니라 이성의 관점에서 '완전하고 자족적인 삶'을 영위하는 것이다. 국가는 이런 삶을 위해 절대 필수적이라는 것이 그의 견해이므로, 인간에게 정치적 삶은 그의 본질이 명하는 바요, 따라서 정치학은 최고의 실천학이다. 위에서 우리는 아리스토텔레스가 폴리테이아를 삶의 방식이라고도 규정했음을 지적했다. 이제 그

규정의 이유가 분명해진다. 특정 정체 내에서 개인의 삶, 즉 폴리테이아는 그가 자신의 본질 실현을 위해 필연적으로 취해야 할 삶의 방식이자 존재 방식이다.

5

공동체와 인간 본성
사회성의 진정한 의미

인간은 왜 자신의 윤리적이고 존재론적인 완성을 위해 폴리스 내의 삶을 영위해야 하는가? 왜 폴리스적 삶이란 인간 본질의 일부라고 아리스토텔레스는 믿었는가? 인간은 현존의 양태, 현재의 상태에서 존재론적 불완전성의 상태에 있다. 반성적 이성은 인간에게 주어진 현존의 현상적 삶을 결여태로 판단한다. 인간은 자연의 상태에서 생물적 결여가령 배고픔, 심리적 결여외로움, 권태, 허무감, 그리고 사회적 결여권력에의 욕구, 명예욕, 인정에의 욕망 등 기본적으로는 자연적인 결여의 상태에 있을 뿐 아니라, 더 중요한 것은 이성적 결여지적 호기심, 놀라움, 이성적 허무의식, 삶의 의미 부재의 상태에 있다. 이런 결여태는 이미 말한 바와 같이 반성적 이성에 의해 비로소 결여태로서 인식된다. 반성적 인식에 기초해, 인간은 자연적 욕구의 기준에서 볼 때 완전하고 자족적인 삶뿐 아니라, 아니 오히려 그를 넘어서 이성적 기준에서 완전하며 자족적인 삶을 열망한다.

이 상태를 존재론적 완성태라고 해보자. 인간은 자연 상태에서는 특수자로, 그리고 결여태로 존재한다. 특수자가 자신의 결여태를 극복하기 위해서는 필연적으로 타자와 관여함으로써 그와 공동체적 관계를 정립해야 한다. 그리고 이런 관계를 통해서만이 자신의 개별성 내지는 특수성과 이에서 오는 결여태를 극복할 수 있다. 결여태 극복을 위한 노력의 과정이 공동체적 삶, 폴리스적 삶, 즉 삶의 본질적 방식으로서의 폴리테이아다. 폴리스적 삶을 통해 개별자가 자신의 결여태를 극복하려는 노력은 자신의 보편화, 보편적 삶의 영위라는 형태로 나타난다.

인간의 개별성이나 특수성을 결여적 상태라 할 수 있는 이유는 무엇인가? 왜 인간은 공동체에 참여하여 타자와 관계하며 보편적 삶을 영위하고자 하는가? 이에 답하기 위해 우리는 특수자로서 인간의 욕망을 논리적으로 분석해볼 필요가 있다. 인간의 욕망은 다음을 구조적 요인으로 한다. 1) 무엇인가를 결여하고 있다는 평가, 2) 이 결여태에 대한 반성적 인식, 3) 결여의 상태가 열악한 상황이라는 가치판단, 4) 욕구 충족대상에 대한 지향성, 5) 욕구를 충족시키기 위한 노력의 경주, 6) 노력 또는 노동과 욕구의 충족 간의 인과적 관계에 대한 인식, 7) 원인과 결과 간의 인과적 관계가 가능하기 위해서는 이 두 항 간에 어떤 연속성이 존재해야 한다는 인식. 우리의 논의와 관련해서는 7)의 연속성의 인식이 가장 중요한 요인이다. 욕구 주체인 자아는 욕구 충족을 위해 타자로 지향하는데, 이 자아와 타자가 서로에 대해 완전한 타자로 존재할 때 위의 관계 맺음은 불가능해지고, 욕구의 충족 노력은 좌절될 수밖에 없다. 타자와 관계 맺음이나 연속성을 확보하려는 노력은 노동, 대화, 정치적 활동, 인식적이고 윤리적인 활동 등의 양태로 나타난다. 인간은 현존의 특수성을 지양하고 극복하면서 연속성 또는 관계성의 지평에 서 있는 존재로 스스로를 재규정해야 한다. 즉 자신을 이성화 · 보편화해야 한다. 이렇게 볼 때 폴리스는 보편적이고 공적인 이성의 공간이다.

아리스토텔레스에 따르면, 자기 방어, 경제적 생존에의 기여와 같은 것은 국가의 진정한 존재 이유가 될 수 없다. 그 이유는 폴리스의 보편적이고 공적인 특색과 긴밀히 연관되어 있다. 폴리스는 이미 논한 바와 같이 보편적 이성을 원리로 하는 세계이다. 그런데 과두적 국가나 민주적 국가는, 국가 구성원인 시민들이 보편 지향적 존재가 아니라 영원히 개별적이고 특수적인 존재로서 존속한다고 가정한다. 계약, 권리 보호, 거래의 개념들은 상호 엄격히 구분되는 개인들을 전제하고서야 의미 있다. 이런 원자적 개인들을 구성원으로 하는 국가는 개별적 특수자의 집합이나 공간적 근접체에 불과하다. 이런 것은 진정한 의미의 공동체koinonia가 아니다. 민주정의 국가관에 따르면, 한 개인이 다른 개인과 동일한 폴리스의 구성원이 되느냐의 여부는 그 두 개인의 공간적 근접성에 따라 결정된다. 거래, 교환, 상호 방위의 관계는 실질적으로 자연적 욕구들의 교환 관계, 욕망을 매개로 한 계약 관계이며, 이는 인간의 본질에 대해서 이차적이다. 이런 관계를 위한 타인과의 공존은 인간의 윤리적 · 이성적 · 본질적 필요 때문이 아니라, 자연적 · 현상적 필요 때문에 이루어진다.

본질은 한 개체의 진정한 내면이다. 반면 우연적 속성이나 타자와의 관계는 그 개체의 외면성이다. 시장과 협동농장과 재판정과 전쟁터에서 개인들 사이의 관계는 본질적으로 멀고 가까움의 관계이다. 아군은 공간적으로 나와 가까우나 적군은 나에게서 멀다. 아리스토텔레스의 말대로, 민주적 그리고 과두적 폴리스 내에서 시민들은 공간만을 공유한다koinonia topou; community of a place. 이 공간에서 두 개체들 간의 공존을 가능케 하는 질서는 자연적이고 인과적인 질서이다. 이 질서에 참여치 못할 때 두 개체는 대양의 두 섬이다. 인과율을 원리로 움직이는 자연 세계 안에서 두 개인의 거래나 협동의 관계란 기하학적 좌표대 위의 두 점을 잇는 함수 관계와 같다. 좌표대 위의 두 점은 같은 좌표대 위에 있다는 사실을 제외하면 전혀 다르다. 그들을 이을 하나의 함수가 존재하지 않는 한, 그 두 점은 완전히 단절되어 있다.

진정한 공동체koinonia는 어떤 성격을 지니고 있는가? 이 물음은 존재론의 근본 문제, 특히 자연철학자들 이래의 희랍 존재론의 가장 중요한 문제인 일一과 다多의 문제와 긴밀하게 연결되어 있다. 코이노니아는 상호 구분되는 개별자들의 공존체, 즉 다多의 세계이다. 그것은 하나의 순수히 동질적인 일자一者, 즉 파르메니데스적 일자만의 고독한 성이거나, 그 일자가 독재적으로 지배하는 세계여서는 안 된다. 코이노니아의 구성원들은 침투불가하거나 창 없는 단자單子도, 모든 것을 포섭하는 보편자도 아니다.

진정한 코이노니아는 특수적이면서도 타자를 지향하는, 그리하여 보편의 지평에 이르고자 하는 지향적 존재자들의 집합체이다. 이런 집합체의 가능성은, 다가 어떻게 일자일 수 있으며, 특수자가 어떻게 보편자적 성격을 소유할 수 있느냐는 존재론적 물음을 끌어들인다. 이 물음에 대한 해답은 쉽사리 제시될 수 없으나, 이 두 상반된 성격을 지닌 존재자는 희랍철학의 문맥에서 어렵지 않게 발견할 수 있다. 그것은 영혼psychē이다. 영혼은 경험계의 다양성과 특수성에서 형상계의 일자성과 보편성으로 이행하거나플라톤, 질료적 세계의 무규정성과 형상적 세계의 규정성이라는 상반된 성격을 함께 갖고 있다아리스토텔레스. 진정한 코이노니아는 욕구 또는 결여를 교환하고 거래하는 신체의 공동체가 아니라, 숙고하고 타자와 내화하면서 보편자를 인식하고 추구하며 다성에서 일자성으로, 특수성에서 보편성으로 이행하는 과정적 존재로서 영혼의 공동체이다.

방금 우리는 코이노니아의 구성원이란 다성과 일자성, 특수성과 보편성을 함께 구비한다고 논했다. 이런 주장은 코이노니아가 개인에 앞서 존재하며, 이는 공동체에 가입하려는 개인에게 어떤 자격을 갖추도록 요청한다는 점을 시사한다. 사태의 논리를 좀더 명확히 밝히면, 인간은 그리고 인간의 영혼은 그 두 상반된 성격을 지니는 존재아리스토텔레스, 또는 한 쪽에서 다른 쪽으로 이행하는 과정적 존재플라톤이므로, 정치적 공동체를 요청하게 되었다는 기술이 더 정확하다. 바로 이런 발생 동기로 해서 공동체 또는 코이노니아는 중간적이고 과정적인 성격을 갖게 된다. 아리스토텔레스가 지적했듯이, 동물이나 신은 폴리스를 필요로 하지 않는다. 코이노니아는 인간의 영혼이 다의 세계에서 일자의 세계로, 결여의 세계에서 자족의 세계로의 존재론적 상승을 위한 방법이요, 과정이요, 절차이다. 그러므로 당연히 폴리스적 삶은 인간 삶의 핵심을 이룬다. 코이노니아는 자연적 생존을 위해서가 아니라 훌륭한 삶eu zen을 위한 것이며, 훌륭한 삶의 내용은 도덕적이고 지적인 삶의 영위이다.

인간의 본성이 요청하여 폴리스가 존재케 되었으므로, 폴리스 내에서 인간의 관계는 본질적, 내면적, 필연적이다. 이런 관계는 한 개인이 타 개인의 신체적 또는 경제적 측면이 아니라, 타인의 영혼, 타인의 이성logos과 교유함으로써 맺을 수 있다. 한 이성은 현존의 양태에서 타 이성을 요청하며, 이들의 공존 관계는 필연적이다. 이성 간의 관계는 본질적이요 필연적 관계이다. 폴리스는 인간의 신체적 존재 조건이 아니라 이성적 존재 조건이다. 그것은 단지 신체적 결여를 극복하기 위해서가 아니라 이성적 결여를 메꾸기 위해서 요청된다. 폴리스적 삶에서, 즉 한 개인의 타자와의 관계에서 중요한 것은 법에 의해 규제될 수 있는 외적 관계가 아니라, 오히려 법에 의해 통제될 수 없는 내면적이고 윤리적인 관계다.

이상에서 우리는 민주적 정의관과 과두적 정의관 그리고 이들의 국가관에 대한 아리스토텔레스의 비판을 검토했고, 그의 국가관을 정리해보았다. 이어서 우리는 그의 국가관을 기초짓는 보다 근본적인 전제들을 천착하고 그 의의를 이끌어내보았다. 국가와 정의는 서구 정신의 가장 중요 관심사 중 하나다. 희랍적 사유에 의해 제기된 국가에 대한 존재론적 논의는 중세에서 신국과 세속적 국가, 교황과 왕권 간의 관계, 근대의 계약론적 국가관, 현대의 자유주의 대 공산주의 또는 사회주의의 이론 대결, 롤스의 정의론 등으로 연면하게 이어진다. 더 근본적인 논쟁점은 인간을 정치적이고 사회적인 동물이라 규정했을 때, 그런 정치성 또는 사회성의 근본적 의미가 무엇이냐는 것이다. 아리스토텔레스가 민주주의를 비판하면서 지적하려던 바는 바로 이와 관련이 있다. 그가 보기에는, 민주정은 국가 또는 폴리스의 지위를 인간의 삶에서 단지 방어, 권리 보호와 조정, 계약 등의 도구적인 역할을 수행하는 부차적인 존재로 격하시켰다는 것이다. 인간이 진정 정치적 동물이라 한다면, 그리고 폴리스적 삶이 인간의 본질과 관련된 것이라 한다면, 국가 또는 폴리스적 삶은 인간의 인간다움 형성에 필수적이라는 것, 인간성이나 인륜성이란 폴리스 내에서 대화와 의사소통과 교환 등을 통해 형성된다는 것이 그의 믿음이었던 것으로 이해된다.

주목할 만한 것은 희랍의 민주주의는 물론, 그에 대한 아리스토텔레스의 비판과 전제는 여전히 대결적 또는 보완적 관계에서 서구 정치적 사유의 중심을 이루고 있다는 점이다. 주지하다시피 민주주의는 보편적 정치 이념으로 세계 모든 국가들에 의해 채택되고 있다. 희랍적 민주주의의 배경이 되는 개인적 자유는 현대의 자유주의나 개인주의 이념으로 계승되고 있다. 다른 한편으로 인간의 공동체성, 인간 삶과 본성의 형성에서 정치적 삶이 본질적이라는 아리스토텔레스의 믿음은 현대에 들어서 덕 윤리나 공동체주의[26] 등을 통해 부활하고 있다. 나아가 최근 인간 정신의 형성에서 언어나 의사소통이 하는 핵심적 역할은, 공동체적 삶이 인간의 인간 됨에 본질적이고 필수적이라는 아리스토텔레스의 입장을 확인해주는 것으로 보인다.[27]

주석

1장

1 고전 한문의 특징에 대한 것은 기존 학자들의 다음 연구에 의존한다. 나까무라 하지메(1990); Connery, C. L.(1998); Harbsmeier, C.(1981); Hansen, C.(1992); Lewis, M. E.(1999); 노먼, J.(1996).

2 희랍어의 어족과 형제 언어, 특징에 관해서는 다음 참조. Smyth, H. W.(1972), p.1 ff. 희랍어는 인도유럽어족에 속하는 언어로서, 산스크리트, 페르시아, 독일, 슬라브, 켈트, 이탈리아 어와 같은 어족에 속하며, 이탈리아어나 라틴어와 가장 가깝다고 한다.

3 이가원(1987), 64면.

4 Smyth, H. W.(1972), 900절.

5 Smyth, H. W.(1972), 909절.

6 희랍어에서 명사, 형용사가 술어로 올 때 비동사는 생략되기도 한다.

7 존재사로 사용된 에이나이의 예는 다음 참조. Liddell & Scott's *Greek-English Lexicon*; Smyth, 2513절.

8 중국어의 존재 양화사로 합스마이어(Harbsmeier)는 다음을 들고 있다. 或-有: 子有殺父, 臣有殺君(Of sons there are those who kill their fathers, Of ministers there are those who kill their rulers); 物或惡之(Some creatures hate such actions); 有-者: 群臣有紫衣進者(Among the various ministers there was a certain person who came forward wearing a red robe); 言有召禍也(Some words bring on disaster). Harbsmeier, C.(1981), p.88 이하. 노먼, J.(1996), 141~142쪽. 계사 또는 연계동사는 고전 한문 이후에 등장하는 것으로, 고전 한문에서는 그런 동사가 쓰이지 않았다고 한다. 노먼, J.(1996), 183쪽.

9 엄격히 말하면, 문법학자들마다 다소 견해의 차이가 있다. 최현배, 남기심, 고영근 등은 이들 모두를 형용사로, 이희승은 이들을 존재사의 범주를 새로이 설

정하여 이에 속하는 것으로, 정인승이나 『동아새국어사전』은 '있다'를 동사로, '없다'는 형용사로 분류한다. 남기심, 고영근(1998), 132~133면 참조. 그리고 한글학회, 『우리말 큰 사전』(어문각)은 '있다'를 움직임씨, 즉 동사로 분류한다.

10 혹자는 이를 지정사로 보기도 한다. 남기심, 고영근(1998), 247면.

11 이런 구분 외에 품사 종류의 집합에 대해 공인된 것은 하나도 없다고 한다. 노먼, J.(1996), 127쪽.

12 노먼, J.(1996), 127쪽.

13 한자의 문자 조성 원리는 지사(指事), 상형(象形), 형성(形聲), 회의(會意), 전주(轉注), 가차(假借)의 여섯 가지다. 혹자는 이에 더하여 한나라 때에 이미 형성자의 비중이 전체 한자의 80퍼센트를 넘었음을 지적하면서 한자의 형성 원리가 상형성이거나 표의성이라는 주장에 이의를 제기한다. 그러나 한자 조성의 가장 기초적 원리는 상형성 또는 표의성이라는 것이 언어학자들의 일반적 견해다. 그리고 언어관은 이런 기초 원리의 영향을 받는다.

14 다른 예를 들면, 其爲人也孝弟而好犯上者, 鮮矣[효제하면서 윗사람을 범하는 사람은 많지 않다]/攻乎異端, 斯害也已[이단을 배우면 해로울 따름이다]. 이런 『논어』의 문장들에서 술어적 구문이 분명하지 않은데, 이런 유의 문장을 우리는 쉽사리 발견할 수 있다.

15 한문에서 논리적 관계의 표현에 관해서는 다음 참조. Harbsmeier, C.(1981).

16 Hansen, C.(1992), p.42 각주.

17 세계 내의 사태들은 언어에 의해 비로소 분절적인 구조를 지니게 된다.

18 Kahn, C. H.(1966). 이 논문은 뒤에 Irwin, T.(1995)에 재수록되었다. 그는 이런 주장과 함께 희랍어의 철학적 우수성을 주장하고 있다. 우리는 희랍어가 희랍철학, 나아가 서양철학 전반에 대한 기초적인 역할을 했다는 데에는 동의할 수 있으나, 한 언어가 다른 언어에 비해 철학적으로건 다른 관점에서건 우수하다는 평가를 할 수 있는지에 대해서는 회의적이다.

19 Aristoteles, *Metaphysics*, Delta 7.

20 Kahn, C. H.(1966), p.161.

21 Kahn, C. H.(1966), p.162; Aristoteles, *Metaphysics*, Theta 10, 1051b 1.

22 Kahn, C. H.(1966), p.162; Platon, *Theaetetus*, 177c~179b.

23 희랍어 에이나이에 대한 추가 논의는 다음 참조. Mourelatos, A. P. D.(1974) 내

의 펄리(Furley), 오언(Owen), 무를라토스(Mourelatos)의 논문.

24 이런 동사상(相)의 구분을 하는 또 다른 언어는 러시아어라고 한다.

25 동사의 상에 관해서는 다음 참조. Comrie, B.(1976).

26 Kahn, C. H.(1966), pp.166~167.

27 이하 Kahn, C. H.(1966), p.167 ff.

28 실존철학에서 실존과 본질의 구분을 생각해보자.

29 서구의 진리 중심적 인식론, 인식이란 자연이나 세계의 반영이라는 인식관은 다음 저서의 제목에 잘 나타나 있다. Rorty, R.(1979).

30 남경희(1997). 공동체 형성의 기초로 거론되는 사회계약의 진정한 내용은 공유 언어 사용의 계약이다.

31 김근(1999).

32 문자문화 이전의 구술문화 시대에 말은 청자에게 정서적 영향력을 행사하며, 나아가 일종의 언어 행위로 기능하기도 한다. 히브리에서는 동일한 어휘(dabar)가 '말'과 '행위'를 모두 의미한다고 한다.

33 이에 관해서는 옹, 월터 J.(1985) 참조.

34 Platon, *Phaedrus*.

35 플라톤의 초기 대화록들, 특히 *Euthyphron* 참조. Robinson, R.(1953).

36 나까무라 하지메(1990), 45면.

37 한문적 언어관은 후기 비트겐슈타인의 언어관과 유사하다. 이에 비해, 그의 전기 언어관은 서양 전통의 언어관을 요약하고 있다.

38 프로이트(1995).

39 혹자는 森, 林이 상형적 문자가 아니라 회의에 의해 조성된 문자라 논한다. 그렇다 하더라도 상형문자인 木을 기초로 한다는 점에서 森이나 林의 의미 표시 원리는 상형적이라 해야 할 것이다.

40 다음 참조. 나까무라 하지메(1990), 3장, 8장; Hansen, C.(1992), pp.15~18, 38. 중국에도 의미론, 논리학, 심지어 형이상학 등이 있다고 주장하는 학자들이 없는 것은 아니며, 이들의 주장이 전적으로 틀린 것은 아닐 것이다. 『주역』이나 『중용』 등은 형이상학적 성격이 있다. 한문도 언어인 이상 의미가 있으며, 나름의 문리나 논리가 있음을 우리는 부인할 수 없을 것이다. 그러나 한자적 의미론이나 논리학은 서구의 것과는 판이하게 다르다는 것이 나의 생각이다. 중국

에서는 송대의 송학(宋學)에 이르러 비로소 형이상학이 전개되었으며(하지메, 위의 책, 50쪽), 그 결과 신유학이 등장하였는데, 신유학의 형이상학은 불교적 영향의 결과라는 것이 일반적 평가다. Chang, C.(1977), 6장 참조. 서구적 의미론, 논리학, 형이상학의 가장 중요하고 핵심적인 특징은 보편자, 추상체, 심적 존재와 이에 상응하는 세계, 그리고 이를 인식할 수 있는 인간 고유의 능력으로서 이성, 정신적이거나 논리적인 능력 등을 상정한다는 점이다.

41 Hansen, C.(1992), p.38 참조.

42 한글은 음성문자이다. 이런 사실에 비추어 한국에서도 서구적 학문관이 통용됐어야 하는데 그렇지 않은 이유는 무엇인가? 한국 역사에서 철학적 사유를 행하며 한국 전통의 철학적 사유 틀을 형성하는 데 주도적인 선비 계층은 조선 후기까지 한문을 사용했다는 점을 유념할 필요가 있다.

43 Snell, B.(1955).

44 Smyth, H. W.(1972), 1099절.

45 Smyth, H. W.(1972), 1118절.

46 'mainetai h'anthropos(그 사람은 미쳤다).'

47 Smyth, H. W.(1972), 1122절. 'ho anthropos(인간, 인류)'; 'hoi gerontes(노인)'.

48 Smyth, H. W.(1972), 1153절. substantive-making power of the article. 'ho sophos(현인)'; 'ho boulomenos(원하는 사람)'; 'to dikaion(정의)'; 'thes poleos to timomenon(국가의 권위, 투키디데스)'; 'to deos(두려움)'.

49 나까무라 하지메(1990), 2장 참조.

50 나까무라 하지메(1990), 29면.

51 諸橋轍次, 『大漢和辭典』, 9권 142쪽.

52 예순은 耆(『大漢和辭典』, 9권 163쪽), 여든(『국어』)과 아흔(『설문』)은 耄라 한다.(『大漢和辭典』, 9권 162쪽)

53 나까무라 하지메(1990), 42면.

54 그라네, 나까무라 하지메(1990), 29면에서 인용. 그 밖에도 추상적 사태를 표현하는 구체적 어휘들은 다음과 같은 것들이 있다. 萬里長城, 矛盾, 眼目(본질), 叢林(모임), 雲水(승려) 등.

55 나까무라 하지메(1990), 44쪽.

56 *Euthyphron*, 6d.

57 *Phaedon*, 102a.

58 플라톤의 변증론에 대한 논의는 이런 개념적 관계가 확연히 인지되었음을 알리는 것으로 이해할 수 있다.

59 동아시아에도 분명히 학문관은 있을 것이나, 그것은 서구의 학문과는 전혀 다른 것이었다. 그것은 저편에 있는 객관적 진리나 실재를 탐구하는 활동은 아니었다고 생각된다.

60 다음 참조. Connery, C. L.(1998); Lewis, M. E.(1999). 문헌을 중시하는 중국인들의 태도는 방대한 역사서, 경전, 지방지들을 남겼으며, 불교도 중국에 들어와 문헌종교로 변모했다고 한다. 나까무라 하지메(1990), 78쪽 이하, 109쪽 참조.

2장

1 논리실증주의는 진리 검증가능성의 원리를 논거로 하여 형이상학과 윤리학은 학문이 될 수 없다고 비판했다. 데이빗슨에게 진리는 원초적 개념으로 의미, 나아가 언어를 생성시키는 개념이다.

2 박헌순(1992) 참조.

3 철학적 최상급의 개념은 비트겐슈타인의 것인데, 이에 대한 논의는 이 책의 3장을 참조.

4 진리 개념에 관한 지성사적 연구는, http://www.ontology.co/biblio/history-truth-biblio.htm 참조.

5 Rorty, R.(1979).

6 Keightley(2002), p.127, 각주 19, 20, in Shankman & Durrant(2002). 이와 관련된 논의를 한 학자들은 데티엔(Detienne), 베르낭(Vernant), 로이드(LLoyd), 메츠거(Metzger), 허시(Hussey).

7 다음 참조. Wilcox(1994). 호메로스 시대에도 인식적 비관주의가 지배했다는 입장은 다음 참조. Keightley(2002), in Shankman & Durrant(2002). 그러나 이 시대는 구술 시대이고, 구술 시대에는 대상의 인식이라는 개념 자체가 형성되어 있지 않았을 가능성이 높다.

8 Shankman & Durrant(2002), p.127.

9 이에 관해서는 이 책의 5장 참조. 피타고라스에게는 영혼의 개념이 있었을 것이나, 아직은 신비한 것으로 여겨졌을 것이다. 아낙사고라스가 누스(nous)라는

개념을 도입하기는 했으나, 이 개념을 사용하여 인간과 우주의 현상을 설명하려 하지 않았다는 소크라테스의 비판을 생각해보자(Platon, *Phaedon*, 95e~99d).

10 고대 희랍과 고대 중국의 언어문화의 차이에 대해서는 로이드의 논문을 참조할 것. Lloyd(1979); Lloyd(1987); Lloyd(1996). 특히 마지막 책의 표제 논문인 "Adversaries and Authorities"와 "Methodology, Epistemology, and Their uses" 참조.

11 Patterson(2000).

12 중장비병의 혁명과 이의 정신사적 의미는 다음 참조. Detienne(1996).

13 고대 희랍의 토론과 비판 문화, 그리고 말의 권리에서 민주주의에로 이행에 관해서는 다음 참조. Detienne(1996); Frede & Striker(1996). 베르낭의 논의 역시 참조. Vernant(1983); Vernant(1980). 그 밖에 앨런(Allen), 라일(Ryle) 등 여러 학자들이 희랍의 토론과 논쟁 문화를 지적한다.

14 커퍼드(2003), 제6장 참조.

15 장광직(1990), 134쪽 이하.

16 다음 참조. 나까무라 하지메(1966); Lloyd(1996).

17 술(述)과 작(作)의 의미 차이에 관해서는 여러 해석이 있으나, 대체적으로 이 구절이 공자의 상고주의를 표현한다는 데는 합의되어 있다.

18 이에 관해서는 아라키 겐고(1999); Berthrong(2011), p.397 in Xinzhong Yao & Wei-ming Tu(2011). 버스롱에 따르면, 이런 비판의 주도자는 모중산(Mou Tsung-san)이다.

19 Shaughnessy(1997), p.3.

20 Wilkinson(2000), p.393 ff. 갑골문의 시대는 대략 기원전 1200~1045년이다. 다음 역시 참조. 사라 알란(2002).

21 Detienne(1996), pp.35 ff.

22 Detienne(1996).

23 Havelock, E.(1982).

24 동아시아에서도 진리나 정치적인 것에 대한 독점권이 소수에 집중되어 있었으나, 서양과는 달리, 그런 독점권이 극히 최근까지 유지된다.

25 이에 관한 논의는 다음 3장 참조.

26 Platon, *Apology* 참조.

27 다음 참조. 吾無隱乎爾(『논어』, 「술이」); 凡以知人之性也, 可以知物之理也(『순자』, 「해폐(解蔽)」); 則非知之難也, 處知則難也(『한비자』, 「세난(說難)」 6).

28 마음은 언행으로 나타나기에 타인이 인지할 수 있는 것이다. 그래서 사람의 마음을 읽기 위해서는, 찰언(察言), 관색(觀色), 지언(知言), 지인(知人) 등의 방법이 중요하다. 『논어』의 「안연」, 「요왈」 등 참조. 다음 역시 참조. 이승환(1996).

29 *Phaedon*에서 형상과 영혼의 유사성, 칸트의 선험주의나 형식주의 역시 심신의 구분에 기초.

30 사유에 대한 언어의 우선성을 논한 사상가로는 다음 참조. 비트겐슈타인(철학), 소쉬르(언어학), 워프(언어학), 비고츠키(심리학) 등.

31 이 부분은 1장의 내용과 다소 중복되는 바가 있으나, 논지 전개의 흐름상 일부 요약하며 반복한다.

32 나까무라 하지메(1996) 참조.

33 *Euthyphron, Phaedon, Republic* 1권 등 참조. 이들 플라톤 초기의 대화록은 소크라테스의 영향 아래 쓰였다는 것이 일반적 의견이다.

34 다음 참조. Snell, B.(1955).

35 Hansen(1992); Graham(1989); Hall & Ames(1987); Harbsmeier(1981); Harbsmeier(1998); 복지진(1997).

36 남기심, 고영근(1998).

37 칸은 에이나이가 진리 또는 사실 언명적 의미로 사용된 전거로 다음을 들고 있다. Platon's *Theaetetus*, 151e~152a; Aristoteles, *Metaphysics*, 1051b 1.

38 Kahn(1973); Kahn(1982); Kahn(2009).

39 Furth(1974); Barry(1993); Campbell(1992).

40 Platon, *Republic* 2권.

41 가령 칸트의 윤리학 참조.

42 Wittgenstein(1953), p.229.

43 Wittgenstein(1953), 249절, 250절 역시 참조.

44 진리 기준과 의미 기준은 전통적으로는 상호 독립적인 것으로 여겨져 왔다.(비트겐슈타인의 전기 저서 『논고』 참조). 데이빗슨은 "Truth and Meaning"에서 이들이 긴밀히 연관되어 있음을 논한다. 이것이 그의 중요한 기여 중 하나라 생각된다.

45 Wittgenstein(1953), 126절, 132절 참조.

46 추가 논의는 다음 참조. Wittgenstein(1953); Davidson(1984); 남경희(2006); 남경희(2012).

47 오스틴(Austin)은 언어적 진술이 일종의 행위라 논하면서, 진리 대신 'happy', 'unhappy'의 가치를 제안하고 있다.

3장

1 Davidson, D.(2001), pp.45, 47, 51.

2 Davidson, D.(1984).

3 소크라테스 등의 사고에서 지행합일론 참조. 플라톤은 심지어 존재가 힘을 발휘한다고 논한다.

4 Keightley, D.(2002).

5 Keightley, D.(2000), vii.

6 Schaberg, D.(2002).

7 서양에서 대중들에게 문자 매체가 널리 보급되어 본격적으로 문자문화가 들어선 것은 문자 도입 이후로도 한참이 지난 구텐베르크 이후라고 말할 수 있다. 동양에서는 더욱 늦다.

8 Lord, A. B.(1960), p.13; Thomas, R.(1992).

9 Detienne, Marcel(1996), p.37.

10 다음 참조. Vernant, J. P.(1983); Vernant, J. P.(1980).

11 합리적인 것은 합리성의 기준에 비추어 그 정당성을 비판할 수 있기에 절대적일 수 없다.

12 Vernant, J. P.(1983), p.363.

13 Vernant, J. P.(1983), p.261.

14 Vernant, J. P.(1983), p.439.

15 Vernant, J. P.(1983), p.467.

16 Vernant, J. P.(1983), p.449.

17 Cornford, F. M.(1935)는 그를 신비주의에 속하는 사상가로 분류한다.

18 Vernant, J. P.(1983), p.449.

19 Detienne, Marcel(1996), p.150. 진리와 시인의 기억과의 관계, 진리와 예언과의 관계는 데티엔의 책 2~3장.

20 Detienne, Marcel(1996), p.54 참조. 데티엔은 이들 구절의 전거로 호메로스, 핀다로스, 소포클레스, 에우리피데스, 아이스킬로스의 작품을 인용한다.

21 이런 것의 전형적인 예로 모세의 율법을 들 수 있다. 이는 계시를 통해 주어지며, 절대적으로, 무조건적으로, 이유 없이 준수되어야 한다. 그것의 정당성은 논의의 대상이 되지 않는다. 그것의 정당성이라는 것이 있다면, 그것은 그것이 계시로 주어졌다는 사실, 아니 주장뿐이다.

22 이에 관해서는 Vlastos(1981)에서 관련 논문 참조. Detienne, Marcel(1996), pp.17, 54, 98~99 참조할 것.

23 Detienne, Marcel(1996), p.77.

24 Frede(1996), p.5.

25 이에 관해서는 Guthrie, W. K. C.(1971); Woodruff, P.(1990), p.60.

26 *Apology, Euthyphron, Charmides, Laches, Lysis, Hippias Major* 등의 저술.

27 이런 대화록에 담긴 철학이 소크라테스의 것이라는 데 이견이 있다면, 이 책의 내용을 초기 플라톤의 사상으로 간주해도 무방하다. 우리의 관심은 대략 소크라테스의 활동 기간 또는 플라톤의 초기 저술 기간 중에 일어난 지적인 혁신에 대한 것이므로, 그 변화의 주도자가 소크라테스이건 중년의 플라톤이건 상관이 없을 것이다.

28 소크라테스가 중요한 무엇인가를 안다고 주장한 유일한 곳은 *Menon*, 98b이다. Robinson, R.(1953), p.8.

29 Xenophon, *Memorabilia*, 1.1.16, 4.6.1, 3.9.6, 3.9.9.

30 Aristoteles, *Soph. Elenchus*, 183b 6~8.

31 *Apology*, 21a 이하.

32 Robinson, J. M.(1968), p.109.

33 *Theaetetus* 참조.

34 윤리적 문제에 대한 관심에서 소크라테스는 자연철학자들과 차이를 지닌다는 점은 이미 아리스토텔레스, 키케로 등에 의해서도 지적된 바 있다. Guthrie, W. K. C.(1971), p.98 ff 참조. 하지만 이 사실의 의의에 대한 그들의 논의는 충분하지 않은 듯하다.

35 *Apology*, 22a.

36 *Apology*, 29d, 30a. 영혼에의 배려(tes psychēs epimeleisthai).

37 영혼을 인식과 도덕적 덕성의 주체로 본 최초의 철학자는 소크라테스다. 다음 참조. Burnet, J.(1924), p.123.

38 *Menon* 참조.

39 그 9개의 대화록은 *Protagoras, Euthyphron, Laches, Charmides, Lysis, Republic, Gorgias, Menon, Euthydemus*이다. 나아가 그는 직접적 논박과 간접적 논박을 구분하여, 이들 중 31개가 간접적 논박이라고 구분하고 있다. Robinson, R.(1953), p.24 참조.

40 논박(Elenchus)의 목적에 관해서는 *Apology*, 38a~38b, 30e, 39c 참조.

41 지적인 등에; *Apology*, 33e. 자신의 신적인 소명에 관해서는 *Apology*, 28a~34b.

42 블라스토스(Vlastos)는 논박의 방법이 단지 비판적 방법에 그치는 것이 아니라 진리 발견 방법의 역할도 한다고 논하나, 이는 논란의 대상이다. 다음 참조 Vlastos(1991), p.111.

43 Robinson, R.(1953): Vlastos(1991), p.111.

44 Detienne, Marcel(1996), p.115.

45 Detienne, Marcel(1996), p.114.

46 희랍 시대에는 근현대와 달리 지와 행의 관계가 보다 밀접한 것으로 생각된 듯하며, 소크라테스는 양자가 거의 일치한다고 믿은 것으로 여겨진다. 특히 윤리적 덕목의 인식을, 가령 '경건의 인식'을 (나)와 같은 종류의 인식이었다고 해석할 때, 지행합일의 논제는 보다 수긍하기 쉬운 것이 된다. 경건에 대한 인식을 취득함은 단지 경건에 대한 정의를 아는 것에 그치는 것이 아니라, 경건의 덕목을, 경건할 수 있는 능력을 정신이 획득함을 의미한다. 그러나 윤리적 덕에 대한 인식을 명제적 인식과 같은 종류의 것으로 간주하여 (가)와 같이 해석할 때, 인식의 내용은 사유 공간에 머무는 명제나 언어적 내용에 그칠 것이며, 이런 경우 그것이 어떻게 영혼이나 정신을 경건한 것이게 할 수 있는가 하는 물음이 생긴다. 따라서 지와 행의 괴리가 자연스럽다는 생각을 하게 한다.

47 Havelock, E.(1963), x.

48 *Phaedrus*, 『제7 서간문』 참조.

49 희랍어 eidos나 idea는 '모습' 또는 '형상'을 의미한다. 다음 역시 참조. *Laches*, 191c ff: *Menon*, 72d, 73a, 74a~74b.

50 x is univocal: *Menon*, 74d, 72~73, *Republic*, 596a, *Protagoras*, 332c.

51 보편자의 존재에 관해서는 다음 구절들 참조. *Hippias. Mj.* 284a~284b; *Apology*, 27b; *Protagoras*, 332c; *Euthyphron*, 10; *Gorias*, 496d; *Charmides*, 167d; *Gorgias*, 476d; *Laches*, 185d; *Euthyphron*, 281d.

52 이에 관해서는 이 책의 1장 참조.

4장

1 비트겐슈타인은 그의 후기 저서에서 이 개념을 단 한 번 언급한다. 아래 인용문 (나) 참조. 이와 유사한 개념으로는 최상급적 사실(superlative fact), 최상 표현(super-expression)이 Wittgenstein, L.(1953), 192절에서 나온다. 이와 유사한 것으로 최상 개념(super concept)(97절)이라는 표현이 등장하는데, 이는 약간 다른 의미를 지닌 것이다.

2 가장 표준적으로 사용되는 앤스컴(Anscombe)의 영문 번역서의 색인에서도 철학적 최상급(philosophical superlative) 항이 없으며, 800쪽에 이르는 Hallett, G.(1977)의 주석서에서도 이 개념에 대한 논평이 없을 뿐 아니라, 색인에서도 이 항이 없다. 단지 Baker & Hacker(1980)의 세 권에 이르는 방대한 분석적 주석에서는 이 개념을 어휘 의미 이해와 관련하여 논의하고 있기는 하나, 서양 철학사적 의의는 논의되고 있지 않다.(Vol. 2, pp.112~113).

3 Wittgenstein, L.(1953), 190~191절. 따옴표 안의 말은 비트겐슈타인이 자신의 생각을 전개하면서 설정한 대화 상대방, 즉 전통의 입장.

4 Wittgenstein, L.(1953), 192절. 여기서 '당신'은 대화 상대방이면서 일반 주어. '최상-표현'의 원어는 Über-Ausdruck(super-concept)인데, 이를 '초-표현'이라 번역하기도 하나, 원어는 Superativ(superlative)와 연결된 것이므로, '최상-표현'이 더 적절한 번역이라 생각된다.

5 이에 대한 최초의 명시적 구분은 아마도 소크라테스에 의해 이루어진 것으로 보인다. 소크라테스는 한 어휘의 사용례와 그 어휘의 정의(定義)를 명확히 구분하고 있다. 소크라테스의 구분은 플라톤 형상론의 기초를 이룬다. 다음 참조. Platon, *Euthyphron*.

6 비트겐슈타인은 자신의 전기 철학에서의 대상 개념이 플라톤의 형상과 유사한 것으로 비교하고 있다. Wittgenstein, L.(1953), 46절.

7 *Phaedon*, 74b 7~74c 6.

8 *Phaedon*, 74e 6~74e 8.

9 *Phaedon*, 74e 9~75a 4.

10 우리는 최상급적 표현을 플라톤의 대화록에서 다수 찾을 수 있다. 다음 참조. Platon, *Cratylus*, 439d~439e, "the beautiful itself is always such as it is", "it is always the same thing, so that it never departs from its own form……"; *Phaedrus*, 247c~247d, "a being that really is what it is, the subject of all true knowledge"; *Philebus*, 59c, "the things that are forever in the same state, without anything mixed in it……. Everything else has to be called second-rate and inferior"; *Phaedon*, 100c, "if there is anything beautiful besides the Beautiful itself, it is beautiful for no other reason than that it shares in that Beautiful……"

11 '같다'는 관계적 형용사이고, 그런 점에서 같음의 전형, 같음 자체라는 표현이 거북할 수 있으며, '같음 자체는 완전히 같다'는 문장은 기이하지만, 플라톤은 모든 형용사에 상응하여 그것의 의미 기반, 존재론적 기반으로 형상이 존재한다고 생각한다. 위의 각주 9)의 인용문 참조.

12 데카르트(1641), 성찰 1.

13 데카르트(1637), 4부.

14 데카르트(1641), 성찰 2.

15 칸트(1785), 25쪽.

16 칸트(1785), 55쪽.

17 『도덕철학 원론』의 원제(*Grundlegung zur Metaphysik der Sitten*, 직역하면 '윤리 형이상학의 정초')는 이런 의도를 잘 드러내고 있다.

18 이상 언어에 관해서는 다음 참조. Wittgenstein, L.(1921); 구약 「창세기」에서 아담의 언어.

19 Platon, *Euthyphron*; *Phaedon* 참조.

20 논리적 원자론에 따르면, 논리적 고유명사에 상응하는 것으로 논리적 원자가 있다. 그의 다음 저서 참조. Wittgenstein, L.(1921).

21 Wittgenstein, L.(1953), 49, 50절.

22 Wittgenstein, L.(1953), 201절. 규칙 준수의 역설에 관한 국내 학자들의 논의는 다음 참조. 이명현(1991), 「언어의 규칙과 삶의 형식」, 한국분석철학회(1991); 정대현(1997), 『맞음의 철학』, 철학과현실사, 특히 189쪽 이하.

23 Wittgenstein, L.(1953), 202절.

24 모델 형성, 패턴 인지, 유추 등과 관련해서는 비트겐슈타인의 개관(Uebersicht) 개념 참조. 특히 Baker & Hacker(1980), pp.531~545.

25 Wittgenstein, L.(1953), 49, 50절 참조.

26 데카르트(1641), 성찰 1.

27 Davidson, D.(2001), pp.146, 201.

28 Kierkegaard, S.(1843), 심미적 삶과 윤리적 삶의 대조적 논의 참조.

29 "Ought implies can." 칸트(1781), A807=B835, 칸트(1788), 30(118~119), 이에 대한 논의는 다음 참조. Beck, L. W.(1960), pp.135, 189, 200.

30 위의 칸트 인용문 (나) 참조. 이어 나오는 문장을 마저 인용하면, "이를테면 성실한 친구란 이제껏 한 사람도 있었던 예가 없었다 하더라도, 우정에 있어서의 순수한 신의라는 것은 모든 사람으로부터 액면 그대로 요구될 수 있다. 왜냐하면 이 의무는 모든 경험에 앞서 의무 일반으로서 선천적 근거에 의해서 의지를 규정하는 이성의 이념 속에 들어 있기 때문이라는 확신이다."[칸트(1785), 55쪽(정진 역); 같은 책, 56, 61쪽 역시 참조; 칸트(1792), B74, B77 역시 참조.]

31 위의 각주 인용문 참조; 다음 역시 참조. 칸트(1792), B77.

32 Wittgenstein, L.(1921), 2.11 ff, 2.062 ff.

33 이 귀결은 윤리적으로 매우 중요한 함의를 지닌다. 선과 악은 상호 모순적이 아님은 물론 상호 의존적이며, 나아가 선과 악 중, 선이 보다 기초적임을 함의한다.

34 다음 참조. Davidson, D.(1967), "Truth and Meaning" in Davidson, D.(1984).

35 Wittgenstein, L.(1953), 30, 31, 43절 등, pp.175~176. 그의 의미 사용론은 잘 알려진 바이나, 이것이 진리와 의미 간의 내적 관계를 함의한다는 것, 데이빗슨의 의미-진리 의존관과 상통한다는 것은 별로 지적되지 않은 것으로 보인다.

36 『순자』, 「정명」 1.

5장

1 피시스는 동사 'phyō(φυω)'에서 왔는데, 이 동사는 '생산하다', '산출하다', '자라다', '솟아나다' 등을 의미한다. 피시스(자연)와 프시케(영혼)의 개념적 연관 관계는 다음 저서 3장 참조. Cornford, F. M.(1957).

2 Rhode, E.(1966), p.6; Snell, B.(1955); Burkert, W.(1985), p.195; Dodds, E. R.(1951).

3 Onians, R. B.(1954), pp.102~103.

4 이하의 괄호 안 전거에서 Il.는 *Illiad*, Od.는 *Odyssey*의 약어이다.

5 Bremmer, Jan(1987), p.17.

6 Burkert, W.(1985), p.195.

7 Burkert, W.(1985), p.196.

8 Il. xiii.416에서 죽은 영혼이 기쁨을 느낀다고 묘사되고 있으나, 이는 예외적이다. 그 당시에는 이들 정신적 능력을 발휘하는 요소를 프시케가 아니라 티모스(thymos; soul, temper, will), 메노스(menos; force, life-blood, rage)라 불렀다.

9 Bremmer, Jan(1987), p.16. 그러나 오니언스(Onians)는 생명 물질로 본다. Oninans, R. B.(1954), pp.19~116.

10 Rhode, E.(1966), p.5.

11 Rhode, E.(1966), p.9.

12 Snell, B.(1955), p.7.

13 Bremmer, Jan(1987), p.53. 이와 대조하여 죽음와 함께 인지되며, 신체를 떠나는 프시케를 그는 life-soul이라 부르는데, 곧 논의하겠지만 이는 정확하지 않은 규정이다. 신체를 떠난 프시케는 생명적인 것이라고 말하기도 힘들다.

14 Burkert, W.(1985), p.74.

15 Adkins, A. W. H.(1970), p.67.

16 Adkins, A. W. H.(1970), p.66.

17 가령 대지 밑 저 깊은 곳에 공포스러운 웅덩이 타르타로스(Tartaros)가 있어 신들에 도전한 타이탄족이 고통을 겪고 있으며, 죄지은 자들의 영혼은 이곳으로 보내져 죗값을 치르기도 한다는 것이다.(Buckert, p.198) 시시포스, 탄탈로스, 티티오스 등의 거인족은 하데스에 유배되어 벌을 받는다. 다른 한편으로 소수의 선한 자들은 복자의 섬 엘리시움(Elysium)으로 가서 죽음을 피하고 영생을 누린다는 것이다. 이런 대립적인 죽음의 이미지들은 예외적이다.

18 Burkert, W.(1985), p.197.

19 Adkins, A. W. H.(1970), p.66.

20 플라톤은 『국가』 등에서 인간의 인식과 윤리적 행위의 주체로서 영혼을 논하며, 나아가 정의를 영혼의 내적 상태로 규정한다.

21 Cornford, F. M.(1957), 1~2장에서 운명(Moira), 정의(Dike)에 대한 논의 참조.

22 통상 '덕(virtue)'으로 번역되는 아레테는 근대적 의미의 윤리적 덕목이라기보다는 '기능적 탁월성'을 의미하는 개념이다.

23 Havelock, Eric(1982), p.200.

24 다음 참조. Rhode, E.(1966), p.5.

25 플라톤, *Phaedon*, 95e~99d. 여기에서 소크라테스의 지적 자서전이 소개되는데, 이 논평은 그 일부다.

26 Cornford, F. M.(1957) 제2장 참조.

27 위의 오니언스(Oninans), 브레머(Bremmer)의 경우.

28 Burkert, W.(1985), p.195. Il. xxiii.72; Od. xi.83.

29 Bremmer, Jan(1987), p.16.

30 Vernant, J. P.(1983), pp.308, 314.

31 Vernant, J. P.(1983), pp.323~340.

32 단편 A1 참조. 약간 차이가 있기는 하나, 심지어 탈레스도 자석(磁石)의 프시케를 운위하기까지 했다는 것이다.(단편 A3 참조) 이하에서 A3, B2 등은 딜스(H. Diels)가 편찬한 소크라테스 이전 자연철학자들 단편의 번호들이다. 다음 참조. Kirk, Raven, & Schofield(1983).

33 Adkins, A. W. H.(1970), p.98.

34 다음 참조. Platon, *Phaedon*.

35 데모크리토스(A102)와 같은 철저히 유물론적인 입장.

36 Adkins, A. W. H.(1970), pp.99~100.

37 Havelock, E.(1982), p.211. 프시케는 ghost, wraith, 숨, 생명 혈액, 감각과 자의식을 결여하고 있는 존재로 간주되었다.

38 Havelock, E.(1982), p.197.

39 *Republic*, 620a ff. 에르(Er)의 신화 참조.

40 다음 참조. Detienne, Marcel(1996).

41 Cornford, F. M.(1957), pp.100, 301~304. 컨포드는 다음 구절들을 제시하고 있다. *Phaedon*, 67a, 66c, 66b, 80e, 81c; *Phaedrus*, 248; *Symposium*, 211e.

42 세계 영혼에 관해서는 *Timaios* 참조.

43 이 책의 1장 참조.

44 단, 벤담의 동기대로, 법과 제도의 원리로 채용할 경우에는 사회 전체의 행복이나 쾌락의 양을 고려해야 한다. '최대 다수의 최대 행복'이라는 원리에서 '최대 다수'라는 조건은 이런 동기 때문에 추가된 것이다.

6장

1 MacPherson, C. B.(1977), p.10.

2 Claster, J. L.(1967), p.1에서 재인용.

3 이하 본문과 각주의 인용 출처는 *Politics*의 쪽수이다.

4 아리스토텔레스는 158 종류의 희랍 정체를 분류해냈다고 한다. Ross, W. D.(1966), p.236.

5 '통치권' 또는 '통치조직'은 희랍어 to kyrion의 역어이다. 이는 지배 또는 통치 행위에 정당성과 합법성을 부여하는 심의기관, 아테네에서는 에클레시아(ecclesia)에 참석한 수천의 시민들을 포함하곤 했다. Baker, E.(1952), p.lxviii.

6 이에 해당하는 영어 어휘는 constitution(헌법)이다. 헌법이란 한 국가의 정치체제, 통치 형태에 관한 문서이다.

7 다음 참조. Baker, E.(1952), p.106. "폴리테이아는 정치적 직책의 분배방식일 뿐 아니라, 삶의 방식, 사회 윤리의 체계이기도 하다."

8 이런 견해는 플라톤이 『국가』에서 현자, 수호자, 생산자의 세 계급 중 어느 계급이 국가를 통치하느냐에 따라 국가의 삶이 달라지고, 영혼의 세 부분(이성, 기개, 욕망) 중 어느 요소가 개인을 지배하느냐에 따라 그의 삶의 모습이 달라진다는 입장과 유사하다.

9 더 정확히는 통치자의 수이나, 이 수는 계급의 우연적 속성이다. 많은 사회에서 그러하듯이, 당시 아테네에서 부자는 소수였고, 빈민 대중은 다수였다.

10 '중산정'은 폴리테이아의 한 종류인 폴리테이아(곧 지적하겠지만, 아리스토텔레스는 유개념과 종개념에 같은 어휘를 사용했다)의 역어이다. 이 어휘는 여러 가지로 번역될 수 있지만, 실질적이고 중요한 특징인 중산계급의 지배라는 점을 고려하여 이렇게 번역했다.

11 양창삼(1982), 94쪽.

12 민주정의 원리와 과두정의 원리를 조화한 정치권력 배분의 원리를 채택했다는 점에서 이 표현은 다음의 논문에서 가져왔다. 허승일(1988).

13 Baker, E.(1952), lxv. 원래 이들 데모스는 빈곤하며 지적 수준이 낮았기에, '빈민정' 또는 '중우정(衆愚政)'이라는 폄하적 어휘로 번역되기도 한다. 양병우는 이를 '민중(民衆)'이라고 번역한다. 양병우(1980), 45쪽 이하. 이런 번역을 채용할 때, 데모크라티아는 '민중정'이라 번역할 수도 있겠다.

14 아테네 인구의 신분적 구조는, 자유인과 비자유인으로 구분되며, 전자는 다시 시민과 비(非)시민, 후자는 serf와 slave로 나뉜다. Ehrenberg, V.(1974), p.30 ff. 시민이 되기 위한 자격은, 자유인, 남성, 양친이 모두 시민, 그리고 17세 이상이라는 네 가지 조건이다. Roberts, J. W.(1984), p.21 ff. *Politics*, 1317a 40~41 참조.

15 민주정을 시민들이 지배와 피지배를 교대하는 정치체제로 보는 아리스토텔레스의 이해 방식은, 삶의 방식을 결정함에서 지배 또는 통치 개념이 핵심적 역할을 한다는 그의 관점을 표출한다. 이는 이성의 자율성을 민주주의적 삶의 핵심으로 보는 현대적 관점과 대조적이다.

16 시민의 자격을 자유인, 남성, 아테네 국적의 성인으로 제한하면, 전체 아테네 인구의 4분의 1이나 5분의 1 정도일 것이다. Ehrenberg, V.(1974), p.50. 그러나 베이커(Baker)는 다른 입장이다. Baker, E.(1959), p.463.

17 위에서 언급한 바와 같이, 현대적 평등론의 기초가 되는 인격 개념, 형이상학적이고 윤리적 의미의 인격 개념(가령, 칸트 윤리학에서의)은 명료히 의식화되지 않았다.

18 Wood, E. M. & Wood, N.(1978), p.287 ff.

19 Wood, E. M. & Wood, N.(1978); Von Leyden, W.(1985), p.65 ff 참조.

20 역사 발전의 주요 동인은 물리적 힘이나 경제 · 사회적 이익이라기보다는 한 집단을 결집시키고 그 집단의 힘을 가능하게 하는 가치, 명분, 이념 등에 관한 믿음이다.

21 베이커에 따르면, 당시의 민주정은 "the government of the people by the poor for the poor"이다. Barker, E.(1959), p.312.

22 koinonia topou, 1280a 30~32; cf. 1280b 35.

23 이어 아리스토텔레스는 1280b 20에서 목수, 농부, 제화공이 계약을 맺어 협동과 교환 관계만을 갖는 사회는 국가가 아니라고 주장한다. 이런 비판은 위의 세 기능인들이 계약을 체결하여 원초적인 국가가 탄생하나, 이는 돼지들의 국가와 다름없다는 『국가』에서 플라톤의 규정을 상기시킨다.

24 아리스토텔레스는 국가의 구성 요소를 유기적 부분(politas, 1278a 3; poleos mere, 1328a 24)과 필요조건(hon aneu ouk an eie polis, 1278a 3; 1328a 24, 1327b)으로 구분하고, 도시의 정치에 참여할 수 있는 시민을 전자의 범주에, 노예, 노동자, 기능공을 후자의 범주에 귀속시킨다.

25 1280b 34; cf. 1281a 1. 국가의 목적이 개인들이 자족성을 결여하기 때문에 생겨난 것이라는 플라톤의 견해를 참조하라.

26 다음 참조. MacIntyre, A.(1981); Sandel, M.(1982).

27 정신의 형성에서 언어적 활동의 역할에 관해서는 다음의 사상가들 참조. 비트겐슈타인, 데이빗슨, 비고츠키 등.

참고문헌

『논어』, 『순자』, 『한비자』.

『동아새국어사전』(이기문 감수), 동아출판사.

『우리말 큰 사전』, 어문각.

諸橋轍次, 『大漢和辭典』.

김근(1999), 『한자는 중국을 어떻게 지배했는가』, 민음사.

나까무라 하지메(中村元)(1990), 『중국인의 사유방법』, 까치.

남경희(1997), 『말의 질서와 국가』, 이화여자대학교출판부.

______(2005), 『비트겐슈타인과 현대 철학의 언어적 전회』, 이화여자대학교출판부.

______(2006), 『플라톤: 서양철학의 기원과 토대』, 아카넷.

______(2012), 『언어의 연기와 마음의 사회성』, 이화여자대학교출판부.

남기심, 고영근(1998), 『표준 국어문법론』, 탑출판사.

노먼, J.(1988), 『중국 언어학 총론』, 전광진 역, 동문선.

데카르트, R.(1637), 『방법 서설』, 최명관 역, 서광사.

__________(1641), 『성찰들』, 최명관 역, 서광사.

박헌순 엮음(1992), 『四書 索引』, 신서원.

복지진(濮之珍)(1997), 『중국 언어학사』, 신아사.

사라 알란(2002), 『거북의 비밀』, 오만종 역, 예문서원.

아라키 겐고(1999), 『불교와 유교: 성리학, 유교의 옷을 입은 불교』, 심경호 역, 예문서원.

양병우(1980), 『아테네 민주주의 정치사』, 서울대학교출판부.

양창삼(1982), 『아리스토텔레스의 정치철학』, 대영사.

옹, 월터 J.(1985), 『구술문화와 문자문화』, 이기우, 임명진 역, 문예출판사.

이가원(1987), 『한문 신강』, 신구문화사.

이명현(1991), 「언어의 규칙과 삶의 형식」, 한국분석철학회(1991).
이승환(1996), 「눈빛, 낯빛, 몸짓」, 정대현 등 저(1996), 『감성의 철학』, 민음사.
장광직(1990), 『신화, 미술, 제사』, 이철 역, 동문선.
정대현(1997), 『맞음의 철학』, 철학과현실사.
_____ 외(1996), 『감성의 철학』, 민음사.
창, C.(1977), 『신유학사상의 전개』, 이진표 역, 형설출판사.
칸트, I.(1781), 『순수이성 비판(Kritik der reinen Vernunft)』.
______(1785), 『도덕철학 원론(Grundregung zur Metaphysik der Sitten)』, 정진 역, 을유문고.
______(1788), 『실천이성 비판(Kritik der practischen Vernunft)』.
______(1792), 『이성의 한계 안에서의 종교』, 신옥희 역, 이화여자대학교출판부.
커퍼드, G.(2003), 『소피스트운동』, 김남두 역, 아카넷.
컨포드, F. M.(1995), 『종교에서 철학으로』, 남경희 역, 이화여자대학교출판부.
키르케고르, S.(1843), 『이것이냐, 저것이냐』, 김영철 역, 휘문출판사.
프로이트, M.(1995), 『토템과 타부』, 문예마당.
한국분석철학회 편(1991), 『비트겐슈타인의 현대적 전개』, 철학과현실사.
허승일(1988), 「폴리비우스의 혼합정체론과 티베리우스의 크락쿠스의 개혁」, 《역사학보》 119집(1988년 9월).

Adkins, A. W. H.(1970), *From the many to the one: A study of personality and views of human nature in the context of ancient Greek society, values and beliefs*, Constable.
Aristoteles, *Metaphysics, Politics, Sophistical Refutations*.
Baker, E.(1952), *The Politics of Aristotle*, Tr. with introd., Oxford.
_______(1959), *The Political Thought of Plato and Aristotle*, Dover Pub.
Baker & Hacker(1980), *An Analytical Commentary on the Philosophical Investigations*, Vol. 1 *Wittgenstein: Understanding and Meaning* ; Vol. 2 *Wittgenstein: Rules, Grammar and Necessity*, The University of Chicago Press.
Barry, A.(1993), *Truth in philosophy*, Harvard University Press.
Beck, L. W.(1960), *A Commentary on Kant's Critique of Practical Reason*, The

University of Chicago Press.

Berthrong, J.(2011), "Boston Confucianism: The third wave of global Confucianism," in Xinzhong Yao & Wei-ming Tu eds.(2011), *Confucian Studies*, Routledge and Kegan Paul.

Bremmer, Jan(1987), *The Early Greek Concept of the Soul*, Princeton University Press.

Burkert, W.(1985), *Greek Religion*, Harvard University Press.

Burnet, J.(1924), *Plato's Euthyphro, Apology of Socrates, and Crito*, ed. with notes, Oxford University Press.

Campbell, Richard(1992), *Truth and Historicity*, Oxford University Press.

Claster, J. L. ed.(1967), *Athenian Democrecy*, New York, 1967.

Comrie, B.(1976), *Aspect*, Cambridge University Press.

Connery, C. L.(1998), *The Empire of the Text: Writing and Authority in Early Imperial China*, Rowman & Littlefield.

Davidson, D.(1967), "Truth and Meaning" in Davidson, D.(1984).

__________(1984), *Inquiries into Truth and Interpretation*, Oxford University Press.

__________(2001), *Subjective, Intersubjective, Objective*, Oxford University Press.

Detienne, Marcel(1996), *The Masters of Truth in Archaic Greece*, Zone Books.

Dodds, E. R.(1951), *The Greeks and the Irrational*, Berkeley: The University of California Press.

Ehrenberg, V.(1974), *The Greek State*, Methuen & Co. Ltd.

Frede, M.(1996), "Rationality in Greek Thought," in Frede & Striker(1996).

_______ & Striker, G. eds.(1996), *Rationality in Greek Thought*, Oxford University Press.

Furth, M.(1974), "Elements of Eleatic Ontology," in Mourelatos, A. P. D. ed., *The Presocratics*, Anchor Press.

Graham, A. C.(1989), *Disputers of the Tao*, Open Court Pub. Co.

Hall & Ames(1987), *Thinking Through Confucius*, SUNY.

Guthrie, W. K. C.(1971), *Socrates*, Cambridge University Press.

Hallett, G.(1977), *A Companion to Wittgenstein's Philosophical Investigations*, Cornell

University Press.

Hansen, C.(1992), *A Daoist Theory of Chinese Thought: A Philosophical Interpretation*, Oxford University Press.

Harbsmeier, C.(1981), *Aspects of Classical Chinese Syntax*, Curzon Press.

____________(1998), *Science and Civilization in China, Vol. 7, Pt. 1: Language and Logic*, Cambridge University Press.

Havelock, E.(1982), *Preface to Plato*, Harvard University Press.

Homeros, *Illiad, Odyssey*.

Irwin, T. ed.(1995), *Philosophy Before Socrates*, A Garland Series.

Kahn, C. H.(1966), "The Greek Verb 'To Be' and the Concept of Being", *Foundations of Language*, 2.

__________(1973), *The Verb Be in Ancient Greek*, Hackett Publishing Company.

__________(1982), "Why Existence does not emerge as a distinct concept in Greek philosophy," in Parviz Morewedge ed., *Philosophies of Existence. Ancient and Medieval*, Fordham University Press.

__________(2009), *Essays on Being*, Oxford University Press.

Keightley, D.(2000), *The Ancestral Landscape: Time, Space, and Community in Late Shang China*, Berkeley.

____________(2002), "Epistemology in Cultural Context: Disguise and Deception in Early China and Early Greece," in S. Shankman, S. W. Durrant eds.(2002), *Early China/Ancient Greece: Thinking Through Comparison*, SUNY.

Kirk, Raven & Schofield(1983), *The Presocratic Philosophers*, 2nd ed., Cambridge University Press.

Lewis, M. E.(1999), *Writing and Authority in Early China*, SUNY.

Lloyd, G. E. R.(1979), *Magic, Reason and Experience*, Cambridge University Press.

____________(1987), *The Revolutions of Wisdom: Studies in the Claims and Practice of Ancient Greek Science*, The University of California Press.

____________(1996), *Adversaries and Authorities: Investigations into Ancient Greek and Chinese Science*, Cambridge University Press.

Lord, A. B.(1960), *The Singer of Tales*, Harvard University Press.

MacIntyre, A.(1981), *After Virtue*, Notredame University Press.

MacPherson, C. B.(1977), *The Life and Times of Liberal Democracy*, Oxford University Press.

Mourelatos, A. P. D. ed.(1974), *The Presocratics*, Anchor Press.

Onians, R. B.(1954), *The Origins of European Thought*, Cambridge University Press.

Patterson, G. M.(2000), *Essential Ancient History*, REA.

Platon, *Apology, Laches, Menon, Phaedrus, Republic, Protagoras, Hippias Maj., Euthyphron, Gorgias, Charmides, Theaetetus, Phaedon, Cratylus, Phaedrus, Philebus, Timaios*, 『제7 서간문』.

Rhode, E.(1966), *Psyche: The Cult of Souls & Belief in Immortality among the Greeks*, Harper & Low.

Roberts, J. W.(1984), *City of Socrates*, Routledge & Kegan Paul.

Robinson, J. M.(1968), *An Introduction to Early Greek Philosophy*, Boston.

Robinson, R.(1953), *Plato's Earlier Dialectic*, Oxford University Press.

Rorty, R.(1979), *Philosophy and the Mirror of Nature*, Princeton University Press.

Ross, W. D.(1966), *Aristotle*, London.

Sandel, M.(1982), *Liberalism and the Limits of Justice*, Harvard University Press.

Schaberg, D.(2002), "The Logic of Signs in Early Chinese Rhetoric," in Shankman & Durrant(2002).

Shankman & Durrant eds.(2002), *Early China/Ancient Greece: Thinking Through Comparison*, SUNY.

Shaughnessy, E.(1997), *Before Confucius: Studies in the Creation of the Chinese Classics*, SUNY.

Smyth, H. W.(1972), *Greek Grammar*, Harvard University Press.

Snell, B.(1955), *Die Entdeckung des Geistes*, Goettingen.

Thomas, R.(1992), *Literacy and Orality in Ancient Greece*, Cambridge University Press.

Vernant, J. P.(1980), *Myth and Society in Ancient Greece*, Methuen.

__________(1983), *Myth and Thought among Greeks*, Routledge and Kegan Paul(한국어본, 박희영 역, 2005).

Vlastos, G.(1981), *Platonic Studies*, Princeton University Press.

________(1991), Socrates: Ironist and Moral Philosopher, Cornell University Press.

Von Leyden, W.(1985), *Aristotle on Equality and Justice*, MacMillian.

Wilcox, J.(1994), *The Origins of Epistemology in Early Greek Thought*, The Edwin Mellen Press.

Wilkinson, E.(2000), *Chinese History: A Manual*, Harvard University Press.

Wittgenstein, L.(1921), *Tractatus Logico-Philosophicus*, Suhrkamp Verlag.

____________(1953), *Philosophical Investigations*, tr. by G. E. M. Anscombe, Macmillan Pub. Co.

Wood, E. M. & Wood, N.(1978), *Class Ideology and Ancient Political Theory*, Basil Blackwell.

Woodruff, P.(1990), "Plato's Early Theory of Knowledge," in Everson Stephen ed.(1990), *Companions to Ancient Thought 1: Epistemology*, Cambridge University Press.

Xenophon, *Memorabilia*.

http://www.ontology.co/biblio/history-truth-biblio.htm.

찾아보기

ㅈ

ㅊ

ㅋ

남경희(南京熙)는 서울대학교 철학과와 같은 대학원을 졸업하고 미국 텍사스대학교(오스틴)에서 철학박사학위를 받았다. 이화여자대학교 철학과 교수로 오랫동안 재직하면서 서양고대철학, 정치철학, 언어철학 등을 가르쳤고, 현재는 같은 대학 명예교수로 있다.
서양고전학회장, 한국분석철학회장을 역임하고, 이화학술상(2013), 한국간행물윤리위원회 저술상(2006), 열암학술상(2005), 서우철학상(1997)을 수상했다. 언어, 마음, 정치사회성의 성격, 동서 사유의 원형, 동서 철학의 융합 등을 지속적으로 연구하며, 동양과 서양의 이성 개념 및 언어관을 비교하는 논문들을 발표해왔다.
주요 저서로는 『언어의 연기와 마음의 사회성』(2012), 『플라톤: 서양철학의 기원과 토대』(2006), 『비트겐슈타인과 현대철학의 언어적 전회』(2005), 『말의 질서와 국가』(1997), 『이성과 정치존재론』(1997), 『주체, 외세, 이념』(1995) 등이 있으며, 공저, 논문, 역서도 다수 있다.

대우휴먼사이언스 012

서구 정신의 원형
서구 보편주의를 넘어서

1판 1쇄 찍음 | 2016년 9월 12일
1판 1쇄 펴냄 | 2016년 9월 19일

지은이 | 남경희
펴낸이 | 김정호
펴낸곳 | 아카넷

출판등록 | 2000년 1월 24일(제406-2000-000012호)
주소 | 413-210 경기도 파주시 회동길 445-3
전화 | 031-955-9511(편집) · 031-955-9514(주문) 팩시밀리 | 031-955-9519
www.acanet.co.kr | www.phildam.net

Printed in Seoul, Korea.

ISBN 978-89-5733-507-9 94160
ISBN 978-89-5733-452-2 (세트)

이 도서의 국립중앙도서관 출판예정도서목록(CIP)은 서지정보유통지원시스템 홈페이지(http://seoji.nl.go.kr)와 국가자료공동목록시스템(http://www.nl.go.kr/kolisnet)에서 이용하실 수 있습니다.(CIP제어번호:CIP2016020809)

★ 이 책의 표지는 김연미 독자가 주신 소중한 의견에 기초해 제작되었습니다.

이 제작물은 아모레퍼시픽의 아리따글꼴을 사용하여 디자인 되었습니다.